KB187824

안종범 수첩

일러두기

1. 저자가 기록한 내용은 날짜나 사건 전개를 기록하는 과정에서
    기억 오류의 가능성이 있습니다.
    독자 여러분께서 지적해 주시면 2쇄부터 이를 수정 반영하겠습니다.
2. 본문에 실명이 거론된 여러분이 계십니다.
    특정인의 명예를 훼손하려는 의도는 전혀 없으며, 본문의 팩트를 확인하고
    진실을 드러내기 위해 언급했음을 밝힙니다.
3. 본문에 나오는 모든 인물의 존칭과 경어는 생략했습니다.
4. 본문 수첩 이미지의 검은 띠는 검찰 수사중에 붙인 것으로
    사본의 이미지라는 점을 양해바랍니다.

안종범 지음

박근혜 정부의 비망록

안종범 수첩

조선뉴스프레스

프롤로그: 1791일 회한의 수감 기록, 연필로 써낸 사초

나를 아끼고 사랑해 주던 이들과 역사에 부끄럽지 않기 위해 이 글을 시작한다. 이 책은 나의 회고록이다. 2016년 11월 불어 닥친 촛불 태풍은 나의 운명뿐만 아니라 대통령, 나아가 우리 역사까지 바꾸었다. 나는 구속되었고, 박근혜 대통령은 탄핵된 뒤 구속되었다.

우리 역사는 이를 촛불혁명이라고 기록하고 있지만 일반인이 모르는 너무나 많은 진실이 촛불 속에 가려져 있다고 나는 믿는다. 이러한 역사의 현장에서 내가 겪고 기억하는 것들을 기록으로 남기는 것은 앞으로 다시는 이런 비극적인 일이 생기지 않기를 바라는 마음에서다. 변명하자고 이 글을 시작한 것은 더욱 아니다. 나 나름대로 기억의 편린들을 최대한 되살려서 진실에 가깝도록 글을 쓰면서 당시 상황을 재구성했다는 점에서 이 글은 박근혜 정부 말기 사료로서 의미를 갖는다고 감히 자부한다.

이 글이 누군가에게는 불편할 수도, 누군가에게는 비판의 대상이 될 수도 있을 것이다. 하지만 내가 보고 들은 진실은 재판의 결과와는 사뭇 달랐기에 지금 밝히지 않으면 영원히 역사의 뒤안길로 사라질 수도 있다고 생각해 용기를 냈다. 이에 밝힐 것은 밝히고 내가 잘못한 일에 대해서는 솔직히 용서를 구하고자 하는 마음도 담았다.

더구나 내가 다시 정치할 생각이 전혀 없기 때문에 조금도 숨김없이 이 회고록에 진실에 가까운 내용을 담고자 했다. 왜 진실이 아니고 진실에 가까운 내용이냐고 묻는다면, 내가 모든 것을 기억하지 못하는 데다 내 기억의 왜곡이 있을 수도 있기 때문이라서다.

내가 미처 다 담아내지 못한 진실은 또 누군가가 이를 보완, 비판하는 글을 세상에 낼 수 있을 것이니 그분에게 내 어깨에 남은 짐을 내려놓기로 한다.

이 책에서는 내 수첩이 핵심 자료로 등장한다. 검찰 조사와 재판 과정 그리고 언론에서 나의 수첩은 증거 자료로, 또 보도 근거 자료로 끊임없이 등장한다. 이른바 '안종범 수첩'으로 불리면서 '사초(史草)'로 불리기까지 했다.

나는 수첩을 사용한 지 오래되었다. 기억을 돕고자 뭐든 메모하는 습관이 생겼고, 그래서 수첩이 필요했다. 처음에는 다이어리 형태의 큰 수첩을 쓰다가 10여 년 전부터는 손바닥 크기 정도의 수첩을 사용하게 되었다. 우연히 문구점에서 30장 정도 분량의 얇은 수첩을 발견하고, 이를 비닐표지 같은 것에 끼워서 쓰기 시작했다. 수첩이 마음에 들어 더 사러 갔을 때 그 문구점에서는 이 수첩을 더는 취급하지 않아 수첩 제조사에 연락해서 직접 구매해 가면서 쓰게 되었다.

교수 시절에는 수첩을 3~4개월에 한 권 정도 소비했는데, 청와대 근무 후에는 한 달에 2~3권을 쓸 정도로 메모 양이 급격히 많아졌다. 일반적인 회의 등과 관련된 메모 이외에도 대통령이 전화 등으로 지시하는 내용이 무척 많았기 때문이다. 이를 구분하고자 대통령 지시는 수첩 맨 뒤부터 거꾸로 메모했다.

이 수첩은 그렇게 내 생활의 중요한 부분이 되었다. 악필이지만 메모하고 나면 뭔가 모르게 뿌듯한 만족감이 들기도 했으니 수첩은 내게 가장 값진 애장품이 된 셈이다.

이 수첩이 사초로 불리기까지 수많은 사연이 있다. 사실, 63권에 달하는 내 수첩들은 사건과 관련된 내용보다 박근혜 정부 3년간 국정운영 기록이 더 많다. 이 글은 사초로 불리는 수첩 63권을 어떻게 썼으며, 어떻게 증거 자료로 활용되고 수사와 재판 과정에서 어떤 역할을 하게 되었는지를 수십 번 기억을 더듬고 회고하며 그 과정을 기록한 비망록이다. 최근 수년간의 눈물과 고통, 회한과 아쉬움이 다 들어 있으니 나의 분신이라고 할 만하다.

나는 이 책을 5년간 썼다. 날짜로 따지면 1791일이다. 구속되어 있던 첫 1년 동안은 검찰 조사와 재판 등으로 정신이 없어 메모만 해두는 식으로 준비했다. 그 후 1년은 돌이켜 보기가 너무도 힘들어서 쓰다가 마는 과정을 반복했다. 나머지 3년간 그나마 자료와 기억을 되살려 쓰고 또 써나갔다. 대부분 구치소 방에서 A4 용지에 연필로 썼다. 손이 저리고 팔이 뒤틀렸지만 잠시 쉬었다 다시 쓰기를 반복했다. 나중에는 손목 힘줄에 염증이 생겨 손목 보호대를 썼다. 쏟아져 나오는 회한과 탄식을 연필로 꾹꾹 눌러 가며 애써 냉정함을 유지한 채 기록을 보충하고 또 보탰다.

남부구치소와 서울구치소의 좁은 방에서 읽고, 쓰고, 닦는 정진을 계속했다. 닦는다는 것은 정신을 맑게 하려고 참선과 108배를 했다는 것이다. 그동안 접하지 못했던 많은 인문학 서적을 읽고, 회고록뿐만 아니라 많은 글을 썼다. 이런 정진은 가슴에 쌓아 둔 미움, 분노 그리고 후회를 덜어내고 내려놓는 훈련이었다. 그 정진이 있었기에 이제 그때를 돌아보고 나 스스로 상당히 많은 것을 내려놓았다는 마음이 들어 이 글을 쓰기 시작한 것이다.

다시 말하지만 나는 이 책을 쓰면서 100% 진실만을 기록하고 싶었다. 내가 겪고, 듣고, 또 한 일들을 솔직하게 담아내고자 했다. 내 수첩이 진정한 사초가 되고, 이를 기초로 쓴 이 책이 진솔한 회고록이 되어서 아팠던 우리 대한민국 역사의 작은 기록으로 남기를 바랐다.

사람은 어려움에 처해 있을 때에야 진실을 바로 볼 수 있는 용기가 생긴다는 것을 이번 일을 계기로 깊이 깨달았다.

사마천이 궁형을 당한 상태에서 『사기』를 쓰고, 마르코 폴로가 감옥에 있는 동안 『동방견문록』을 썼던 것처럼 중요한 역사 기록은 고난에 처한 상황에서 남겨졌다. 굴원, 손자 그리고 네루 등이 쓴 많은 역사 기록이 또한 역경을 이겨내는 과정에서 남겨졌다.

나는 이 위대한 인물들 근처에도 갈 수 없는 처지이지만 적어도 21세기 초 대한민국에서 벌어진 대통령 탄핵 사건에 대해서는 참여자요 목격자이며 증인이었기에 가장 사실에 가까운 기록을 남기고 싶었다.

나는 이 책이 단순히 기록으로 그치지 않고, 미래를 위한 초석으로서 조금이라도 이바지하기를 바라는 마음이 간절하다. 내가 구치소 방에서 이 글을 쓰는 사이 태어난 손녀가 자라서 접할 세상이 더 밝기를 기대한다. 우리 대한민국이 세계 중심 국가가 되고 국민이 서로 돕는 마음으로 살아갈 수 있도록 지금 우리가 마주한 현실 문제를 해결하는 데 조금의 방향이라도 제시하고 싶다.

나는 이 책에서 평생을 경제학자로서 살아오다가 처음 접해본 법조계의 현실도 솔직하게 담아내고자 했다. 우리 검찰과 사법부의 문제를 바라보는 새로운 비판적인 시각도 생겼다. 이 문제가 우리 사회에 얼마나 심각한지 그리고 이를 해결하는 방안은 무엇인지를 비전문가로서 그리고 경험자로서 제시하고 싶었다.

이 책은 5부로 구성되었다. 먼저 1부에서는 대통령 탄핵과 구속을 끌어낸 우리 역사의 질곡이 수면 위에 드러나기 전 상황을 '태풍 전야'로 인식하여 다루었다. 2부는 검찰 조사 과정, 3부는 재판 과정을 나의 수첩과 함께 진행 상황대로 공개했다. 2부, 3부의 내용은 나의 명예나 유불리와 관계없이 모든 것을 진실만을 근거로 남기고자 했다. 4부는 사초가 된 수첩을 기초로 사건과 관련 없는 정책의 진행 과정을 기록하고, 나아가 법조계와 나의 친구, 가족에 대한 나의 감상을 써보았다.

마지막 5부는 내가 그동안 걸어온 길을 정리함으로써 대통령 탄핵이라는 역사의 소용돌이 속으로 들어가게 된 내 처지를 정리해 보았다. 에필로그에서는 내가 꿈꾸었고 또 꿈꾸고 있는 대한민국의 비전을 제시했다.

끝으로 이 책을 통해 국민들이 내 기억의 파편들을 통해 역사적 사건의 민낯을 다시 한 번 살펴볼 수 있을 것이라 믿는다.

2022년 1월
안종범

차례

1부. 태풍 전야, 창조경제의 탄생

1. '창조경제'를 제안하다

우리 근현대사에 엄청난 사건으로 기록될 '대통령 탄핵과 구속'의 발단은 문화재단과 체육재단의 설립이다. 두 재단의 근거가 된 것은 박근혜 정부가 출범한 2013년 2월부터 본격적으로 추진된 창조경제와 문화융성이라 하겠다.

창조경제는 우리가 가진 뛰어난 정보통신·과학기술 아이디어를 산업에 접목하여 새로운 시장을 만들어 내고, 부가가치를 획기적으로 증대시키자는 박근혜 정부의 새로운 성장 패러다임이었다. 초기에는 창조경제라는 용어가 모호하다는 비판의 시각이 강했었다. 도대체 누가 그런 와닿지 않고 어려운 개념을 가진 창조경제를 만들었냐는 비난이 쏟아지기도 했다. 사실 그 용어를 만든 사람은 바로 나였다.

2012년 7월 10일, 박근혜 전 대통령은 대통령 공식 출마 선언을 한 뒤 본격적으로 대선 캠페인을 시작했다. 당시 우리 경제가 나아가야 할 방향으로 과학기술과 정보통신 기술의 역량을 기존 산업에 융합해서 새로운 시장과 일자리를 만들자는 구상을 설명하면서 여기에 걸맞은 이름을 만들어 보자고 했다. '스마트 뉴딜(Smart New Deal)'로 출발해 여러 다른 의견들이 거론되었다. 그러다가 내가 '창조경제'라는 개념을 제안했고, 대통령이 이 용어를 마음에 들어했다. 결국 이를 대구 서문시장 행사에 처음 선보인 뒤 결정하기로 했다.

당시 반응이 좋아서 창조경제로 결정했지만, 집권 후 이 용어에 대한 논란은 계속되었던 것으로 기억한다. 당시 창조경제는 내가 아니라 박근혜 후보가 작명했다고 홍보했기에 정부 출범 후 국회의원이었던 나로서는 내가 했다고 바로잡기가 힘들었다.

그대신, 측면에서 창조경제의 기본 구상과 개념을 명확히 하려고 부단히 강의하고 홍보하며 다녔다. 이명박 정부 출범 당시 747 공약을 서로 자기가 만들었다고 하다 나중에 서로 안 했다고 한 것과는 달리 나로서는 숨길 것도 없고 사실이니 밝히는 것이다.

창조경제는 내가 2014년 6월 경제수석으로 부임한 다음 본격적으로 추진되었다. 대통령은 그동안의 부진에서 벗어나고자 내가 부임하자마자 창조경제혁신센터의 설립을 강하게 주문했다.

전국 17군데의 창조경제혁신센터에 담당 대기업과 주력 업종을 선정하는 것부터 시작했다. 나는 서로 좋은 지역과 유리한 업종을 맡고자 하는 대기업들을 설득하여 조정하는 데 애를 먹었다. 항간에 알려진 것처럼 정부가 억지로 일을 떠맡긴 것이 아니라는 말이다.

나는 당시 정부가 추진하는 주요 정책 사업에 적극적으로 참여하여 실적으로 증명해 보이고자 하는 대기업들의 열정과 경쟁에 놀라기도 했다. 결국 17군데를 결정하고, 개소식을 시작했다. 대통령은 대구에서 시작된 창조경제혁신센터 개소식에 참석하여 격려하는 것을 시작으로, 궁극적으로 17군데 개소식에 모두 참석했다. 그만큼 성과가 컸고 대통령의 열정도 엄청났다.

이처럼 창조경제혁신센터는 대기업이 그 지역 벤처와 중소기업에 기술, 자금 등을 적극적으로 지원하고, 정부와 지방정부는 관련된 행정 지원을 하는, 그야말로 새로운 경제 모형의 시험 무대가 되었다. 나중에는 여러 국가로부터 이 모형을 도입하고 싶다는 문의가 들어왔고, 사우디, 브라질, 말레이시아는 실제 우리의 창조경제 모델을 수입하기도 했다.

한편, 문화융성은 내가 담당한 분야가 아니었다. 하지만 대통령은 예전부터 유난히 우리 문화가 가진 경쟁력에 대해 내게 설명하곤 했다. 나도 대중문화에 관심이 남달랐던 터라 이에 공감하면서 많은 대화를 나누기도 했다. 나는 대학에서 학생들과 원활히 소통할 수 있을 정도로 최신 가요나 드라마에 대해 늘 파악하고 있었고, 즐기기도 했다. 노래방에 가면 랩도 가끔 해서 학생들이 놀라기도 했다. 〈슈퍼스타 K〉라는 프로그램이 유행했을 당시 '울랄라세션'이 우승하였을 때, 리더의 암투병을 무릅쓰고 좋은 음악을 선보인 그들에게 대통령 후보의 축하 메시지를 전달하도록 한 것도 나였다.

문화융성에 대한 대통령의 열정은 내가 청와대에 간 후 본격적으로 나타났다. 여러 지방의 '아리랑'을 묶어 관현악으로 작곡하게끔 시도하였고, 지금은 세계적 스타가 된 방탄소년단이 편곡하여 부르도록 했다. 2016년 6월 2일 파리에서 처음 선보인 방탄소년단의 아리랑은 지금까지 전세계인의 사랑을 받고 있다.

나 또한 대통령의 이러한 열정에 조금이나마 힘을 보태고자 노력했다. '옹알스'라는 개그팀이 널리 알려질 수 있도록 청와대 만찬 행사에서 공연하게 하고, 예술의전당에서 공연하도록 지원하기도 했다. 옹알스는 영국 에든버러에서 공연하기도 한 우수한 팀이었다. 이러한 문화융성의 추진 과정에서 알게 된 두 명의 문화예술인이 있다.

한 명은 박명성인데, 우리나라에 뮤지컬 붐을 일으킨 주역으로 나와 형, 동생 하며 가까워진 인물이었다. 조정래의 『아리랑』을 뮤지컬로 제작하기도 했고, 대통령 취임식 행사 기획을 맡기도 했다. 두 번째 인물은 차은택인데, 이번 사건으로 더 유명해진 기획자였다. 그는 월드컵 거리 응원뿐만 아니라 훌륭한 기획을 많이 해서 능력을 인정받은 사람이었다. 나는 그를 대통령의 소개로 알게 되어 UAE와 문화협력을 하는 데 중심 역할을 하게끔 했다. 그는 실제 UAE에 한국문화원을 설립하고 UAE와 함께 문화협력 사업을 추진하는 데 적극적으로 나서기도 했다.

이처럼 창조경제와 문화융성은 처음에는 별개로 추진했다. 그러다가 집권 2년 차부터 이 둘을 접목하여 추진해 보자는 대통령의 구상을 통해 이를 묶기 시작했다.

특히 대통령 해외 순방 시 한류를 활용하여 우리 문화공연을 순방국가에서 열도록 했다. 이때 우리 경제사절단의 제품을 전시 판매토록 하여 순방국가 기업들과 계약을 맺는 데 중요한 계기가 만들어졌다. 구체적으로는 1:1 상담회라는 형태로 우리 중소기업이 순방사절단이 되어 현지에서 그 국가들 업체와 상담하고 계약하여 성공하는 사례가 문화와 함께 융합함으로써 대성공을 거둔 것이다. 민관 협력의 시대가 본격적으로 열린 것이다.

2. 대기업이 참여하는 문화재단을 만듭시다

창조경제혁신센터의 성공적인 개소식과 함께 창조경제가 잘 추진되고 있다는 자신감이 생기자 대통령은 2015년 1월, 문화 관련 재단이 있으면 좋겠다는 의견을 냈다. 정확한 시점과 내용은 훗날 검찰 조사와 재판 과정에서 수첩에 기록된 것을 보고 기억이 떠올랐다. 수첩 17권(2015. 1. 18~1. 29) 1월 19일자 대통령의 지시 사항 다섯 가지 중 다섯 번째에 '5. 문화재단, 대기업별 문화재단 갹출 → 공동문화재단'이라는 메모가 있었다.

이처럼 문화재단은 대기업들이 개별 문화재단을 가지고 있지만, 이를 통해 공동의 이익을 내기에는 한계가 있다는 생각에서 출

1-19-15 VIP-1 1:30 pm

1. FTA 국회비준
   중국, 베트남, 뉴질랜드
2. 국민연금 500조 투자
   1) 수출입은행
   2) 기금운용본부 독립
3. 기초연금 + 유족연금 조정
   공무원, 사학 등
4. 치매예방
   → 치매진단 지원 확대
5. 문화재단
   대기업별 문화재단
   갹출 → 공동문화재단

발했다. 기업들의 공동문화재단이 설립되면 정부가 지원하고, 해외 순방에서도 이를 활용하면 국익과 기업 가치 증진에 모두 도움이 되리라는 것이 대통령의 핵심 아이디어였다. 나는 처음 이러한 구상을 대통령에게 듣고는 그 취지에 공감하였던 것으로 기억한다.

2015년 초 첫 지시, 이름은 '미르'로

재단 구상을 언제 처음 들었냐는 질문은 조사 과정에서 수없이 반복되었다. 그래서인지 2015년 1월 당시의 기억은 분명하다고 생각한다. 그러나 사람의 기억이란 완전하지 않다. 반복된 기억 추출 과정에서 사실이 아닌 것을 사실로 착각하는 기억이 형성될 수 있기 때문이다.

아무튼 2015년 1월 처음 나온 재단 구상은 나의 수첩 메모를 기초로 한 기억에 의존하는 한, 사실임이 분명하다. 이러한 최초의 재단 구상은 그해 4~5월경 경제수석실의 방기선 선임행정관이 내게서 재단 설립에 대한 방법을 검토하라는 지시를 받았다고 진술한 것만 봐도 사실임이 입증된다.

시점은 정확하지 않아도 대통령으로부터 재단 설립 방안을 검토하라는 지시를 받은 것은 분명하고, 이를 내가 부하 직원에게 다시 검토하도록 지시한 것 또한 확실하다.

또 대기업들이 자발적으로 출연한 문화재단을 설립하여 정부가 지원하고 공공의 이익을 위해 각종 활동을 하도록 하면 좋겠다는 생각은 당시 이 사업에 참여한 모두가 갖고 있던 생각이었다.

대통령은 2015년 10월 13일에서 18일까지 미국 순방을 마치고 귀국한 다음 날인 10월 19일, 문화재단 설립을 서두르라고 지시했다. 10월 31일 방한 예정인 리커창 중국 총리와 회담에 대비하자는 것이었다. 수첩 39권(2015. 10. 19~11. 4) 10월 19일자 메모의 1번은 정부 간에 MOU를 맺는 것보다 민간 문화재단 간에 MOU를 맺는 것이 좋겠다는 의미였다.

10-19-15 VIP

1. 리커창 방한시 제안
   문화부 - 중국보다
   → 문화재단 or 문화창조융합센터와
   중국 MOU
   컨텐츠 비즈니스
2. 외투기업 평가
   ◦ 제도보다 공무원 태도 변화
   → 일선 공무원 대상 교육
   → 인사혁신처장 교육
   불친절 등 시정 by 민간강사
3. 정부창업지원 효율화 분석
   - 사업중복 → 수요기업을 선별
   현장에서 파악 추진결과 점검
   - 중기청
4. FTA 홍보

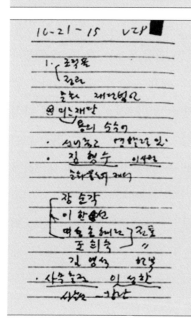

10-21-15 VIP

2. 조직표
   정관
   문화재단법인
   * 미르재단
   용의 순수어
   ◦ 신비롭고 영향력 있(음)
   ◦ 김형수 이사장
   문화융성위 제외
   장순각
   이한선
   송혜진 전통
   조희숙 〃
   김영석 한복
   ◦ 사무총장 이성한
   사무실 강남

리커창 방한 전에 마무리하라

이처럼 대통령은 문화재단 설립을 리커창 방한 예정일인 10월 31일 이전에 마무리하도록 서두르라고 지시한 후, 본격적으로 재단 관련 명칭과 조직 그리고 인선에 대해 알려주었다. 수첩 39권 10월 21일자 메모에는 재단 설립과 관련하여 상세한 지시 내용이 담겨 있다. 이는 수없이 검찰, 특검 조사와 재판 과정에서 반복하여 확인하는 질문을 받고 답변한 내용이기도 하다. 당시 문화재단의 명칭을 용의 순수한 우리말인 '미르'로 정했다는 것을 알려주었다. 그리고 이사장과 이사 그리고 사무총장 인선도 알려주었다.

이전에 문화재단 관련 구상을 3~4명의 대기업 회장에게 이야기한 적은 있었다. 당시 구상 단계에서 의논했을 때 반응은 좋았다. 구체적인 설립 방안까지 이야기하지 않았음에도 모두가 좋은 생각이라고 환영했다. 지금도 기억하는 것은 대기업들이 공동으로 만드는 문화재단이라는 점에서 최고경영자들이 적극적으로 동참할 의사가 있다고 분명히 말한 바 있다. "당시 경제수석이 이야기하는데, 나쁘다고 이야기할 대기업 회장이 어디 있냐"는 비판이 있을 수도 있다. 하지만 대기업이 함께해서 만드는 문화재단은 일종의 공공재 성격을 갖는 것으로서 개별 기업의 문화재단보다 의미가 있다는 데는 적어도 공감하고 있었다.

재단 설립에 대한 의사 타진은 대기업 회장과 대통령의 독대 과정에서 이루어졌다. 이미 언론 등을 통해 잘 알려진 독대이지만, 지금도 나는 그 독대가 나쁘지 않다고 믿고 있다. 공식적인 행사에서는 대기업 회장과 대통령 사이에 솔직한 대화가 오가기 힘들다. 대기업은 나름대로 애로 사항이 있고, 또 대통령으로서 그리고 정부 차원에서 도와줄 사항이 있다는 점에서 바람직한 과정이라고 생각한다. 불법적인 거래가 이루어지거나 정치자금 등을 거두는 과정이 아닌 한, 우리 기업의 대외경쟁력을 키우고 기업 발전을 도모하기 위해서는 필요할 수도 있다. 실제 몇몇 대기업 회장은 이러한 차원에서 개별적으로 대통령과 만나고 싶다는 의사를 피력하기도 했다.

독대, 불법이 아니라면 왜 문제인가

내가 수석으로 있는 동안 이러한 독대는 총 세 번 이루어졌다. 2014년 9~10월, 2015년 7월, 그리고 2016년 2월에 있었던 대기업 회장과의 독대는 그동안 검찰 조사와 재판 과정에서 수많은 논란의 대상이 되기도 했다. 내가 수석으로 부임하기 전에는 독대가 있었는지 그리고 어떻게 이루어졌는지 모른다. 하지만 내가 경험한 세 번의 독대 준비 과정과 사후 관리 등은 분명히 기록할 필요가 있다.

첫 독대를 준비할 때 내가 제일 먼저 한 것은 대통령의 말씀 자료와 참고 자료를 만드는 것이었다. 한 대기업 회장을 만날 때마다 그 기업의 현황과 애로 사항 그리고 예상되는 질문, 아울러 대통령이 해당 기업에 요구할 사항을 정리하는 것이다. 자료를 처음 만들어 대통령께 올린 결과는 꾸지람이었다. 분량이 너무 많았던 것이다. 대통령에게 꾸지람을 자주 들은 건 아니지만 그때마다 당황스럽기는 마찬가지였다. 결국 분량을 줄이면서 핵심 내용을 취사선택하여 다시 만들었고, 이 과정에서 몇 명의 직원들이 애를 먹었다. 독대는 비밀리에 진행되었기에 보안상 소수의 인원만이 작업했기 때문이다.

독대의 준비 과정은 연락으로 시작되었다. 대기업 회장에게 직접 연락하거나 회장의 최측근으로 알려진 사람에게 연락하여 독대가 있으니 미리 대통령과 정부에 요구할 사항을 준비하라고 했다. 대부분 규제 완화나 해외 진출 애로 사항과 같이 대기업으로서는 절실히 필요한 것들이었다. 그리고 시간을 조정한 뒤 만나는 장소에 오는 방법은 부속실장인 정호성 비서관이 담당했다.

독대는 청와대 인근 안가에서 이루어졌다. 나는 독대가 이루어지는 거실 옆방에서 대기하고 있다가 독대가 끝나면 대통령과 함께 회장을 배웅했다. 그 뒤에는 독대 과정에서 나온 대화 내용을 대통령에게 듣고 메모하곤 했다. 일정에 따라 나중에 전화로 독대 과정에서 회장과 나눈 이야기를 듣고 메모하기도 했다. 이 독대 과정에서 재단 설립에 관한 이야기가 있었고, 이를 토대로 전경련이 주도해서 재단이 설립되었다. 법적으로는 대통령과 나의 직권남용으로 판결되었지만 말이다. 판단은 독자의 몫이다.

독대 과정을 수첩 메모를 통해 좀 더 구체적으로 살펴보자. 대통령의 대기업 그룹 회장과의 '개별 면담', 즉 '독대' 일정을 잡도록 하자는 최초의 지시는, 나의 수첩상에는 2014년 9월 8일에 이루어졌다. 창조경제혁신센터의 지역별 담당 대기업이 모두 확정되고 곧 개소식이 시작될 예정이어서 해당 대기업 총수를 만나 감사 인

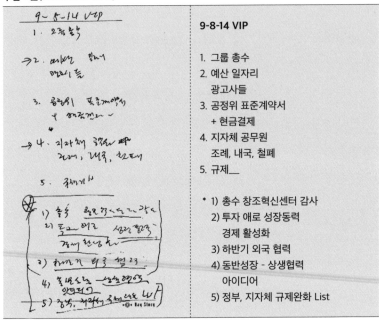

9-8-14 VIP

1. 그룹 총수
2. 예산 일자리
   광고사들
3. 공정위 표준계약서
   + 현금결제
4. 지자체 공무원
   조례, 내국, 철폐
5. 규제__

* 1) 총수 창조혁신센터 감사
  2) 투자 애로 성장동력
     경제 활성화
  3) 하반기 외국 협력
  4) 동반성장 - 상생협력
     아이디어
  5) 정부, 지자체 규제완화 List

사와 함께 애로 사항과 건의 사항을 들어 보자는 취지였다.

당시 대통령과의 통화 내용은 만나서 나눌 대화의 의제를 대략 다섯 가지로 잡고 이에 대해 그룹 총수가 준비해 오도록 알려주라는 것으로 기억한다. 수첩 9권(2014. 9. 3~9. 11) 2014년 9월 8일자와 9월 9일자에는 대기업들의 투자 및 일자리 관련 애로 사항과 대통령 순방 시 해당 국가에 도움을 청할 내용 등을 알고자 했던 것으로 메모되어 있다. 특히 중소기업에 대한 대기업의 상생협력 방안을 마련하도록 하자는 내용도 포함되어 있다.

수첩 9권(2014. 9. 3~9. 11)

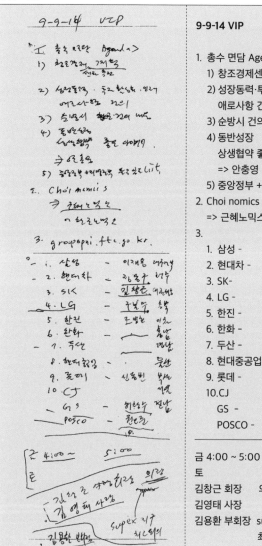

9-9-14 VIP

1. 총수 면담 Agenda
   1) 창조경제센터 추진 계획
   2) 성장동력·투자 활성화·일자리
      애로사항 건의
   3) 순방시 건의 내용
   4) 동반성장
      상생협약 좋은 아이디어
      => 안충영
   5) 중앙정부 + 지방정부 풀 수 있는 List
2. Choi nomics
   => 근혜노믹스 or 창조노믹스
3.

1. 삼성 -	이재용	대구·경북
2. 현대차 -	정몽구	광주
3. SK-	김창근	대전·세종
4. LG -	구본무	충북
5. 한진 -	조양호	인천
6. 한화 -		충남
7. 두산 -		경남
8. 현대중공업 -	_____	울산
9. 롯데 -	신동빈	부산
10.CJ		서울
GS -	허창수	전남
POSCO -	권오준	

금 4:00 ~ 5:00
토
김창근 회장   의장
김영태 사장
김용환 부회장 supex 지주
               최고회의

당시 면담은 지역별 창조경제혁신센터를 발전시키기 위해 마련된 기업 회장에 대한 감사와 독려 자리였던 것으로 기억한다.

사실 검찰과 특검의 초점은 2015년 7월에 이루어진 회장들과의 2차 개별 면담이었다. 이 면담에서 문화와 체육재단 설립의 필요성에 대한 공감대가 형성되었기 때문이었다. 수첩 32권(2015. 7. 19~7. 28)에 현대, CJ, SK, 삼성, LG, 한화, 한진 7개 기업 회장과의 면담 내용이 구체적으로 적혀 있다. 면담이 끝난 후 대통령이 알려준 당시 대화 내용을 받아 적은 것이다.

두 재단 설립 관련 대화 내용은 극히 일부였고, 나머지는 대기업들의 건의 사항과 대통령의 지원 및 협조 아이디어 등과 관련된 것이었다. 재단 설립이 직권남용이라는 죄명으로 문제시되었지만, 대기업 회장들에게 개별 기업의 애로 사항과 투자 계획을 듣는 과정은 의미가 있다고 판단된다. 그래서 수첩에 기록된 관련 내용을 모두 공개한다.

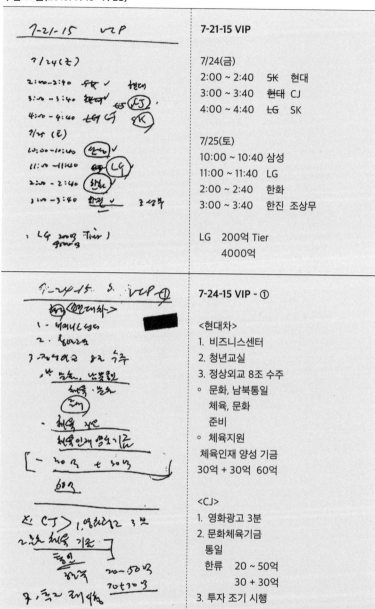

7-21-15 VIP

7/24(금)
2:00 ~ 2:40   ~~SK~~   현대
3:00 ~ 3:40   현태   CJ
4:00 ~ 4:40   ~~LG~~   SK

7/25(토)
10:00 ~ 10:40 삼성
11:00 ~ 11:40 LG
2:00 ~ 2:40   한화
3:00 ~ 3:40   한진 조상무

LG   200억 Tier
    4000억

7-24-15 VIP - ①

<현대차>
1. 비즈니스센터
2. 청년교실
3. 정상외교 8조 수주
 ◦ 문화, 남북통일
   체육, 문화
   준비
 ◦ 체육지원
   체육인재 양성 기금
   30억 + 30억 60억

<CJ>
1. 영화광고 3분
2. 문화체육기금
   통일
   한류   20 ~ 50억
         30 + 30억
3. 투자 조기 시행

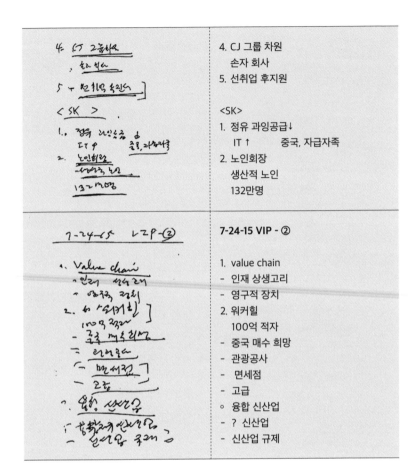

4. CJ 그룹 차원
손자 회사
5. 선취업 후지원

<SK>
1. 정유 과잉공급↓
　　IT ↑　　　중국, 자급자족
2. 노인회장
　생산적 노인
　132만명

7-24-15 VIP - ②

1. value chain
- 인재 상생고리
- 영구적 장치
2. 워커힐
　100억 적자
- 중국 매수 희망
- 관광공사
-　면세점
- 고급
∘ 융합 신산업
- ? 신산업
- 신산업 규제

7-24-15 VIP - ③

1. 제일기획
   스포츠 담당 김재열 사장
   메달리스트 황성수
   빙상협회 후원 필요

한진
2. 대한항공
   기업참여
   프랑크푸르트 지점장
   고창수 신망 3년 임기 연장

3. 승마협회
   이영국 부회장
   권오택 총무이사
   - 임원들 문제
     예산지원, 사업추진×
     위 두 사람 문제
   → 교체
     김재열 직계 전무

4. 통일대비 문화, 체육

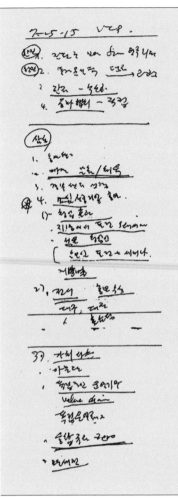

7-25-15 VIP

한진
1. 잘된 것 보완 from 광주유니버시아드
한진
2. 동계올림픽 평창 관광
3. 한진 - 수소차
4. 승마협회 - 직접

삼성
1. 승마협회
2. 재단 문화 / 체육
3. 경북센터 신경
4. 성공기업 홍보
  1) 창업효과
  - 지방에서 포럼 Seminar
  - 서울 창업인
    수요일 포럼 + 세미나
    지방별
  2 전시 홍보수석
    대구, 대전
    홈쇼핑
  3) 가치사슬
  ◦ 아문단
  ◦ 독립적인 운영기구
    value chain
    독립운영체제
  ◦ 융합규제 ZERO
  ◦ 면세점

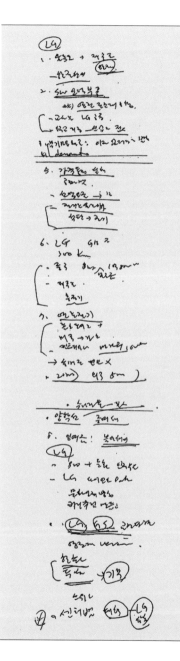

LG
1. 울릉도 → 제주도   한전
   - 한전참여
2. SW 인력부족
   ex) 영진전문대 모형
   - 교사는 LG 공급
   - 학교지정 - 실업? 젊음
3. 무기명채권 : 이자 없더라도 발행
4. denomination
5. 가격통제 심해
   공짜맛
   - 선박요금 → ?
   - 전기료 원가이하
   석탄 → 전기
6. LG
   300km
   - 중국 Bus 보조금 1억8000
   - 제주도
   충전기
7. 연료전기
   롤스로이드 -
   미국 → 가스
   ?   만가구 ?
   → 송배전 필요
   ? 외국 5배
양학선 증여세
8. 잉여금 : 불안해서
LG
   - SW + 문화인재 수요
   - LG 사이언스 Bank
   문화인재 양성 / 커리큘럼 만들고
   ○ LG GS 교관 파견
   영진대 version
   한화
   두산 → 기부
   스위스
 *○ 센터별 대학 - LG / 삼성

한진
1. 프랑크푸르트 지점장 고창수
   3년 연임 부탁 ∵신망 두터움
2. 광주U대회 잘된 것/못된 것 참고
3. 대한항공 수석 등 BH소통라인 설정
   - 본부장들
삼성
1. 제일기획 스포츠 담당
   김재열 시장 → 빙상협회 후원
   메달리스트 지원
2. 승마협회
   이영욱 부회장 / 권오택 총무이사
   김재열 직계 전무로 교체
SK
1. 워커힐 100억 적자
   중국매수지양 → 면세점 ?
2. 노인회장(이심) 수요조사
CJ
1. 3분 CGV 광고

한진
부채비율
- 항공, 해운 평가 ??
- 해운
1. 평창
   1) 인력 민간
   ∘ 칸막이식 부처
                직급, 직능
   2) 예산
   - 10년 전 편성
   - 물가반영 필요 → 예산실
2. 항공·해운 부채 비율 高
   ∘ 이자 비용 ?
   정부 선박건조 → 선박 빌려줌
3. 교육부 간섭大
   갑질
4. 병원 수가 ???
   - 고가기계 수입
   - 홍보 공론화

3. 성동격서? 우병우 흔들기에서 문화재단 강제모금 건으로

태풍의 시작은 2016년 7월 18일 조선일보의 우병우 민정수석 관련 1면 톱 기사였다고 할 수 있다. 구체적인 이유는 알 수 없었으나, 조선일보는 현직 민정수석의 개인 문제를 대대적으로 보도하며 사퇴를 압박하기 시작했다.

청와대에서는 이를 정권을 흔들려는 시도로 보고 강하게 대응했다. 나중에 우병우 수석의 이 문제는 법원에서 무죄 판결을 내렸지만, 당시에는 엄청난 대립 구도가 지속되었다. 조선일보를 비롯한 많은 언론은 여러 의혹을 앞다투어 보도했다. 국회에서는 야당을 중심으로 연일 우병우 수석의 사퇴를 압박했다.

이러한 소용돌이 속에서 2016년 7월 26일 TV조선이 재단 설립 의혹을 보도했다. 대기업이 수백억 원의 기금을 출연하여 만든 재단이 청와대의 강제 모금으로 설립되었고, 그 중심에 경제수석인 내가 있다는 보도였다.

이 보도가 있기 며칠 전, TV조선 기자가 전화를 걸어왔다. 그날은 막 결혼한 딸이 사위와 함께 와서 내 생일파티 겸 저녁식사를 나눌 때라 정확히 기억한다. 기자는 내가 교수 시절 경제부 기자로 있으면서 자주 통화하던 사이라 반갑게 통화를 시작했다. 그러던 그가 갑자기 재단 이야기를 꺼내면서 의혹이 있다고 언급했다.

나는 재단은 대기업이 자발적으로 출연해서 설립되었고, 그 과정에 전경련이 주도했다고 설명했다. 대통령과 대기업 회장과의 독대에 대해 언급할 수 없었지만, 전경련 이승철 부회장이 잘 알고 있으니 확인해 보라고도 했다.

실제 2015년 7월 대기업 회장들과 대통령의 독대가 있고 난 뒤 이승철은 재단 관련해서 대기업 관계자들에게서 들은 바 있다고 내게 연락해 왔다. 나는 재단 설립에 대한 공감대가 이루어진 것은 분명하다고 이야기했다. 당시 이승철은 이에 대해 좋은 시도라고 적극 공감을 표하면서 전경련이 주도할 것이라고도 말했다.

그런데 며칠 후 TV조선은 청와대 재단 설립 강제모금 보도를 하면서 나와 대화한 내용까지 녹음해 내보냈다. 나는 너무도 큰 배신감에 즉각 TV조선 사회부장에게 전화해서 항의했다. 어떻게 녹음한다고 언급도 않고서 녹음한 뒤 무단 보도를 할 수 있느냐면서 따졌다. 내가 아니라고 부정했음에도 강제모금이 있었던 것으로 단정하여 보도한 것은 잘못이라고 거듭 항의했다. 이러한 일련의 과정은 검찰 조사와 재판 과정에서 재연되었다. 아직도 나는 이러한 일방적 보도 행태는 바로잡아야 한다는 생각에는 변함이 없다.

TV조선 보도 이후 다른 언론도 이를 받아 경쟁적으로 보도하기 시작했다. 그때부터 나는 외롭게 언론과 싸움을 하기 시작했다. 재단 설립에 어떤 배후세력도 없었다고 확신하고 있었기에 매일 보도 상황을 점검하며 재단 설립의 정당성과 필요성을 주장했다.

최순실의 깜짝 등장
그러던 8월 어느 날 TV조선의 모 부장이 녹음파일 몇 개를 보내주면서 들어 보라고 했다. 미르재단 사무총장으로 있던 이가 최순실과 만났을 때 녹음한 것이라 했다. 녹음파일에 나오는 중년 여성의 강하고 까랑까랑한 목소리에 나는 너무도 놀랐다. 그 목소리가 정윤회의 부인이자 최태민의 딸로 알려진 최순실이라는 사실에 처음으로 뭔가 있구나라는 놀라움과 두려움이 밀려왔다. 최순실과는 일면식도 없고 누구인지 이름만 알던 나로서는 즉시 이른바 3인방(이재만, 정호성, 안봉근)을 불러서 확인했다. 최순실이 배후에 있었던 거냐고.

당시 그들은 최순실이 문제를 일으킬 행동은 하지 않았을 거라 말하면서, 미르재단 사무총장이 문제를 일으키고 있는 것이라고도 했다. 며칠 후 TV조선 그 부장이 다시 연락이 와서 최순실이 고영태라는 자를 측근으로 두고 문제를 일으켰다는 이야기를 전했다.

그때 그들이 내게 최순실의 존재를 미리 알리고 함께 대처하자고 했더라면, 대통령에게 강하게 문제를 지적하면서 말렸을지도 몰랐을 일이다.

미리 알았다면 말릴 수 있었을까?

나는 대통령으로부터 가끔 질타를 받으면서도 내가 옳다고 생각하는 방향으로 조언하면서 지내 왔다. 그리고 필요하면 3인방에게 협조를 구하면서 대통령을 설득해 온 터라 지금에 와서 생각해 보면 사전에 막을 수도 있지 않았을까 하는 회한이 든다.

고집이 센 대통령이었지만, 내가 옳다고 생각이 들면 나름의 방법으로 설득해서 성사시킨 적이 많았다. 대통령 후보 시절부터 여러 이슈에서 의견이 갈릴 때도 있었지만, 내가 여러 근거를 제시하며 서너 번 계속 주장하면 대통령도 처음에는 화를 내다가도 결국 수긍하곤 했다. 다만 의견이 갈리면 사후적으로 대통령이 옳았다고 판단되어 내가 수긍했을 때 일이 잘된 경우도 많았다. 대통령의 판단이 종종 좋은 결과를 가져온 것을 보면 그만큼 대통령의 정치적 혜안이 뛰어났다고 할 수 있을 것이다.

4. 국회에서 고군분투 대응하다

무대는 국회로 옮겨가기 시작했다.

언론과의 싸움에 지칠 대로 지쳐 갈 즈음, 국회가 본격적으로 나서서 재단 문제를 추궁하기 시작했기 때문이다.

2016년 9월 20일 최순실의 실명이 처음으로 『한겨레』에서 보도되면서 국회는 비선 실세가 국정을 좌우했다고 비판했다. 결국 청와대 비서실장 이하 수석들이 국회운영위원회에 출석하는 일정이 잡혔다. 그전에 상임위별 이 문제를 논의하는 과정에서 이승철 부회장이 출석하여 재단 설립 과정을 설명하기도 했다. 이승철은 줄곧 "재단은 자발적으로 만들어졌다"고 답변했다. 내가 국회에 출석하기 전에는 직접 나를 찾아와서 자신이 작성한 예상 질문과 답변 내용이 담긴 문건을 건네주기도 했다.

그런데 훗날 이승철은 재판 과정에서 이 문건이 내가 지시해서 만든 거라 증언했다. 그러나 그전에는 줄곧 재단 문제에 있어서 청와대의 강압이 아닌 자발적 설립이라는 점을 스스로 나서서 항변했다. 재단 설립의 공범이 아니라 피해자임을 보여야 법적으로 문제가 없을 거라는 생각에 그가 검찰 조사와 재판 과정에서 다른 말을 했을 거라 생각되지만 진실은 숨길 수도, 바꿀 수도 없는 것이다.

믿었던 친구가 증언을 뒤집다

창조경제혁신센터 설립과 청년희망재단 설립 등 각종 대기업이 참여하고 출연하는 사업들은 이승철 부회장이 늘 앞장서서 추진했다. 마찬가지로 두 재단 설립에도 적극적이던 그가 변심하게 된 사유는 내심 이해가 가지만, 안타까운 심정을 금할 수 없다. 나는 학계에서부터 이어 온 그와의 인연이 산산조각이 나면서 비탄을 느끼기까지 했다.

국회운영위원회에서 청와대를 대상으로 한 국정감사나 예산결산 관련 질의응답이 있으면 주로 야당 의원들의 정치 공세로 여야 의원 간에 치열한 공방이 벌어진다. 특히 2016년 10월 21일 국회운영위 국정감사에서는 청와대 비서실장 이하 비서진이 참석한 가운데 두 재단 관련 의혹과 최순실의 개입에 대한 여당 의원들의 공격이 집중적으로 이루어졌다.

국회에 출석한 나는 집중적으로 쏟아지는 질문을 적극적으로 막아내며 고군분투했다. 나중에 사건의 진상을 알고 난 뒤 돌이켜보면, 당시 만일 이런 것들을 알고 있었다면 그렇게 당당히 답변하지 못했을 내용도 있었다. 당시 나는 재단 설립 과정에 최순실의 개입이 없었다는 것을 확신했기 때문이었다.

같이 국회의원으로 활동하던 야당 의원들에게 추궁당하는 상황이 불편하긴 했어도, 미리 준비한 답변을 중심으로 하나하나 방어해 나갔다. 의원들은 대부분 언론에 보도된 각종 의혹을 중심으로 질문했기에 나름대로 방어하기는 어렵지 않았다.

문제는 이러한 재단 문제와 관련된 국회와 언론의 공격에 대한 방어를 나 홀로 했다는 사실이다. 대부분 방관자 자세로 일관했다는 아쉬움이 아직도 남아 있다. 민정수석은 자신의 문제를 방어하느라 정신없었기에 대통령과 관련된 이 문제에 대한 대처가 다소 소극적이었다.

그때 한 의원이 내게 질문하면서 당신도 또 한 명의 희생양이 될지 모르니 조심하라는 말을 했던 것이 기억에 남는다. 결국 내가 사건의 공범으로 대가를 치르게 되었으니, 그날 그 의원의 말은 그 후 내 운명을 가리킨 셈이었다.

지금 돌이켜 보면 당시 언론 보도 중 상당 부분이 오보였다. 나에 대한 질문 역시 언론 보도 중 전혀 근거 없이 최순실과의 연계 등을 내세운 기사들을 기초로 한 것이었다. 나는 강하게 부인했다. 야당 의원들의 공세 중에는 해당 보도가 잘못되었으면, 언론사를 상대로 고발하겠느냐는 것도 있었다. 나는 당연히 오보들을 대상으로 고발하겠다고 했다. 이는 아직 지켜지지 못했지만, 우리 언론의 '아니면 말고' 식 무책임한 보도 행태를 바로잡기 위해서 노력할 계획이다.

연일 계속되는 국회와 언론의 의혹 제기와 비난 속에서 나는 민정수석과 홍보수석을 만나 대통령이 어떤 형식으로든 사과문을 발표해야 하니 함께 가서 설득해 보자고 말했다. 처음으로 함께 대처하자고 도움을 청한 것이었다.

내가 국민에게 재단 설립 이유, 과정 그리고 운영에 대한 설명 내용을 정리하고, 민정수석은 이런 것들이 법적으로 문제가 있는지 검토한 것을 보고하고, 홍보수석은 이러한 문제들을 어떻게 홍보 차원에서 대처할 것인가를 보고하기로 했다. 그런 뒤 한 목소리로 대국민 사과문이 필요하고, 이 사과문에는 최순실이라는 비선 실세를 솔직하게 인정하고 국민의 이해를 구한 뒤 어떤 불법이 있으면 엄정 조사하겠다는 내용을 담자고 설득하기로 했다.

두 수석은 망설이다가 결국 나의 의지에 동의했다. 내가 압수 수색당한 날 압수된 수첩 한 권에는 이때 준비했던 회의 내용과 대통령 보고 내용이 고스란히 담겨 있다.

사과할 시기를 놓치다

2016년 10월 12일, 대통령 집무실에서 정책조정수석인 나, 우병우 민정수석 그리고 김성우 홍보수석이 대통령을 만났다. 그때 나는 수첩에 대통령께 보고할 대략적인 내용을 메모한 상태에서 먼저 이야기를 꺼냈다. 수첩 63권(2016. 10. 8~) 2016년 10월 12일 VIP 면

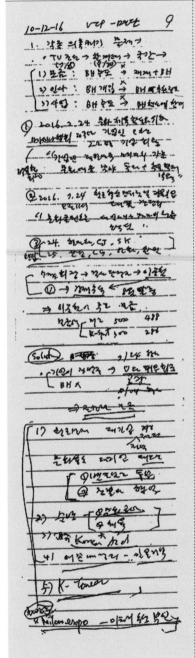

10-12-16 VIP 면담

1. 각종 의혹제기 문제
  ○ TV조선(7/6) → 한겨레(9/20) → 국감 →
    1) 모금: BH주도×→ 재계 + BH
    2) 인사: BH개입×→ BH 추천 정도
    3) 사업: BH주도×→ BH협조에 참여
  ① 2016. 2. 24. 문화 체육 활성화 위한
    메세나협회 20주년 기업인 오찬
                22명 기업 회장
    박용현 회장
    "기업인 대한민국 메디치 가문
    문화예술분야 투자+후원확대부탁"
  ② 2016.7.24. 창조혁신센터장 및 지원기업
    오전 11시 대표 간담회
    "문화콘텐츠는 새 일자리+부가가치 창출
                핵심"
  ③ 24. 현대차, CJ, SK
    25. 삼성, LG, 한화, 한진 면담
    7개 회장 → 각사 담당자 → 이승철
    V → 경제수석 8월 말경
    → 이승철이 주도 모금
    모금액 미르   500 488
        K·Sport 300 286

Solution   7/24
    기업이 자발적 → V와 대기업 회장
    BH×   공감
    → 전경련 모금
1) 창조경제 대기업 지역 면담
    문화융성 대기업 재단
        ① 별도보다 통합
        ② 정부와 협업
2) 순방 ① 문화공연
        ② 체육
3) Korea Aid
4) 에꼴빼랑디 - 일본은 거부
5) K-Tower
차감독
  ○ Milano Expo - 이태리 수상 부인

담에 메모된 것을 보면, 재단의 모금, 인사, 사업은 청와대가 주도하거나 개입한 것이 아니라 전경련 주도하에 협조한 것이라는 점을 강조하고 있다.

대기업 회장과의 독대를 공개할 수는 없기에, 대기업들과 공감대가 형성된 두 번의 계기로 2016년 2월 24일 메세나협회 20주년 기념 기업인 오찬과 2016년 7월 24일 창조경제혁신센터 지원기업 대표 간담회장에서의 대화 내용을 강조한 것이다.

그리고 창조경제혁신센터를 대기업들이 지역별로 전담했듯이 문화융성도 대기업들이 재단을 만들어 이바지하고자 했다는 점을 내세웠다. 아울러 대기업들이 별도로 문화재단을 갖는 것보다 통합된 재단을 설립하고 이에 대해 정부와 협업하는 것이 공익을 위해 바람직하다는 점도 강조했다. 수첩에 'Solution'이라고 쓴 아랫부분은 주로 대통령이 당시 언급한 것들을 추가로 쓴 것으로 기억된다.

사실 대통령은 세 수석과 만남에 부담을 느끼셨는지 전날 저녁 내게 그냥 전화로 이야기해 보라고 하셨다. 나는 꼭 만나서 대응방안을 논의해야 한다고 말씀드렸고, 세 수석과 만남은 그렇게 이루어졌다. 상황이 중차대하다는 설명과 재단 관련 해명은 이렇게 하자는 제안, 그리고 민정수석이 법적으로는 문제없다는 보고와 함께 핵심인 비선 실세를 인정하자는 제안을 하게 되었다. 하지만 대통령은 비선 실세를 인정하자는 홍보수석의 제안에 불쾌한 표정을 짓고는 그건 안 하겠다고 하셨다. 나는 그래도 하셔야 한다고 강하게 말했다. 그 순간 대통령은 더욱 강한 반대의사를 표했다.

순간 모두 침묵에 휩싸였다. 더 이상의 설득은 불가능했다. 세 수석은 일단 물러서기로 했다. 별도의 회견 발표 없이 2016년 10월 20일 대수비(대통령 주재 수석비서관회의) 모두말씀에서 사과문을 발표하기로 하고, 내가 초안을 만들어 올리기로 하고 끝을 맺었다.

민정수석은 대통령이 그렇게 화를 내는 모습을 처음 보니 너무도 떨리더리고 했다. 나는 포기하지 않고 정호성 비서관에게 상황 설명을 하고 사과문에 비선 실세 인정 내용을 담도록 계속 설득해 보자고 했다. 오랜 기간 대통령의 완강한 입장을 되돌리려 설득할 때 사용하던 전략처럼 계속 야단을 맞더라도 서너 번 계속 함께 설득해 보자고 했다. 결국은 이 노력도 무산된 채 대수비에서의 사과문은 비선 실세 인정이 빠진 채 나가게 되었다.

수첩 63권의 2016년 10월 28일 메모는 내가 최순실 개입을 모르는 상황에서 그동안 어떤 구도로 일이 진행되었나, 추측해 보는 과정에서 혼자 그려 본 것이다. 나는 최순실과는 일면식도 없는 터라 접촉한 적도 없는 상태에서 대통령(VIP)으로부터 지시를 받는 상황이고, 대통령은 최순실과 소통하고, 최순실은 정호성과도 소통하는 관계였다는 것을 의미하는 것이다. 이러한 구도로 인해 검찰이 결국 순차적 공모라는 생소한 법률 용어를 적용해 나에게 공범으로 직권남용죄를 물었던 것이다.

내가 전체 사건의 일부만을 인지한 상태에서 대통령에게 대응 방안에 대해 설득하고 읍소했던 첫 번째 기회는 비선 실세 인정이 빠진 대수비 사과문으로 무산되었다. '나의 설득이 성공했더라면'이

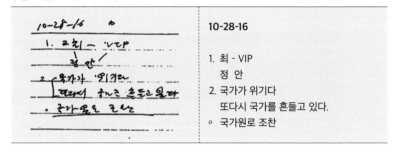

10-28-16
1. 최 - VIP
정 안
2. 국가가 위기다
또다시 국가를 흔들고 있다.
◦ 국가원로 조찬

라는 가정은 의미 없다 할지라도, 적어도 국민에게 받을 비난은 약해졌거나 아니면 더뎌졌을 거라는 아쉬움은 남는다. 이제 결국 두 번째이자 마지막 하소연의 기회가 다가오고 있었다.

5. JTBC, 태블릿으로 기름을 끼얹다

수석비서관회의에서 대통령의 해명성 입장 표명이 있은 지 얼마 되지 않아 10월 24일 이른바 '태블릿 PC' 보도가 JTBC에서 나왔다. 그날도 나는 여느 때처럼 저녁을 먹으러 청와대 부근 중국 식당에 들렀을 때였다.

함께 있던 김건훈 보좌관이 JTBC에서 최순실이 대통령의 연설문 등을 수정하곤 했던 태블릿 PC가 발견되었다는 보도가 있었다고 알려주었다. 때마침 대통령에게 전화가 걸려왔다. 대통령은 보도 사실을 모른 채 다른 지시를 하려고 전화를 건 터였다. 몇 분간 대통령의 이야기를 듣던 나는 지금 이럴 때가 아닌데라는 생각에 말씀을 끊고, 방금 JTBC에서 최순실 관련 의혹 보도가 나왔다는 데 급히 확인해 보셔야 할 것 같다고 말씀드렸다. 늘 그랬듯이, 대통령은 어떤 위기나 다급한 상황에서도 당황하지 않는 태도를 보이셨다. 알았다고 하면서 조금 전 못다 한 지시를 한 뒤 통화를 마쳤다.

나는 이어서 정호성 비서관에게 전화했다. JTBC 보도 내용이 사실인가 물었고, 만일 사실이라면 큰일이니 최대한 빨리 대통령의 해명이나 사과가 필요하다고 말했다. 정호성은 일부 사실이라는 답변을 하면서 상당히 당황해하는 눈치였다. 나는 다음 날 아침 일찍 3인방과 민정, 홍보수석과 모여서 대책을 마련하여 대통령의 입장문을 만들자고 했다. 최대한 빨리 대통령의 대국민 입장을 발표하기로 합의한 뒤 초안을 만들기 시작했다.

대국민 입장문의 핵심은 최순실이라는 비선 실세가 있었음을 인정하고, 연설문을 수정하는 데 도움을 받았음을 확인하고 사과하는 것이었다. 이러한 사과는 빠를수록 그리고 솔직할수록 좋다는 것이 내 생각이었다. 문제는 집권 후에는 연설문 수정을 맡긴 적이 없다는 문구였다. 나는 만에 하나 집권 후에도 최순실이 개입한 사실이 드러나면 걷잡을 수 없다며 그 문구를 포함하는 것에 대해 신중할 것을 주문했다.

대통령이 더 강하게 사과했어야

아울러 대통령의 사과는 에둘러 표현하지 말고 직접 강하게 해야 한다고 주장했다. 그러나 결과적으로는 내 뜻대로 되지 못했다. 2016년 10월 25일 국민께 드리는 말씀에서 대통령이 최종 선택한 입장 표명은 아주 미약한 수준이 되어 버렸고, 이로 인해 그 후 이어진 사과문 또한 효력이 떨어지게 되었다.

2016년 10월 25일 박근혜 대통령 국민께 드리는 말씀

-

"존경하는 국민 여러분, 최근 일부 언론 보도에 대해 제 입장을 진술하게 말씀드리기 위해 이 자리에 섰습니다. 아시다시피 선거 때는 다양한 사람들의 의견을 많이 듣습니다. 최순실 씨는 과거 제가 어려움을 겪을 때 도와준 인연으로 지난 대선 때 주로 연설, 홍보 분야에서 저의 선거운동이 국민에게 어떻게 전달되는지에 대해 개인적 의견이나 소감을 전달해 주는 역할을 했습니다. 일부 연설문이나 홍보물도 같은 맥락에서 표현 등에서 도움을 받은 적이 있습니다.

취임 후에도 일정 기간에는 일부 자료에 대해 의견을 들은 적도 있으나, 청와대 및 보좌체제가 완비된 이후에는 그만뒀습니다. 저로서는 좀 더 꼼꼼하게 챙겨 보고자 하는 순수한 마음으로 한 일인데 이유 여하를 막론하고 국민 여러분께 심려를 끼치고, 놀라고, 마음 아프게 해드린 점을 송구스럽게 생각합니다. 국민 여러분께 깊이 사과드립니다."

사실 연설문을 수정했다는 것이 그렇게까지 공분을 일으킬 사안은 아니라고 할 수 있다. 문제는 대통령의 국정 수행에 비선이 개입해서 기밀이 누출되었다는 것이다. 집권 후에는 연설문 수정에 개입하지 않았다는 입장문의 문구가 사실이 아님이 드러난 것은 치명적이었다. 당시 나는 3인방에게 집권 후 최순실이 개입 안 한 게 확실한지 수차례 확인했다. 연설문 작성에 최순실이 개입했다는 것에는 나 또한 화가 많이 났다. 대통령의 후보 시절, 수없이 많은 정책 공약과 연설문을 대부분 내가 출발시키고 다듬어서 마지막 순간 정호성에게 넘겼던 것인데, 누군가가 개입해서 수정했다는 것이 나 역시 불쾌했다.

　지금 돌이켜 보면 비단 연설문만이 아닌 것들에도 개입해서 문제가 더 커졌다는 사실에 비하면 아무것도 아니지만….

　여하튼 JTBC 보도는 불난 집에 기름을 부은 듯했다. 대통령의 연설문 등 기밀 사항이 비선들을 통해 노출되고 고쳐졌다는 사실에 국민의 분노가 치솟았다. 최순실 소유라는 태블릿 PC를 JTBC가 입수해서 전격 보도했고, 연일 관련 보도가 이어졌다. 태블릿 PC 안에 수많은 파일이 담겨 있고, 또 중요한 외교 기밀 사항도 포함되어 있다는 보도가 주를 이루었다.

　그런데 태블릿 PC의 입수 과정에 대한 의혹이 제기되었고, 그 소유자도 최순실이 아니라는 조작설까지 제기되었다. 그 후 태블릿 PC와 관련한 의혹들은 법원에서 증거 채택 여부와 관련해서 공방으로 이어졌다.

결국 법원에서는 태블릿 PC가 증거로 채택되었고, 이와 함께 태블릿 PC의 의혹 문제는 사그라졌다. 하지만 이에 대한 진실은 언젠가는 제대로 밝혀져야 할 것이다. 무엇이 진실이든 제기된 의혹에 대한 사실 여부를 명확하게 밝히는 과정은 반드시 필요하기 때문이다. 혹시나 모를 미래의 정치 공작 시도 자체를 미리 막는다는 의미도 있을 것이다.

6. 수석에서 물러나다

걷잡을 수 없는 태풍이 몰아치기 시작하는 듯했다. JTBC 보도로 증폭된 국민의 분노는 어떤 대응도 무색할 정도였다. 결국 수석 총사퇴 발표에 이르렀다. 당시 청와대에서 할 수 있는 것은 그것밖에 없었다.

수석 사퇴 발표가 예정된 몇 시간 전인 오후 9시경, 대통령과 마지막 독대가 있었다. 나는 이 독대를 통해 다시 한 번 대국민 사과를 보다 과감하게 빨리 해야 한다고 설득하고자 했다. 나름대로 대국민 사과문의 초안도 만들었다. 물론 비선 실세가 있었음을 인정하고 국민께 사과함과 동시에 특검까지 수용하겠다는 내용이 담겨 있었다.

나는 마지막으로 두 가지를 말씀드렸다. 하나는 지난 세월 대통령 곁에서 내가 갖고 있던 생각을 정책으로 구체화하고 이를 실행할 수 있는 기회를 얻었던 것이 무엇보다 행복했고, 고마웠다는 것이었다. 다른 하나는 지금 떠난 민심은 국민이 기대하는 수준보다 20~30% 더 높은 수준의 사과를 해야지 돌아온다는 것이었다. 당장 내일이라도 제가 드리는 사과문을 기초로 해서 대국민 사과문 발표를 직접 하시라고 간곡히 말씀드렸다. 이 사과문은 후임으로 오는 수석 한 명에게도 전달하여 대통령을 거듭 설득해 달라고 부탁하기도 했다.

대통령의 마지막 말씀은 그동안 고생 많았다는 것과 늘 낙관적으로, 적극적으로 모든 일에 임하는 모습이 보기 좋았다는 것에 관한 것이었다. 10년 동안 함께하면서 정책에 관한 한 남김없이, 아쉬움 없이 대통령에게 조언하고 실현했기에 들을 수 있는 말이었다.

구속이 늦어졌다면 설득할 수 있었을지도

결과적으로 2016년 10월 28일 그날이 대통령과 마지막 독대가 된 것은 며칠 후 내가 구속되었기 때문이다. 아쉬운 것은 내가 조금이라도 더 늦게 구속되었더라면, 더 집요하게 대통령을 설득할 수 있었을 것 같다는 점이다.

대통령이 현실을 직시하고 현명한 판단을 하도록 옆에서 끊임없이 듣기 싫은 소리라도 하는 참모가 있어야 했기에 그렇다. 대국민 사과문은 결국 약한 수준으로 11월 초에나 발표되었고, 결국 탄핵까지 급물살에 휩쓸려 가버렸기에 지금 생각하면 더더욱 아쉽다.

2016년 11월 4일 박근혜 대통령 대국민 담화문

-

존경하는 국민 여러분, 먼저 이번 최순실 씨 관련 사건으로 이루 말할 수 없는 큰 실망과 염려를 끼쳐드린 점 다시 한 번 진심으로 사과드립니다. 무엇보다 저를 믿고 국정을 맡겨 주신 국민 여러분께 돌이키기 힘든 마음의 상처를 드려서 너무나 가슴이 아픕니다(울먹임). 저와 함께 헌신적으로 뛰어 주셨던 정부 공직자들과 현장의 많은 분, 그리고 선의의 도움을 주셨던 기업인 여러분께도 큰 실망을 드려 송구스럽게 생각합니다.

국가 경제와 국민의 삶에 도움이 될 것이라는 바람에서 추진된 일이었는데 그 과정에서 특정 개인이 이권을 챙기고 여러 위법 행위까지 저질렀다고 하니 너무나 안타깝고 참담한 심정입니다. 이 모든 사태는 모두 저의 잘못이고 저의 불찰로 일어난 일입니다. 저의 큰 책임을 가슴 깊이 통감하고 있습니다. 어제 최순실 씨가 중대한 범죄 행위로 구속되었고, 안종범 정책조정수석이 체포되어 조사를 받는 등 검찰 특별수사본부에서 철저하고 신속하게 수사를 진행하고 있습니다. 앞으로 검찰은 어떠한 것에도 구애받지 말고 명명백백하게 진실을 밝히고, 이를 토대로 엄정한 사법 처리가 이루어져야 할 것입니다.

저는 이번 일의 진상과 책임을 규명하는 데에 있어서 최대한 협조하겠습니다. 이미 청와대 비서실과 경호실에도 검찰의 수사에 적극 협조하도록 지시하였습니다. 필요하다면 저 역시 검찰의 조사에 성실하게 임할 각오이며, 특별 검사에 의한 수사까지도 수용하겠습니다.

국민 여러분, 저는 청와대에 들어온 이후 혹여 불미스러운 일이 생기지는 않을까 염려하여 가족 간의 교류마저 끊고 외롭게 지내왔습니다. 홀로 살면서 챙겨야 할 여러 개인사들을 도와줄 사람조차 마땅치 않아서 오랜 인연을 갖고 있었던 최순실 씨로부터 도움을 받게 되었고, 왕래하게 되었습니다. 제가 가장 힘들었던 시절에 곁을 지켜 주었기 때문에 저 스스로 경계의 담장을 낮췄던 것이 사실입니다. 돌이켜 보니 개인적 인연을 믿고 제대로 살피지 못한 나머지 주변 사람들에게 엄격하지 못한 결과가 되고 말았습니다. 저 스스로를 용서하기 어렵고 서글픈 마음까지 들어 밤잠을 이루기도 힘이 듭니다. 무엇으로도 국민들의 마음을 달래드리기 어렵다는 생각을 하면 내가 이러려고 대통령을 했나, 이런 자괴감이 들 정도로 괴롭기만 합니다.

국민의 마음을 아프지 않게 해드리겠다는 각오로 노력해 왔는데 이렇게 정반대의 결과를 낳게 되어 가슴이 찢어지는 느낌입니다. 심지어 제가 사이비 종교에 빠졌다거나 청와대에서 굿을 했다는 이야기까지 나오는데 이는 결코 사실이 아니라는 점을 분명히 말씀드립니다. 우리나라의 미래 성장 동력을 만들기 위해 정성을 기울여 온 국정 과제들까지도 모두 비리로 낙인찍히고 있는 현실도 참으로 안타깝습니다. 일부의 잘못이 있었다고 해도 대한민국 성장 동력만큼은 꺼뜨리지 말아 주실 것을 호소드립니다.

다시 한 번 저의 잘못을 솔직하게 인정하고 국민 여러분께 용서를 구합니다. 이미 마음으로는 모든 인연을 끊었지만 앞으로 사사로운 인연을 완전히 끊고 살겠습니다. 그동안의 경위에 대해 설명을 드려야 마땅합니다만 현재 검찰의 수사가 진행 중인 상황에서 구체적인 내용을 일일이 말씀드리기 어려운 점을 죄송스럽게 생각합니다. 자칫 저의 설명이 공정한 수사의 걸림돌이 되지 않을까 염려하여 오늘 모든 말씀을 드리지 못하는 것뿐이며 앞으로 기회가 될 때 밝힐 것입니다.

어느 누구라도 이번 수사를 통해 잘못이 드러나면 그에 상응하는 책임을 져야 할 것이며, 저 역시도 모든 책임을 질 각오가 돼 있습니다. 국민 여러분 안보가 큰 위기에 직면해 있고 경제도 어려운 상황입니다. 국내외의 여러 현안이 산적해 있는 만큼 국정은 한시라도 중단되어서는 안 됩니다. 대통령 임기는 유한하지만 대한민국은 영원히 계속되어야만 합니다. 더 큰 국정 혼란과 국정 공백을 막기 위해 진상 규명과 책임 추궁을 검찰에 맡기고 정부는 본연의 기능을 하루 속히 회복해야만 합니다.

국민께서 맡겨 주신 책임에 공백이 생기지 않도록 사회 각계, 여야와 자주 소통하면서 국민 여러분과 국회의 요구를 더욱 무겁게 받아들이겠습니다. 다시 한 번 국민 여러분께 머리 숙여 사죄드립니다.

갑작스러운 압수수색

대통령과의 마지막 독대가 끝난 뒤, 나는 대충 사무실 책상을 정리하고 집으로 돌아왔다. 오래전부터 수석에서 물러나면 홀가분할 거라는 기대는 현실로 되지 않았다. 나는 수석직을 끝내면 학교로 돌아가서 그동안의 경험을 바탕으로 연구하고 강의하는 꿈을 꾸었다. 이런 꿈에 대한 기대 대신 주체할 수 없는 무기력함과 허탈감으로 잠을 이룰 수 없었다.

새벽녘에야 잠이 들었는데 압수수색 왔다는 소리에 잠을 깼다. 침대 옆에 늘 두던 개인용 휴대폰과 업무용 휴대폰 그리고 수첩과 서류들이 고스란히 있었고, 이것들 모두 압수되었다. 과거에 쓰던 휴대폰도 있었는데, 내가 주로 듣던 음악이 저장되어 있어 보관해 둔 것이었다.

이 휴대폰들과 수첩 1권(수첩 63권: 2016. 10. 8~)이 그 후 나와 국가 전체에 엄청난 결과를 가져올 거라고는 당시에는 생각조차 할 수 없었다. 압수수색 검찰팀이 나의 서재를 수색한 후 했던 말이 아직도 기억난다. "과거 모든 자료를 안 버리고 잘 보관하셨다. 사모님의 과거 가계부도 모두 있는데 얼마나 알뜰하게 살림하셨는지 놀랍다." 이처럼 잘 보관하고 기록하는 습관이 훗날 우리 역사에 한 단초를 제공할 것이라는 점도 당시에는 상상할 수 없었다.

나는 2012년 6월부터 2014년 6월까지 2년간의 국회의원 활동을 끝으로 청와대 수석으로 부임했다. 그리고 2016년 10월 말까지 2년 5개월 정도 청와대에서 근무했다. 이렇게 4년 5개월 동안의 공직 생활을 하면서 학자로서 경력과 경험을 최대한 살려서 국가를 위해 봉사하고자 최선을 다했다. 역사에 남을 엄청난 사건으로 공직 생활이 끝났지만, 나 스스로 공직 생활 4년 5개월에 대한 후회는 없다. 특히 수석으로서 2년 5개월의 활동은 나름대로 최선을 다했다고 자부할 수 있다.

19대 국회의원을 사직하고 수석 역할을 맡아 대통령을 보좌하면서 우리 경제와 정책을 책임진 일들에 자부심도 갖고 있다. 그동안 경제학자로서 개발해 온 실사구시에 입각한 여러 정책을 실제 국가와 국민을 위해 제안하고 실현시켰다는 점에서 훗날 정당한 평가를 받고 싶다.

당시에 고향인 대구에서 20대 국회의원 출마를 권유받기도 했지만, 정책으로 대통령을 계속 보좌한다는 생각에 수석 임무에 전념했다. 이 점 또한 나름대로 긍지를 느낀다.

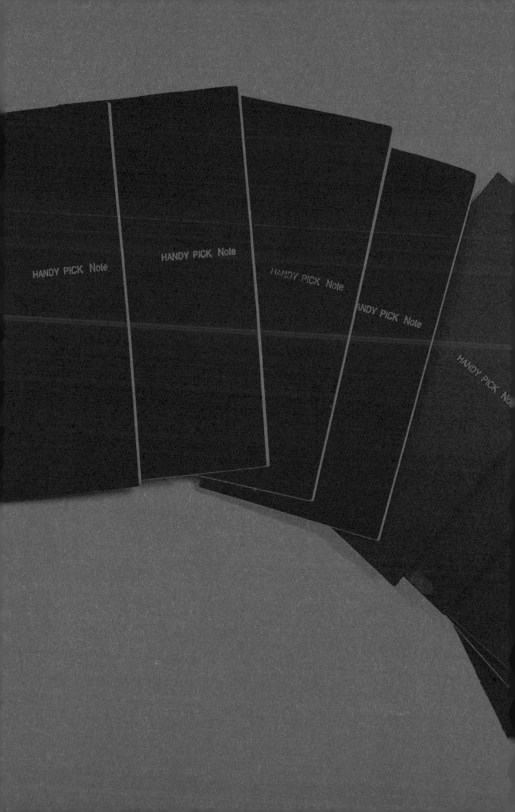

2부. 검찰, 특검의 민낯을 만나다

1. 서울남부구치소 921번

음악 소리에 눈을 떴다. 여기가 어딘가? 꽉 막혀 있는 직사각형 공간에 덜렁 누워 있다. 꿈인가 하는 순간, 일어나서 기상 점검 준비하라고 소리치는 교도관을 보고는 간밤에 있었던 일들이 떠오르기 시작했다. 11월 2일 검찰 소환, 12시간 넘는 조사 그리고 긴급 체포. 난생처음 차보는 수갑의 차갑고 섬뜩한 느낌, 그리고 포승으로 묶일 때의 답답한 느낌. 구치소에 도착해 입고 있던 옷을 벗어 보관시키고 수용자 옷으로 갈아입은 뒤 독거 방으로 들어온 것까지 생각이 났다.

그런데 갇혀 있는 이 좁은 공간이 너무나 답답해 온다. 마치 예전에 본 영화 〈베리드(Buried)〉[1]의 관 속 같은 느낌으로 소리를

---

[1] 테러 집단에 납치되어 산 채로 관에 넣어진 채 사막에 묻힌 미국인 이야기를 주제로 한 영화

지르려 해도 나오지 않는다.

아침이라고 밥과 국, 반찬이 담긴 그릇을 문에 난 구멍으로 넣어 주는데 먹을 수가 없어서 그대로 내주었다. 얼마 후 오전 8시 아침 점검을 한다고 준비하라는 방송이 나왔다.

구치소 점검은 누군가 방 앞을 지나가면서 각 방 번호를 부르면, 안에서 수용자가 하나, 둘, 셋, 번호 끝이라고 하는 것으로 5분 정도 이어간다. 조금 있으니 교도관 한 명이 와서 출정을 가자고 했다. 검찰 조사가 10시부터 있을 거라고도 했다. 시계가 없어서 지금 몇 시냐고 물어보기를 반복했다. 나와 보니 내 방 앞에 의자가 놓여 있고, 교도관 한 명이 밤새 날 지켰는지 피곤한 모습으로 앉아 있다. 출정 가기 전 수번과 방 번호가 적힌 명찰을 받아 옷가슴에 풀로 붙었다. 921번에 2하2번 방이었다. 가끔 영화나 드라마에서 본 적이 있는 그런 모습을 거울로 보니 너무도 어색했다. 하지만 이런 모습은 그 후로도 한참 동안 이어졌고, 921번이라는 번호도 늘 따라다녔다.

출정 가자고 온 교도관을 따라 긴 복도를 걸어가다 보니 어제 지나갔을 것 같은 3동, 4동, 5동 각 수용동이 쭉 있는 게 보였다. 여기가 영화나 드라마에 나오곤 하던 구치소구나는 생각을 하자 '내가 왜'라는 천둥소리가 귓가에 들리는 듯했다. 다시 수갑을 차고 포승을 한 채 어제 온 차보다 훨씬 큰 차(버스 정도)를 여러 수용자들과 함께 올라탔다. 그리고는 한 시간가량 중앙지검이 있는 서초동으로 향했다. 차창 밖, 예전엔 아무런 느낌 없이 지나치던 거리를 바라보면서 속으로 외쳤다.

"이미 주어진 것(It's given). 나는 바깥의 사람과는 이제 다르
다(I'm different)."

언제까지가 될지 모르는 상황에서 이 외침을 계속 되뇌며 창
밖을 바라보았다. 다행히도 눈물은 나지 않았다.

하루 만에 다시 검찰 조사가 시작되었다. 이미 있는 그대로 기
억나는 대로 진술하기로 마음먹은 상태였지만, 검사들의 불신과 불
만은 극에 달해 있는 듯했다. 매일 반복되는 조사는 검사들의 이러
한 불만이 분노로 바뀐 상황에서 끊임없는 추궁으로 이어졌다. 조
사하다가 원하는 것들이 나오지 않으면 대기시켰다가 한참 만에 다
시 부르는 과정이 반복되었다. 점심이나 저녁 시간이 되면 검찰청 지
하에 있는 일명 '구치감'에 가서 식사를 한 뒤, 검사가 부를 때까지
무작정 대기하는 것도 고역 중의 하나였다. 언제 부를지 모르는 상
황에서 구치감 좁은 방에서 마냥 벽을 바라보며 기다리는 것은 고
통 그 자체였다. 또 어떤 추궁과 불신이 있을까에 대한 두려움을 품
은 채 기다리는 과정은 기억조차 하기 싫다. 이미 진실만을 진술하
기로 스스로 다짐한 나로서는 검사의 불신과 분노에 지칠 대로 지
쳐만 갔던 것이다.

역사 앞에 진실로 임하기로

다시 구속 전 상황으로 돌아가 보자. 압수수색 이틀 후 집으로 찾아온 김선규, 홍기채 두 명의 변호사에게 내가 아는 본 사건의 대략적인 전모를 설명했다. 한 시간 정도 내 말을 듣고만 있던 김선규 변호사가 처음으로 단호하게 말했다.

"이 사건은 역사적인 사건입니다. 대통령을 보호하겠다는 생
각으로 숨기거나 거짓 진술을 할 거라면 이 사건을 맡지 않겠
습니다."

어느 정도 각오는 하고 있었지만, 당황스러우면서도 한편으로는 지금이 너무나도 중요한 순간임을 깨달았다. 나는 밤새 생각하고 아침에 답을 주겠다고 하곤 헤어졌다. 그러나 김 변호사가 단호하게 선언(?)하는 순간, 나도 결심을 했다. 숨길 수도, 거짓을 말할 수도 없다는 사실과 나 또한 오로지 역사 앞에서 떳떳하게 임해야 한다는 사명감이 나를 꼼짝달싹 못 하게 만들었다. 수십 년 동안 오로지 대한민국 역사에 그리고 국민을 위해 조금이나마 발전의 자취를 만들겠다는 소명의식으로 살아왔는데, 어찌 비겁해질 수 있겠는가 하는 생각이었다.

11월 2일, 검찰에 출두한 이후 조사받고, 긴급 체포되고, 구속 상태에서 조사받는 모든 과정은 난생처음 경험하는 것들이었다. 영화나 드라마 등에서 본 적은 있지만 막상 내가 당해 보니 고통 그

자체였다. 무엇보다 가장 힘든 것은 하루 종일 기억과의 싸움이 이어진다는 것이었다.

2년 전 일들을 구체적인 기억으로 되살린다는 것은 어려운 일이기 때문이다. 일에 묻혀 정신없이 하루에도 수십 번 통화와 회의 그리고 언론을 상대하는 등 수많은 일들이 있는데, 특정 상황이 당시 일어났는가를 기억해 낸다는 것은 너무나 힘든 과정이었다.

더구나 검사가 '누구누구는 이렇게 진술했다'고 다그치면, 마치 없는 기억이 그쪽으로 어렴풋이 나타나는 듯한 착각에 빠지기도 했다. 몸과 마음이 지칠 대로 지친 상태에서 더 그런 현상이 나타나기도 했다. 이런 기억은 분명 잘못된 것이고, 만일 이런 상황에서 기억난 것으로 단정하면 안 된다는 걸 조사받는 과정에서 터득하게 되었다. 수많은 사람들의 진술 그리고 검사들이 강하게 압박하는 정황상 논리에 따라 그냥 기억난다고 해버릴 수는 없었다. 그러면 이미 다짐했던 나와의 약속, 즉 '역사 앞에 오로지 진실만을 말하자'는 다짐이 깨지는 것이었기 때문이다.

2. 수첩과 특수본 1기

검찰은 이번 사건 수사를 위해 2016년 10월에 특별수사본부(이하 특수본) 1기를 구성했다. 나는 특수본에 2016년 11월 2일 소환된 뒤 조사를 받다가 그날 자정에 긴급 체포된 후, 11월 20일 기소

될 때까지 매일 열 시간 이상 여러 검사들로부터 돌아가며 조사를 받았다. 같은 질문을 반복하는 것에서부터 다른 사람들의 진술 내용을 확인하고 통화 기록이나 문건 같은 각종 기록을 확인시키는 것에 이르기까지, 나로서는 너무나 힘들고 아까운 시간이 흘러갔다.

그동안 앞만 보고 살다가 과거를 놓고서 기억과의 전쟁을 치러야 하는 나 자신이 너무 한심하고 원망스럽기까지 했다. 최순실을 전혀 몰랐다는 진실을 의심받으면서 이루어지는 조사는 그야말로 견디기 힘들었다. 평생 남으로부터 불신을 받아 본 적이 없는 나로서는 뭔가 숨기고 비겁하게 거짓말하는 나쁜 사람으로 취급받는 것 자체가 고통이었다.

검찰 조사의 초점은 문화재단과 체육재단이 어떻게 설립되었나에 맞추어져 있었다. 이제는 많은 국민에게 익숙한 이름이 된 미르재단과 K스포츠가 어떻게 설립 아이디어가 생겨나서, 어떤 과정을 통해 설립되었고, 여기서 최순실이 어떻게 개입되었나 하는 것을 알아내고자 수없이 반복되는 질문과 답변이 이어졌다. 이 과정에서 내가 꾸준히 지켰던 진실은 나는 최순실을 전혀 몰랐고, 재단은 사익이 아닌 공익을 위해 만들어졌다는 것이었다.

문제는 최순실의 개입 여부였다. 최순실이 두 재단 출범에서부터 인사 그리고 사업에 개입하였고, 이 과정에 내가 당연히 최순실과 공모했을 거라는 것이 검찰과 언론의 생각이었다. 검찰 조사를 받기 전 언론에 최순실의 개입이 연일 보도되었을 당시에도 주위의 많은 기자들은 내가 최순실을 알았을 거라는 의심을 하곤 했다.

그러나 이제는 많이 알려졌지만, 나는 최순실을 전혀 몰랐다. 구속전 나는 친한 기자들에게 누구를 몰랐다는 것을 증명하기가 이렇게 힘드냐고 도와달라고 하기까지 했다.

최순실과 알고 있었다는 의심의 눈초리

두 재단이 설립되고 사업이 시작되는 것은 최순실의 개입을 몰랐을 당시만 해도 기대가 컸고, 보람을 느끼고 있었다. 최순실의 존재가 두 재단에 드리우면서는 재단의 모든 것이 나쁜 것으로 인식되고 비난의 대상이 되었다. 나는 재단 설립 과정에서 한 번 정도 의심한 적이 있었다. 대통령이 재단 이사진으로 검증한 사람들이니 연락해 보라며 명단을 주고는 전경련에도 알려주라고 했다. 이사진에게 전화해 봤더니, 대부분 자신들이 이미 이사로 선임될 걸 알고 있었다.

혹시 경제수석 부임 직후 문제가 되었던 정윤회 문건 파동처럼 정윤회가 돌아와서 뭔가 개입하고 있는 건 아닌지 정호성 비서관에게 물어보았다. 정 비서관은 그렇지 않다고 단호하게 대답했다. 그래서 나는 검증 과정에서 이사들이 알게 되었을 거라 생각하고 의심을 거두었다. 지금 생각하면 당시 내가 가졌던 의심을 품고 좀 더 신중하게 대통령의 지시를 파악하고 처리했어야 했다는 아쉬움이 남는다.

특수본 조사가 한창 진행되던 상황에서, 국회의원 시절부터 청와대 수석 재임까지 오랜 기간 나를 도와준 김건훈 보좌관이 내가 쓴 수첩 16권을 갖고 조사실로 왔다. 내가 수첩을 주면서 정리한 후 버리라고 한 것을 보관하던 것이라면서, 검찰이 참고만 하고 돌려준다고 해서 가져왔다는 것이다. 수첩 16권은 결국 검찰에 압수되어 임의 제출 형식으로 제출되었다. 수첩 내용은 대통령과 나눈 대화의 요약이 대부분인데, 그중에는 외교적으로 민감한 부분 등 공개되어서는 안 될 부분이 있기 때문에 조사에 필요한 부분만 복사한 후 돌려줄 것을 요구했지만 받아들여지지 않았다. 이 수첩은 아직도 돌려받지 못했다. 왜 돌려주지 않는지 이유를 알 수가 없다.

이 16권의 수첩은 조사 과정에서 나를 더욱더 힘들게 했다. 수첩에 기록된 내용을 모두 정리하고 숙지한 검사들은 한두 줄만 프린트해 보여주면서 수많은 질문을 했다. 본인이 쓴 글인데 왜 모른다고 하느냐는 추궁이 이어졌다. 난 수첩에 쓰고는 길게는 2년 동안 본 적이 없기 때문에 기억하지 못하는 것이 당연한데도 거듭 압박하는 검사들의 행태에 화가 치밀어 올랐다.

나는 경제학자로서 그동안 정책 연구를 하면서 늘 미래를 바라보는 삶을 살아왔다. 어떤 정책을 실시하면 앞으로 경제 주체들이 어떠한 행동으로 반응을 보일 것인지, 그 혜택과 피해는 어떠할 것인지 사전에 분석하고 예측하는 것이 내가 경제학자로서 끊임없이 해오던 작업이고 습관이었다. 뒤를 돌아보거나 과거에 집착하는 것은 나에게 시간 낭비고, 일종의 죄의식마저 들게 하는 일이었다. 그런데 검찰 조사를 받으면서 하루 열 시간 동안 내내 과거에 매달려 있다는 사실이 때론 조사받는 고통보다 더욱 힘들게 느껴졌다.

1981년 2월 대학 졸업 후 대학원에 진학하고, 유학을 가고, 학위를 받고, 귀국 직후 연구소에 몸담고, 또 대학에 교수로 가고, 국회의원이 되고, 또 수석이 된 36년 동안 나는 잠시도 쉬지 않고 앞을 보며 달려왔는데, 갑자기 2016년 11월 2일 멈춰 서서 끊임없이 뒤를 돌아보는 것이 너무도 괴로웠다. 검찰 조사가 있을 때는 과거 기억을 살리는 데 시달리다 구치소에 와서는 내 앞에 놓인 무한한 불확실성의 시간들을 봐야 했다. 이같이 반복되는 일상은 견딜 수 없이 힘든 일이었다. 구속 후 매일 새벽까지 조사가 계속되면서 2주 이상 목욕을 하지 못해 가슴 언저리에 피부병이 생긴 것조차 한참 지나서야 알았을 정도였다.

수십 번 반복해서 본 나의 수첩 내용은 일부 기억이 나기도 했지만, 기억의 실마리를 전혀 찾을 수 없는 것도 많았다. 특히 대통령이 대기업 총수와 독대 후 알려주어 기록한 부분은 가장 많이 질문을 받고 답변한 것이었다. 너무 질문을 받으니 내가 마치 현장에 있었던 것 같은 착각에 빠질 정도였다.

조사를 마치고 구치소에 돌아와서는 과연 실제로 기억이 나서 진술한 것인지 아니면 반복되는 상황 때문에 착각에 빠져 사실인 것처럼 답변한 것인지, 밤새 다시 확인하느라 잠을 청할 수 없었다. 나름대로 터득한 것이 있다면, 기억이 안 나는 것을 억지로 떠올리려 지속적으로 몰두하면 순간적으로 기억나는 것으로 착각에 빠질 수도 있으므로 조심해야 한다는 것이었다. 그럴 때면 그 몰두에서 빠져나와 원점에서 다시 차분히 생각해 보면 그것이 착각인지 아닌지 판단할 수 있기도 했다.

내가 모르는 걸 그녀는 알고 있었다

재단 설립과 관련된 조사에 이어서 두 재단이 벌여 온 각종 사업에 대한 조사가 시작되면서 내 수첩의 위력을 확실히 느끼게 되었다. 대통령이 두 재단과 관련해서 지시하거나 그냥 알고 있으라고 말씀하신 내용이 수첩에 적혀 있었고, 그것들이 상당 부분 최순실과 관련되어 이루어진 것이라는 사실 하나하나를 알게 될 때마다 깜짝깜짝 놀라는 과정이 계속되었다. 예를 들어 재단 사무총장을 누구와 만나게 하거나 연락하게 하라고 한 대통령의 지시가 최순실을 통해 정확히 같은 내용이 재단 사무총장에게 전달되었다는 사실을 알았을 때 너무나 놀랐다.

재단의 모든 인사가 최순실이 면접해서 채용되었거나 적어도 아는 사이였다는 걸 알고는 '내가 참 바보였구나'라는 생각이 들면서 한편으로는 섬뜩할 정도로 두려운 느낌이 들었다. 조사 과정에서 재단 이외의 사항에도 최순실이 개입되었다는 사실을 알게 되면서 이런 두려움은 더욱 커져 갔다.

KD코퍼레이션이라는 기술력을 가진 중소기업인데 판로가 막혀 있으니 현대자동차에 소개하라는 대통령의 말씀에 산업비서관을 통해 알아보고 대통령 지시대로 현대차에 납품하게 된 건에서부터 KT에 유능한 인사를 추천하라고 지시한 것, 그리고 포스코 계열 광고사인 포레카가 매각되는데 대기업에 매각되지 않도록 하라는 지시에 이르기까지 모든 사안 뒤에는 최순실이 있었다. 이 사실을 알고는 과연 어디까지인가 두려움이 커졌다. 경제수석으로 우리 경제를 업그레이드시키고 중소기업과 벤처기업에 많은 기회를 준다는 신념으로 총력을 기울였는데, 내가 뭘 한 건가 하는 자괴감에 몸서리치기도 했다. 이 모든 것이 대통령의 지시로 내 수첩에 하나하나 기록되어 있는 걸 보고는 허탈감까지 들었다.

이 두려움과 허탈감은 11월 20일 기소되고 공소장을 보는 순간 분노로 바뀌었다. 나의 범죄 사실이 8개 정도 나열되었고, 대부분 최순실과 공모한 것으로 적시된 것을 보니 이건 아닌데라는 분노가 치밀었다. 나는 최순실을 몰랐고 대통령의 지시를 좋은 취지로 생각하고 열심히 따랐을 뿐인데, 직권남용, 강요 등의 죄목으로 기소를 한다는 것이 나로서는 이해할 수 없었다.

진실과 관계없는 터무니없는 공소장

공소장에서 나에게 적용된 범죄 사실은

① 미르와 K스포츠재단의 설립 과정에서 직권남용과 강요했다는 것,

② KD코퍼레이션 지원 관련해서 현대자동차에 직권남용과 강요했다는 것,

③ 롯데가 70억을 추가 출연하여 K스포츠재단 사업을 지원하도록 강요했다는 것,

④ 포스코가 펜싱단을 창단하도록 직권남용과 강요했다는 것,

⑤ KT가 플레이그라운드 광고사에 광고를 주도록 직권남용과 강요했다는 것,

⑥ GKL이 장애인 스포츠단을 창립할 때 직권남용과 강요했다는 것,

⑦ 포스코 산하 포레카 매각 과정에 강요했다는 것,

⑧ 이승철과 K스포츠 김필승 이사에게 증거인멸 교사했다는 것으로 나열되어 있었다.

증거인멸 이외에 모든 것은 대통령, 최순실과 공모하여 직권남용과 강요의 범죄를 저질렀다는 것이다. 나는 대통령이 지시한 것을 그대로 수행했고, 또 수행하면서도 문제가 있다고 생각하지 않았던 것들이었다. 그런데 알지도 못하던 최순실과 공모했다고 하니 너무나도 원통했다. 문제의 소지가 없도록 대통령을 잘 모시지 못한 점은 반성하지만, 그동안 열심히 대통령의 성공을 위해, 우리 국민과 국가 발전을 위해 기울인 노력들이 허사가 되고, 그것들이 범죄 행위로 뒤바뀌는 것은 참을 수 없었다.

국회의원 시절이나 수석이 된 후에도 늘 겸손하고 정직하게 생활하고, 어느 누구에게도 권위를 갖고 대하지 않았다고 자부했는데 강요니 직권남용이니 하는 죄명은 너무 억울한 것이었다. 위의 범죄로 나열된 것들을 포함해서 기업이나 단체의 관련 인사에게 대통령 지시나 업무 관련 내용을 전달할 때도 나는 늘 그들을 겸손하게 대하고, 무리해서 추진할 필요는 없다고 했었기에 더욱 억울했다.

3. 구치소 청문회부터 헌재 증언 그리고 탄핵

　검찰 조사와 재판으로 몸과 마음이 황폐한 상황에서 두 가지가 나를 더욱 힘들게 했다. 하나는 국회에서 진행되고 있던 청문회 증인 출석이고, 또 하나는 헌법재판소(이하 헌재)에서의 탄핵심판 증인 출석이었다. 우선 청문회 증인 출석은 출석 자체가 힘든 상황이었다. 전국에 생방송하는 청문회에 나가 막 시작된 재판 관련 내용을 답변한다는 것이, 더구나 탄핵심판이 진행되고 있는 데 영향을 줄 수 있다는 점이 나의 건강 문제보다 더 출석을 어렵게 했다.

　두 번의 출석 요구에 응하지 않았더니 국회 청문위원들이 남부구치소로 왔다. 여기서 청문회에 준하는 질의응답이 이루어졌다. 나는 당시 허리가 심하게 아파 거동이 힘든 상황이었지만 출석하기로 결심하고 4시간가량 질의응답에 응했다. 재판 중인 상황이라서 다른 피고인이나 참고인과 관련된 진술은 하지 못했지만, 본 사건 관련 질문에는 최대한 성실히 답변했다.

　위원장 자격으로 사회를 본 박범계 의원도 나와 정호성의 답변에 만족한다는 말을 했을 정도였고, 참석했던 여야 의원 모두 흡족해하며 돌아갔다. 한때 동료 의원이던 의원들이 나를 안타까워하면서도 날카롭게 질문하는 가운데, 답변하는 자체가 나로서는 새삼 사태의 심각성과 역사적 의미를 다시 한 번 되새기게 했다.

　구치소 청문회는 크리스마스 다음 날 이루어져서 구치소로서는 비상이 걸리다시피 했다는 걸 나중에야 알았다. 구치소 내에 청문회장을 급히 만들고, 여러 의원들을 안내하고 진행 상황을 점검하는 등 준비하느라 소장 이하 많은 분이 고생했다.

헌재는 대통령 탄핵심의가 시작되자 여러 증인을 불러 신문했다. 나는 최순실에 이어 증언하도록 되어 있었는데, 밤늦게까지 허리 통증을 참아가며 증언했다.

준비 안 된 대통령 변호인들

그런데 대통령 측 변호인들의 질문은 준비가 제대로 안 되어 있다는 느낌을 지울 수 없었다. 대통령의 지시가 부당했다면 언제든지 그만둘 수 있었는데 그냥 수석으로 있었던 것 아니냐는 엉뚱한 질문을 하기도 했다. 반면 핵심 사안인 재단 설립 이유에 관한 질문은 제대로 하지도 않았다.

내가 오히려 재단은 사익 추구가 아니라 공익을 위해, 즉 우리 기업들의 가치를 높이기 위해 정부와 기업이 협업하는 형태의 두 재단을 만들었다는 취지를 상세히 설명하기도 했다.

이들이 준비가 안 되어 있다는 사실은, 변호인의 질문 중에 경제수석실 방기선 선임행정관을 교육문화수석실 행정관으로 잘못 알고 질문해서 헌재 재판관 한 명이 경제수석실 소속이라고 바로잡아 주는 해프닝에서도 여실히 드러났다.

헌재 재판관도 대부분 각자 한두 가지 질문을 내게 했는데, 당시 8명 중에 한두 명을 제외하고는 탄핵에 찬성할 것으로 느껴질 정도였다. 그런데도 청와대에서는 탄핵이 기각될 것으로 확신했다는 언론 보도도 있었다. 만일 이것이 사실이라면 크게 잘못 대응했다고 할 수밖에 없다. 돌이켜 보면 여러 아쉬운 순간이 많았지만, 대통령이 발표한 대국민 담화가 늘 국민이 필요로 한 시점보다 늦었고 또 약했다는 점, 더불어 헌재에서 변호인들이 제대로 대처하지 못한 점 등이 현장에 증인으로 선 나로서는 뼈저리게 다가왔다.

헌재 증언에 나는 증인 중에서 유일하게 두 번이나 나가서 증언했다. 두 번째 증인 신문에서도 질문 수준은 달라지지 않았고, 재판관들은 이미 마음을 정한 듯 첫 번째 신문 당시보다 더 확신에 차서 질문했다. 당시 나는 최순실의 개입이 있었더라도 두 재단의 설립과 운영 과정에서 공익을 우선해서 공정하게 이루어졌다는 점을 강변했다. 그런데 대통령 변호인 측은 이에 대한 준비가 되지 않은 채 막연한 질문을 거듭했다. 이는 두 재단 설립에 문제가 있다는 것으로부터 탄핵 결정이 이루어졌다는 점에서도 정말로 아쉬운 부분이다.

구치소에서 탄핵 결정 소식을 접한 나는 너무나도 슬프고 화가 났다. 물론 책임감도 밀려왔다. 좀 더 치밀하게 이 문제를 접해서 제대로 상황을 파악하여 대통령께 문제의 본질과 심각성을 알려드렸더라면 하는 아쉬움에 지친 몸과 마음이 더욱 아파 왔다.

4. 특검, 압박조사를 시작하다

특검은 2016년 12월 1일 임명되었다. 나는 특검 조사가 시작되자마자 소환되었다. 이번에는 중앙지검이 아닌 선릉역 부근 특검 사무실로 소환되었다. 남부구치소를 출발해서 특검으로 가는 호송차 안에서 나는 또 어떠한 시련이 닥쳐올 것인가 하는 생각에 소름이 돋았다. 호송차가 우리 집 앞을 지나가는데, 한 달여 만에 보는 동네 풍경임에도 마치 몇 년 만에 보는 것 같았다.

특검이 임대한 건물 지하 주차장에 내가 탄 호송차가 도착하자 수십 명의 기자들이 몰려들었다. 수없이 터지는 카메라 프레시에다 뭐라고 외치며 질문하는 기자들의 고함 소리를 뒤로한 채 엘리베이터를 타고 18층으로 올라갔다.

악몽 같은 특검 조사는 그렇게 시작되었다. 기소된 나의 공소장에는 대통령과의 공모가 적시되어 있었기에, 특검 조사가 시작됨과 동시에 대통령에 대한 조사가 초미의 관심사가 되었다. 헌재가 시작된 상황에서는 더욱더 대통령 조사가 필요하다는 여론의 압박이 심해졌다.

나는 거의 매일 특검에 갔지만 조사가 이루어진 것은 한참 후였다. 다만, 첫날 만난 어느 검사는 내가 평생 잊을 수 없는 충격적인 경고를 했다. 그는 나를 만나자마자 "초면이지만 단도직입적으로 말한다"면서 "앞으로 협조하면 모든 것이 수월해지지만 그렇지 않으면 엄청난 시련이 닥칠 거다"라고 했다.

나는 지금까지 했던 것처럼 있는 대로, 기억나는 대로 진술하겠다면서 협조하겠다고 했다. 그러나 그가 말한 협조는 그것이 아니었다. 삼성의 합병 과정에서 대통령이 내게 이와 관련한 지시나 언급이 있었다는 진술을 하는 것이 '협조'라고 했다. 나는 그런 지시는 전혀 없었다고 말했다. 그러자 그는 "협조가 안 된 거로 알겠고, 이제부터 가족 관련 모든 것을 조사해서 우선 언론에 알리겠다"고 압박했다.

조카와 딸, 아들과 사위의 취업까지… 강압 별건수사

검사발 협박성 경고는 난생처음 눈앞에서 당해 보는 것이었다. 그동안 지칠 대로 지쳐 있던 나는 없는 이야기를 할 수는 없으니 멋대로 하라고 했다. 그러자 그는 이미 가족 관련해서 조사한 것이 있다면서 내 조카의 취업 문제를 거론했다.

나는 전혀 문제 될 것이 없으니 알아서 하라고 강하게 반발했다. 이런 실랑이는 그 후 오랜 기간 이어졌다. 딸과 아들 그리고 사위의 취업 문제 등 가족 관련 비위 사실을 들추겠다고 했고, 또 관련된 언론 보도가 이어졌다. 나중에 안 사실이지만, 이 과정에서 나의 가족, 친척 그리고 친지의 계좌 추적이 다방면으로 이루어졌다. 하지만 그 어디에서도 문제가 드러나지 않았다. 결국 비선의료 김영재 성형외과의 개인 뇌물사건으로 나를 기소할 때까지 별건 수사는 계속되었다. 그때까지 나는 대통령으로부터 삼성물산과 제일모직 합병과 관련해서 그 어떠한 지시나 언급을 들은 적이 없다는 점을 분명히 반복적으로 말했다.

내가 알고 있는 삼성합병 관련 사항은 국민연금관리공단이 이 문제를 다루는 데 있어서 절대 불법이나 문제를 야기할 행위를 해서는 안 된다고 주위 사람들에게 강조했다는 것이다. 특히 당시 내게 전화를 한 최광 국민연금관리공단 이사장에게도 그렇게 이야기했다. 만일 합병 관련 국민연금공단 결정에 절차상 문제가 있으면 해외 투기 자본들이 ISD에 소송을 제기할 수 있기 때문에 신중에 신중을 기해야 한다고 했다.

해외 투기 자본들은 눈에 불을 켜고 빈틈을 찾고 있기 때문에 우리 정부나 기업이 각별하게 신경 쓰지 않으면 문제가 될 소지가 늘 있다는 것을 나는 익히 알고 있었다.

하지만 특검은 나에게서 합병과 관련하여 원하는 진술을 확보하기 위해 모든 수단을 강구했다. 이 과정에서 문형표 당시 복지부 장관, 김진수 복지비서관, 홍완선 국민연금기금운용본부장과의 대질신문을 시도했다. 그러나 대질신문은 특검의 조사 기록에 남길 수 없을 정도로 그동안 내 진술의 신빙성을 뒷받침하는 것으로 끝이 났다.

문형표 전 복지부 장관과의 대질신문은 특검이 설치한 영상 녹화실에서 이루어졌다. 영화나 TV 드라마에 자주 나오는 익숙한 장소로 테이블과 의자들이 놓여 있고, 바깥에서는 유리를 통해 안을 들여다볼 수 있고 녹화도 하는 그런 곳이다. 문 장관과의 인연은 1991년으로 거슬러 올라가서 25년 동안 경제학 중에서도 재정과 복지에 전문성과 관심을 함께 둔 학자로 친분을 유지해 온 사이다.

1991년 내가 박사 학위를 받고 귀국해서 대우경제연구소에서 근무할 당시 문 장관은 한국개발연구원(KDI: Korea Development Institute) 연구위원이었다. 나와 그, 그리고 유일호 전 경제부총리와 세 명이 국민연금개선방안 관련 공동 연구를 한 것이 우리 인연의 시작이었다. 이 인연은 내가 한국조세연구원의 창립과 함께 연구위원으로 가게 된 이후에도 지속되어 유일호, 문형표, 안종범 세 명은 비슷한 경력과 관심을 가진 학자로 늘 함께 활동했다. 개인적으로는 형·동생 하며 가끔씩 술도 함께하는 친밀한 사이가 되었다. 한국조세연구원이 재정 전문가를 대폭 확충하는 과정에서 유일호 전 부총리를 전격적으로 부원장으로 채용하는 것을 내가 주도하기도 했다.

그런 문형표 전 장관과 특검 영상녹화실에서 마주 앉게 된 것이다. 문 장관은 나를 보자마자 울음을 터뜨렸다. 나는 마치 울음의 선수를 뺏긴 것 같은 기분이었다. 구속도 내가 먼저 되었고, 그동안 조사도 내가 훨씬 더 힘들게 받아서 내가 '형' 하며 울어도 모자랄 판에 선수를 친 것이다.

> "종범아! 나 어떻게 해. 이 사건으로 내가 배임죄 같은 죄가 적용되면 우리 늦둥이 어떻게 해(그는 당시 늦게 본 중학생 아들이 있었다). 너도 알다시피 합병 관련해서는 네가 내게 전화 한 번 한 적도 없는데…"

이날 대질로 특검이 대질신문을 통해 얻고자 하던 것이 깨져 버렸다. 돌이켜 보면 문 장관이 복지부 장관이 되는 과정은 내가 대통령께 적극 추천한 것이 주효했다. 그가 장관으로 부임한 이후에는 나는 의도적으로 연락을 자제하면서 그가 맡은 바 임무에 최선을 다해 능력을 발휘할 수 있도록 했다. 우리는 그의 장관 취임 전보나 연락을 딜 하고 지냈다.

특히 문제가 되었던 2015년 6~7월 당시는 메르스 사태로 그가 주무장관이었기 때문에 정신없이 바쁠 때였다. 그러니 삼성합병 관련해서 그 어떤 대화도 나눌 여유가 전혀 없었다.

문 장관은 한 시간 가까이 자신의 어려움을 토로하며 대화를 이어갔지만 합병 관련해서는 당연히 언급이 없었다. 그러자 특검은 결국 문 장관을 나오라 해서 돌려보냈다. 잠시 홀로 남은 나는 담당 검사에게 대질신문 녹화는 하지 않느냐고 확인한 뒤, 하지 않을 거라는 답을 듣고는 다시 대기 상태로 들어갔다.

같은 날은 아니지만, 합병 관련 대질신문은 같은 장소에서 홍완선 국민연금기금운용본부장과도 이루어졌다. 합병 관련 결정이 이루어진 날, 나와 전화 통화를 했었다는 그의 진술을 확인하는 과정이었다. 그러나 나는 그와 통화한 기억이 전혀 나지 않았기에 부인했다. 그러면서 당시 통화기록을 확인하거나 압수된 내 휴대전화 기록을 보면 될 거라고 했다. 결국 이 대질신문도 특검 입장에서는 아무런 성과 없이 기록을 남기지도 못한 채 종료되었다.

삼성합병 건, 특검 '빈손으로 돌아가다'

삼성합병과 관련된 대질신문은 이제 김진수 전 청와대 보건복지비서관이 남아 있었다. 그는 보건사회연구원 연구위원으로 있을 당시 알게 되었고, 내가 2007년 대선 전문가 캠프에 함께하자고 해서 오랜 기간 복지팀의 핵심 전문가로 활동해 왔다. 나와는 개인적으로 친해져서 가족끼리도 함께 만나는 사이였다. 그는 정권 출범 후 인수위에 이어서 청와대에도 합류했다. 4대 중증 질환 정부 책임 등 보건의료 관련 주요 공약이 그의 제안에서 나왔을 정도로 중요한 역할을 했다.

문제는 그가 삼성합병과 관련해서 사실이 아닌 진술을 했다는 데 있었다. 그는 내가 경제수석으로서 삼성합병 관련 업무가 담당은 아니지만 챙기겠다고 해서, 정작 담당이었던 복지수석이나 복지비서관이 관여하지 않았다고 했다는 것이다(삼성합병은 국민연금관리공단에서 논의되면서 국민연금관리공단 주무부처인 보건복지부가 담당이었다). 그는 얼마나 특검조사 과정에서 힘들었거나 개인적인 상황이 급박했는가를 떠나서 전혀 사실이 아닌 걸 주장하고 있었다.

그는 자신의 변호사와 함께 와서 내가 자신에게 "삼성합병 관련 일은 내게 맡기고 손을 떼라"고 했다고 말했다. 나는 "사실이 아닌 걸 이야기하면 안 된다"면서 한 가지 반증을 내세웠다. 만일 내가 맡기로 했다고 한다면, 왜 그 이후에도 복지수석실의 각종 문건에서는 계속해서 삼성합병 관련 내용이 나오는가를 따져 물었다. 그는 침묵했다. 그를 담당했던 검사는 그에게 뭔가 이야기하라고 다그

쳤지만, 그는 그 이후 한 마디도 하지 못했다. 그러고는 검사와 변호사가 그에게 나가자고 해서 나갔다. 그걸로 또 다른 대질신문도 기록을 남기지 않은 채 끝났다.

삼성합병 관련해서 나의 진술이 입증된 것은 그 후 재판 과정에서였다. 당시 복지부 담당 실장은 재판에 나와서 당시 경제수석인 내가 자신에게 ISD 제소 위험도 있는데 왜 정상적인 절차인 전문위원회 의결이 아닌 투자위원회 의결로 했냐고 따져 물었다고 진술했다.

내가 오히려 합병 관련해서 신중해야 한다고 따질 정도로 이 문제에 관해 개입 자체를 하지 않았다는 사실이 증명된 셈이다. 만일 특검 요구대로 삼성합병 관련해서 내가 조금이나마 개입했다고 진술했다면, 이 복지부 실장 진술로 특검의 공소에 큰 지장을 초래했을 수도 있었을 것이다.

특검은 조사가 시작되자 삼성합병이 이재용 부회장으로의 승계를 위해 추진되었다는 확신을 갖고 이를 입증하려 총력을 기울였다. 입증의 핵심은 이 부회장이 대통령과의 독대에서 이에 대한 대화가 있었고, 이 과정에서 삼성으로부터 재단 설립을 위시한 여러 가지 협조가 이루어졌다는 것이었다. 따라서 내가 독대 당시 대통령에게 들었던 것에 대해 추궁했던 것이다. 이러한 추궁은 내가 삼성합병 문제에 대해 대통령에게 들은 것을 수첩에 적은 것이 전혀 없다는 것이 점차 드러나자 다른 방향으로 변질되어 갔다.

특검은 2015년 당시 삼성합병 문제가 초미의 관심이었는데,

대통령과 가장 많이 대화를 하는 나에게 이 문제에 대한 언급이 없었을 수 없다는 점을 내세웠다. 그러면서 기억이 희미하더라도 대통령에게 '삼성합병 문제 걱정이다' 정도의 언급은 들은 적이 있다는 진술을 하라고 압박했다. 나는 단호히 거절했다. 그동안 두 달 가까이 내가 이번 사건과 관련해서 진술한 모든 것이 사실에 근거했다는 점을 내세웠다.

그동안 대통령께 불리할 수 있는 진술이라도 사실에 입각하여 있는 그대로 진술했기에 만일 내가 없는 사실을 이야기하면 대통령은 나에 대한 신뢰가 깨지게 되고, 스스로 더욱 자책할지도 모른다고 강하게 저항했다.

그러면서 당시 수첩이 모두 존재한다면(당시는 김건훈이 16권만 제출한 상황), 삼성합병 관련 그 어떠한 메모도 없다는 걸 증명할 수 있을 텐데 안타깝다고 말하기도 했다. 이러한 나의 호소는 얼마 가지 않아 실현되었다. 수첩 39권과 17권을 순차적으로 김건훈 보좌관이 갖고 있다가 추가로 제출했기 때문이다. 이로써 수첩 63권 어디에도 삼성합병 관련 메모가 없다는 것이 밝혀졌다.

2016년 12월에서 2017년 2월까지 특검 조사 기간 동안 검사들은 온갖 방법을 동원하여 나를 압박했다. 이러한 압박은 주로 언론에서 시작되었다. 나의 가족, 친지와 관련해서 근거 없이 비리가 있다는 의혹 보도에서부터 수첩 내용에 이르기까지 수많은 것들이 언론을 통해 공개되고 비난의 대상이 되었다.

심지어 내가 새벽 3시까지 조사를 받았던 내용이 당일 오후에 기사화되기도 했다. 급기야 수첩 내용 전체가 언론에 보도되기도 했다. 나도 보지 못한 수첩의 전체 내용이 언론에 보도된다는 것은 도저히 납득할 수 없었다.

언론은 독자의 주의를 끌고자 최대한 자극적인 기사를 원하고 여기에 검찰이나 특검이 도움을 주는 공생 관계가 지속되고 있었다. 이러한 자극적인 기사가 검찰이 만들어 놓은 범죄 사실의 방향성에 부합함으로써 여론을 통한 피의자들을 압박하는 수단이 형성되는 것이다.

내가 최순실을 알고서 서로 공모했다는 것이, 또 이 과정에서 대통령이 삼성합병 관련 내용도 주문했다는 것이 특검과 언론이 그려 놓은 그림이었고, 여기에 나를 위시한 많은 사람이 압박을 받고 있었다.

내가 최순실 건물에 있는 태국 마사지 숍의 단골이었다거나 최순실 소유 아파트에 살고 있다는 등의 기사가 무분별하게 보도되는 현실에 안타까움을 금할 수 없었다. 아울러 세모를 네모로 만들고 싶어서 세모의 양변을 억지로 세우고 선 하나를 그 위에 걸쳐 놓아 결국 네모로 만드는 검찰과 특검의 행태에 분노를 금할 수 없었다.

언론과 특검의 공생, 목적을 위한 끝없는 압박

삼성합병 관련 조사에 집중하고 있던 특검은 동시에 대통령의 비선진료 관련 의혹 조사에도 심혈을 기울였다. 이영선 등 대통령 관저 담당 비서들이 조사를 받고 구속되기도 했다. 동시에 김영재 성형외과 의사와 그의 부인인 박채윤도 대통령 관저에 수시로 출입하는 'A급 손님'으로 조사를 받았다.

김영재·박채윤 부부는 2014년 8월 대통령의 지시로 UAE와 문화·의료사업 협력체제 구축을 목적으로 내가 아부다비를 방문하기 전 대통령의 소개로 알게 된 자들이었다. 일명 페이스 리프팅(Face Lifting) 기술을 가진 것을 기초로 중동 진출에 좋은 기회를 갖도록 도와주라는 것이었다. 이와 함께 UAE와 문화 교류는 대통령이 소개한 차은택과 함께 추진하도록 하라는 것이었다.

나는 이 두 팀이 상당한 기술과 전문성을 갖고 있어서 UAE를 교두보로 중동 나아가 세계시장 진출에 큰 도움이 될 것으로 믿었다. 그리고 UAE 왕세제의 최측근으로 소개받은 아부다비 행정청장인 칼둔(Khaldoon Al Mubarak)과 이 문제를 협의하는 것도 순조롭게 진행되었다. 칼둔은 미국통으로서 나와 급속히 가까워졌고, 귀국 후에도 이메일과 전화로 계속 연락을 취했다. 그가 1년에 한두 번 서울에 올 때마다 만나 식사를 함께하며 협력 관계를 증진시켜 나갔다.

칼둔과는 문화·의료 이외에도 원전, 물산업, 사이버 보안, 할랄식품 인증, 항공우주 등의 사업을 추진했다. 이들 사업은 그 후 2년 이상 상당히 진척이 있었다. 김영재 관련 의료사업을 제외하고였다. 성형 기술의 중동 진출은 그것이 아무리 좋은 기술이라도 어느 정도 시장 테스트 과정이 필요한데 김영재·박채윤 부부의 요구는 무리한 측면이 있었다. 그들이 단번에 상당 금액의 론칭피 (Launching Fee)를 받아야 기술 유출을 막을 수 있다는 주장을 굽히지 않으면서 성사가 힘들어졌다.

후회가 남는 '김영재·박채윤 부부' 지원 건

이들의 욕심은 대통령을 통한 지시로 내게 전달되었다. 나는 이를 최대한 합리적으로 바꾸어 성사되도록 노력했지만 되지 않았다. 지나고 보면 성사되지 않은 것이 천만다행이었다. 이들에게 이용당한 대통령의 지시에도 무리하지 않고 잘 막아 낸 결과였다. 이들의 욕심을 잘 막아 낸 것은 국가를 위해서는 잘한 일이었지만, 개인적으로는 엄청난 대가를 치르는 결과를 초래했다. 이들이 나와 아내에게 베풀었던 호의가 뇌물죄가 되어 엄청난 시련으로 다가왔기 때문이다.

특검은 언론을 적극 활용했다. 당시 나와 박채윤과의 통화 내용을 전격적으로 언론에 내보내고는 나와 박채윤의 뇌물 관련 내용을 암시하는 자료로 활용했다.

당시 방송에서 2014년 UAE를 다녀온 후 내가 박채윤 측으로부터 선물을 받아 아내에게 점수를 얻었다는 것과, 추석 선물을 준비했다는 박채윤의 말에 내가 추석 지나도 받는다는 말을 한 것이 주요 내용이었다. 마치 내가 선물과 뇌물을 즐겨 받는 자로 비친 것이었다. "추석 지나고도 받는다"는 말은 평상시 내가 즐겨 하는 농담이자 너스레였지만, 그런 농담이 전혀 통할 수 없는 상황이었다.

공직자는 이런 농담 한 마디도 조심해서 해야 한다는 것을 체감한 사건이었다.

특검은 두 마리 토끼를 잡은 셈이었다. 비선진료 관련 의혹을 밝히는 데 힘든 상황이었고, 또 삼성합병 관련 나의 진술을 얻는 데도 실패한 상황에서 이 녹음파일로 양쪽을 모두 압박할 수 있었기 때문이다.

그러나 나는 이번에도 아닌 건 아니라면서 버텨 냈다. 그 결과 특가뇌물죄까지 추가로 기소되는 결과를 초래했고, 이로써 또 다른 힘든 과정을 거치게 되었다.

내가 겪은 수많은 조사와 대질신문 중에서 가장 힘들었던 건 비선진료 김영재 성형외과 의사의 부인인 박채윤과의 대질신문 과정이었다고 할 수 있다. 자신이 뇌물 공여자로 구속된 것이 나와 내 아내 때문이라고 믿고 있는 박채윤은 분노에 찬 상태에서 무수히 많은 독설과 거짓을 진술했다.

그의 분노는 우리 집의 두 번째 압수수색과 그날 이루어진 아내의 특검 조사에서 비롯되었다. 공교롭게도 압수수색 날 아침 일찍 아내는 내가 있는 구치소에 와서 접견을 했었다. 그때 나는 "혹시 조사가 있을 경우 있는 대로, 아는 대로 사실만을 이야기하면 된다"고 아내에게 이야기했다. 이 말은 그대로 실현되어 아내는 박채윤으로부터 현금과 가방들을 받았노라고 솔직하게 검사에게 모두 털어놓았던 것이다.

당연히 나는 그동안 명절 때 박채윤이 아내에게 현금을 건넨 사실을 몰랐기에 접견 당시 그렇게 이야기했던 것이다. 아내의 진술로 박채윤은 비선진료가 아닌 뇌물공여로 구속되게 되었다.

분노에 찬 박채윤은 현금은 최대한 많이 준 것으로, 그리고 그 사실을 내게도 알렸다고 진술했고, 또 휴가비 명목으로 내게도 현금을 직접 준 적이 있다고 주장했다. 나는 터무니없는 진술에 화가 났지만 최대한 참고 대질신문을 이어갔다. 문제는 내가 아내의 수수 사실을 몰랐다면 아내를 구속시키겠다는 검사의 압박이었다. 쉬는 시간에 나는 변호를 맡은 공기광 변호사에게 아내를 구속시킬 수는 없다면서 내가 알았던 것으로 진술하겠다고 했다. 젊은 변호사로서 패기가 충만했던 공 변호사는 처음으로 내게 화를 냈다. 그동안 진실만을 말해 왔는데 그러면 안 된다고 강하게 말했고, 나는 결국 그의 말을 따랐다.

그 후 나는 구치소에서나 특검 조사실에서나 극도로 불안정한 상태가 지속되었다. 아내를 구속시킬까 하는 불안감에 더해서, 아내가 자신 때문에 내가 더 힘들어졌다는 자책감에 빠져 있을 것에 대한 염려까지 안절부절못했다. 아침에 나를 찾는 교도관의 목소리를 들을 때마다 혹시 아내에게 무슨 일이 있나 하고 깜짝깜짝 놀라는 긴장 상황이 계속되었다.

몸서리나게 겪은 별건수사의 폐해

수사의 원칙 중에 별건수사는 하지 않는다는 것이 전혀 지켜지지 않는다는 것을 뼈저리게 경험한 나는 공직자로서 더 엄격하게 주변을 관리하고 경계했어야 한다는 반성을 하게 되었다. 그로 인해 나는 깊은 혼란에 빠질 수밖에 없었다. 그동안 믿고 지켜 온 원칙들이 허물어져 내리는 현장에서 나 자신을 지켜 가기가 너무도 힘들었다.

학자로, 교수로 청렴하고 겸손하게 늘 최선을 다해 왔다고 자부하던 나인데, 이런 상황에 처한 것에 대한 자괴감이 밀려왔다. 검사는 나를 최대한 파렴치하고 더러운 공직자로 만들고자 안달이 난 사람처럼 보였다.

그동안 수많은 피의자들이 겪었을 자괴감을 나도 뼈저리게 느끼면서, 왜 그동안 여러 사람이 극단적 선택을 했는지 이해가 갔다. 특히 나로 인해 엄청난 고초를 겪고 있는 아내와 가족에 대한 죄책감에 이런 상황을 끝내고 싶다는 생각이 들기도 했다. 하지만 검찰 조사 전 아내와 딸, 아들에게 절대 나쁜 마음은 먹지 말자고 다짐하던 순간이 떠오르면서 이겨 내자는 의지와 오기가 조금씩 생겨나기 시작했다. 이 모든 것을 이겨 내고서 훗날 지금의 원통함과 자책감을 만회하자고 다짐했다. 이렇게 5년간의 기록을 이를 위해 준비했고, 이제 세상에 내놓게 된 것이다.

5. 고개 넘어 또 고개… 특수본 2기와 롯데

특검 조사는 2017년 2월 말 끝이 났다. 특검은 삼성 이재용 부회장을 두 번의 영장청구 끝에 구속시키는 데 성공하고, 삼성합병 문제를 기소하는 개가를 일구어 냈다. 특검기간 연장이 안 된 것이 나로서는 다행으로 여겨질 만큼 나는 만신창이가 되어 있었다. 대신 연장이 되지 않은 특검을 이어받아 중앙지검에서 특수본 2기가 시작되었다.

특수본 2기는 대통령 조사를 최우선으로 시도하다 여의치 않자 조사가 이루어지지 않은 상태에서 그동안 특수본 1기와 특검의 조사를 근거로 대통령에 대한 구속영장을 청구했다. 결국 탄핵과 함께 구속에 이르는 사상 초유의 대통령이 나왔다. 탄핵 당시 대통령이 헌재의 출석 요구에 응하지 않은 것이 잘못된 판단이었다는 비판이 있었다.

이처럼 대통령의 구속 사태에 이르는 과정에서 아쉬운 순간이 많았다고 생각된다. 대통령을 잘못 모신 것이 된 나로서는 이러한 평가를 하는 것이 주제넘다고 할 수 있다.

그러나 적어도 대통령이 무기력하게 구속되는 모습보다는 당시 상황에 대해 국민에게 최소한의 유감 표명은 필요했다고 판단된다. 그래서 대통령 주변에 직언할 수 있는 사람이 없다는 것이 무엇보다 안타깝고 아쉽다는 생각이 들기도 했다.

특수본 2기는 구속된 대통령을 구치소에서 몇 차례 조사하고서 이를 기초로 기소했다. 그동안 내가 진술한 수많은 것들을 나의 수첩과 함께 대통령에게 확인하는 과정이었다. 대통령의 이에 대한 반응은 정확히 알 수 없지만, 적어도 단 하나의 사항이라도 내가 진실에서 벗어나서 진술한 것이 없었다는 점은 나 스스로 자신할 수 있다. 다만 대통령이 갖고 있는 기억의 범주가 나와 어느 정도 일치하는가는 알 수 없었다.

특수본 2기에서 나를 담당한 부장과 담당검사는 달라졌다. 조사의 핵심은 이제 삼성이 아니라 롯데와 SK였다. 롯데는 70억 원을 체육재단인 K스포츠재단에 추가 출연했다가 돌려받은 것이 뇌물로 간주되었다. SK는 K스포츠에 추가 출연하고자 했다가 중단한 것이 뇌물공여 미수로 조사가 이루어졌다. 뇌물의 대가로는 롯데는 '면세점 인가' 그리고 SK는 '회장 사면' 등으로 초점이 맞추어졌다.

롯데와 SK 역시 검찰로서는 나의 진술에 의존하면서 집중적으로 조사가 이루어졌다. 롯데의 70억 추가 출연은 내가 대통령께 건의를 드려 나중에라도 중단되어 회수되었고, SK의 추가 출연은 내가 사전에 인지해서 대통령께 말씀드려 중단시킨 것이었다.

대가와 관련된 롯데면세점 인가 건은 대통령께 어떠한 언급도 한 적이 없다. 다만, 대통령이 롯데 신동빈 회장을 만날 때 신동빈 회장이 이에 대한 언급이 있을 수 있다는 자료를 만들어 드렸고, 또 구두로 그럴 가능성이 있다는 정도로만 말씀드린 것이 다였다. SK의 경우 최태원 회장 사면 문제에 대해서는 대통령께 말씀드린 것이 전혀 없었다.

이러한 사실에도 특수본 2기는 롯데의 면세점 탈락(2015년)과 2017년 재개정이 이어지는 과정에서 롯데 측이 전방위 로비를 했다는 점에 주목했다. 이와 관련된 사항을 알아내려 신동빈 회장의 대통령 독대 과정과 면담 내용에 대해 추궁했다.

특히 신동빈 회장과 대통령의 독대가 이루어진 2016년 3월 초 이전인 2월 말 내가 신동빈 회장과 오찬을 함께한 사실에 주목했다. 나는 신동빈 회장과의 오찬을 당시 전혀 기억해 내지 못했다. 신동빈 회장과의 오찬은 2015년경 롯데호텔 일식당에서 우연한 기회에 했던 것이 유일하다고 생각하던 터였다.

문제는 당시 구속되어 있던 신동철 전 청와대 정무비서관의 진술이었다. 신동철은 고향 후배이자 대선 캠프에서 함께 고생한 사이인데, 신동빈 회장과의 2015년 오찬을 주선한 바 있었다. 그는 2016년 오찬 역시 자신이 주선해서 신 회장과 나 그리고 자신이 오찬을 함께하면서 구체적으로 몇 가지 사안을 이야기했다고 진술한 것이다.

나는 당시 오찬 자체도 기억을 못 했는데, 더구나 세 명이 함께 오찬을 했다는 사실에 더욱 혼란이 가중되었다. 당시 나는 몇 개월 동안 조사를 받고 구치소에 돌아와 그날 진술한 것과 질문 받은 사항에 대한 기억을 되새김질하고 있었다. 수없이 반복해서 그날 오찬을 기억하려 했지만, 적어도 신동철과 함께 오찬을 했을 가능성은 없다는 결론에 도달했다.

결국 또 한 번의 대질신문이 이루어졌다. 이번에도 신동철은 나를 보자마자 울기 시작했고, 나는 우선 달래면서 그의 이야기를 들었다. 나는 세 명이 함께 오찬을 한 기억은 전혀 없고, 들었다는 그날 대화 내용도 도저히 이해가 가지 않는다고 이야기했다. 결국 그는 조서를 남기지 않은 채 머리를 긁적이며 조사실을 나갔다.

그러던 차에 롯데 측에서 그날 오찬은 세 명이 아닌 두 명이었다는 영수증을 찾았다며 검찰에 제출했다. 메뉴까지 상세히 기재된 것이었다. 신동철의 '세 명 오찬' 진술에 반박하기 위한 근거로 제출한 것이었지만, 이는 내 기억이 정상적으로 돌아오는 계기가 되었다. 거의 한 달 가까이 신동철의 진술에 매달려 있었기에 나로서는 너무도 황당했다.

어렴풋이 그날 신 회장과 아주 짧은 시간 동안 급히 오찬을 했던 기억이 났고, 오찬 후 청와대로 들어오는 도중에 대통령이 전화했던 기억도 났다. 방금 신 회장과 오찬을 했는데 지난번 무산된 독대를 다시 했으면 한다고 말씀드렸다. 2월경 착오로 회장 대신 사장이 와서 무산되었기에 이번에는 신 회장이 확실히 참석한다고 말씀드렸던 것이 기억이 났다.

특수본 1기와는 다른 모습, 진술에 힘을 싣게 되다

특수본 2기 부장검사와 검사들의 태도는 그전 1기와 특검 검사들과는 달랐다. 그동안 내가 사실에 근거해서 진술하는 등 협조를 잘해서 그렇다고 하긴 했지만, 최순실을 전혀 몰랐다는 사실이 드러나면서 나의 진술에 대한 진정성을 인정했고, 삼성 관련 진술

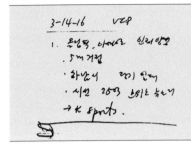

	3-14-16 VIP
	2. 올림픽, 아세안 인재 양성
	○ 5개 거점
	○ 하남시 장기 임대
	○ 시설 75억 스위스 뉴스리
	→ K Sports

을 보고 더욱더 신빙성을 인정했을 것이다.

그렇지만 롯데, SK와 관련해서, 특히 롯데와 관련해서는 나에게 총력을 기울이다시피 했다. 당시 허리 통증 등으로 거동이 힘들어지자 검사들이 구치소까지 세 번이나 와서 조사했을 정도였다.

신동철의 진술에 대해서도 워낙 구체적인 대화 내용까지 진술이 이루어진 상황이라 부장검사도 내게 다시 한 번 기억을 되살려 보라고 부탁할 정도였다. 당시 나는 부장검사에게 신동빈 회장과 두 명이 오찬을 했으면 몰라도 신동철까지 세 명이 한 것은 절대로 아니니 두고 보시라고까지 장담했다. 바로 다음 날 롯데 측이 두 명이 식사한 영수증을 제출해 나의 장담이 인정되었던 것이다.

특수본 2기 조사는 결국 신동빈 회장의 구속으로 이어졌다. 대통령과 신동빈 회장의 2016년 3월 14일 면담 내용이 메모된 나의 수첩과 나의 진술이 증거로 작용했던 것이다(수첩 48권 2016. 3. 7~3. 18).

재판 과정에서 롯데 측 변호인들은 대기업 회장과 면담에서 늘 내가 해당 기업명을 썼는데, 그날은 쓰여 있지 않아 인정할 수 없다고 주장했다. 하지만 다른 증인들로부터 대통령과의 그날 면담이 인정된 상황이어서 소용이 없었다. 또한 롯데 측은 내가 오찬을 한 기억을 못 하다가 갑자기 오찬이 있었다고 진술했다는 것은 검찰이 나를 롯데 뇌물 공범으로 기소하지 않는 대가였다고 주장하기에 이르렀다.

터무니없는 이러한 주장에 나는 반응하고 싶지 않았다. 그러다 나를 증인으로 신청한 법정에 나가서 기억을 되살리게 된 과정을 설명하고, 나의 불기소 관련 주장은 나에 대한 모독이라고 재판장에게 마지막 발언 기회를 얻어서까지 말했다.

2016년 대통령과 대기업 회장들과의 면담은 2월에 이루어졌다. 롯데의 경우는 착오가 생겨 3월 14일에 이루어졌지만, 나머지 대기업들은 2월 15일에서 22일에 걸쳐 이루어졌다. 2월 15일은 삼성, 16일에는 GS, SK, LG, 현대, 17일에는 KT, 22일에는 포스코 회장들의 순서였다. 수첩 46권(2016. 2. 14~2. 21)과 수첩 47권(2016. 2. 21~3. 7)에 있는 해당 내용은 다음과 같다. 그전과 마찬가지로 면담 내용은 대부분 우리 경제를 위한 대기업의 역할과 정부 협조 관련이었다. 이 또한 기록을 위해 전부 공개한다.

특수본 1기에서 특검, 그리고 특수본 2기에 이르는 6개월에 걸친 조사에서 나는 아무리 추락해도 진실의 동아줄은 놓치지 않으려 최선을 다했다. 이러한 조사 과정에서 내가 지키고자 했던 것들은 이후 재판 과정에서, 그리고 이 글을 쓰고 있는 지금 순간까지도 계속되고 있다.

수첩 46권(2016. 2. 14~2. 21)

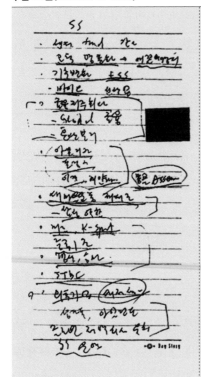

SS (삼성)

◦ 센터 fund 감사
◦ 고택 명품화 →에꼴빼랑디
◦ 기후변화 ESS
◦ 바이오 신산업
◦ 금융지주회사
  - Global 금융
  - 은산분리
◦ 아프리카 ┐
  프랑스　│
  이란, 미얀마 ┘ 몽골 ASSEM
◦ 새마을운동 제대로
  - 삼성 역할
◦ 미르, K-sport
  중국 1조
◦ 방산, 승마
◦ JTBC
◦ 외투기업 세제?
  싱가폴, 아일랜드
  글로벌 제약회사 유치
  SS 운영

2-16-16 GS

1. 펀드 2020억 활용
◦ 미르재단 활용
2. 해외
◦ 미래투자
◦ 무투 융복합
3. LNG
4. 정유시설 고부가가치
   - 덤핑
   - 제살 깎아먹기
     건설

098

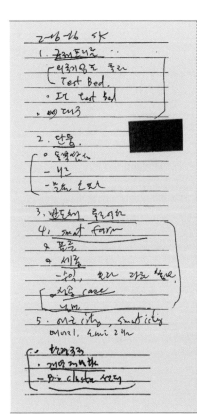

2-16-16 SK

1. 규제프리존
   외국기업도 투자
   Test Bed
   - ◦ IT Test Bed
     ex) 대구
2. 단둥
   - ◦ 동북삼성
     - 미르
     - 문화스포츠
3. 반도체 통로 역할
4. Smart Farm
   - ◦ 표준
   - ◦ 세종
     - 수익, 효과 자료 홍보
   - ◦ 성공 case
     농민
5. 에코 City, Smart City
   에너지, 스마트 그린
   - ◦ 환경규제
   - ◦ 개방 대형화
   - ◦ Bio Cluster센터

LG

1. 창조센터 지속가능성
   System化(화)
2. 한전
   - 가격산정
∘ 생태 Town
   - Bio Mess
   - 자율 자동차
   - 이란 도시건설
3. 외국인 → 홍천, 관광 course化(화)
   죽도
   - 에너지 Tour
4. 콘테이너 : 롤스로이스 기술
   2만 가구 정기 공급망
   송전시설 없이 가능하도록
   한전 전기가격 저렴 극복
5. 제주 에코타운 방문
6. 충전소 Charge 방법
7. 택배 전기차 쓰도록
   - 300km 한번 charge
   - 공공부문 의무화
8. 중국 배터리 보호
9. 해외기업
   자율주행
   통합검증
   핵심기술
10. 이디오피아 학교 건설
    - LG 새마을운동 건설
11. 공업용수 폐수 종말처리
12. 연암학교
∘ 농업인 → 자격인증
∘ 도서농법
13. 애국자에게 기부
∘ 1억 40% 세금
14. 중국 관광객
    천송이
15. 미르 한국메뉴 개발
    중국 8개 코스
    갈비탕 => 미르

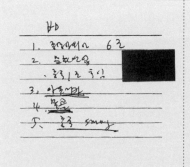

HD (현대)

1. 중앙아시아 6조
2. 문화산업
∘ 중국 1조 투입
3. 아프리카
4. 몽골
5. 중국 smog

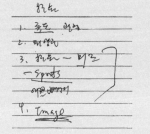

한화

1. 죽도 관광
2. 태양열
3. 한화-미르 ┐
  -sports
  에꼴빼랑디 ┘
4. Image

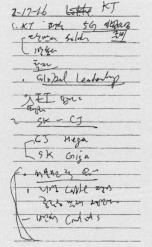

2-17-16 KT

1. KT 평창 5G 시범사업
  단말사 Solution
  방송사
  투자
∘ Global Leadership
∘ 평창 IT 올림픽
2. SK-CJ
  CJ Mega
  SK Giga
∘ 허용된 적 없다
∘ 지방 Cable 장악
  공정성 문제 생긴다
- 벤처 contents

	2-22-16 POSCO
(handwritten notes)	◦ Blue-K 조성민 대표
	여자 배드민턴단 창단 기획사
	◦ 산업박물관
	◦ 열차페리
	◦ 배열
	- 유지 랭킹, 칼리나
	CCS
	CCU
	◦ CO₂ 용접
	◦ 유리온실
	* 1:1 상담 실적

6. 세월호 특조위 활동을 방해했다는 죄목

세월호 사고는 엄청난 비극이었다. 수많은 젊은 꽃들이 영문도 모른 채 사라져 간, 우리 사회에서 다시는 있어서는 안 되는 사고였다. 원인을 철저하게 밝혀 내고 이러한 사고를 방지할 철저한 대책을 세우는 것이 무엇보다 중요하다. 희생자의 죽음이 헛되지 않도록 유가족의 슬픔을 달래고 최대한 보상·배상해야 하며, 책임자를 가려 책임을 물리는 것도 마땅히 있어야 하는 과정이다.

그런데 내가 국회에 설치된 세월호특별조사위원회(이하 특조위) 활동을 방해했다는 죄로 기소되었다는 사실에 또 한 번 몸서리가 쳐졌다. 해양수산부가 세월호 사고를 담당하는 부처였고, 경제수석실 산하에 해양수산비서관실이 있었기에 내가 해양수산부를 통해 특조위 활동을 방해해서 조사가 제대로 이루어지지 않았다는 것이다.

나는 세월호 사고 관련해서 관여한 것이 전혀 없다고 해도 과언이 아니다. 사고 당시에는 국회의원으로, 새누리당 정책위 부의장으로 당·정·청 회의에 참석하고 있었다. 다행히 전원 구조되었다는 소식에 다들 잠시 안심하고 있던 차에, 청와대 정무수석 등 몇 명이 급히 나갔다 와서는 구조되었다는 것이 잘못된 보도였다는 이야기를 해서 모두 놀라 해산했던 기억이 난다. 그리고 회의 중에는 내가 협상에 참여하고 있던 '기초연금 도입을 위한 여야정 협의체'의 최종 합의안을 대통령께 최종 보고하고자 이를 고용복지수석에게 전화로 보고할 것을 주문했다. 그는 대통령께 전화해서 최종안의 보고와 승인을 받았다. 이 시간은 분명 대통령의 세월호 7시간에 포함되는 시간이었다. 세월호 7시간과 관련된 각종 의혹이 사실이 아니라는 하나의 근거가 있는 셈이다.

그 후 6월에 경제수석으로 부임한 뒤에는 세월호 관련 업무는 안전비서관이 소속되어 있는 국정기획수석실(나중에는 정책조정수석실)이 주도했다. 이처럼 해수부가 경제수석실 산하 부처라 하더라도 세월호 업무에 관여하지 않은 것을 나 스스로는 참 다행으로 생각하고 있었다. 수많은 과제와 업무로 정신을 못 차릴 정도로 바쁜 경제수석으로서 제대로 일을 해나가려면 내가 전문성을 갖고 그동안 해오던 일을 하는 것이 효과적이었기 때문이기도 했다.

2018년 2월, 세월호 특조위 방해 사건으로 당시 해수부 장·차관이 구속된 상황에서 나는 동부지검에 참고인으로 조사를 받게 되었다. 그동안 구속되어 있으면서 수많은 사건에 참고인으로 조사를 받아 오다 이번에는 서울 동부지검에 처음 가게 된 것이었다. 나는 기억나는 것을 토대로 검사의 질문에 답변해 갔다. 그런데 얼마 있다가 다시 소환되어 이번에는 피의자로 조사를 받게 되었다.

다른 피의자와 참고인이 내가 개입했다는 증언을 했고, 몇몇 회의 자료에 경제수석 이름이 나왔기 때문에 어쩔 수 없다는 것이었다. 나는 가장 중요한 사람이 당시 해양수산비서관이던 윤학배 전 차관이니 그와 대질시켜 보면 알 수 있고, 또 내 수첩이나 통화기록을 보면 세월호와 관련된 어떤 것도 없을 테니 확인해 보라고 했다. 담당 부장검사를 만나서도 이를 강하게 주장했다.

그러나 그들은 결국 나를 기소했다. 사건과 관련된 실체적 진실과 증거들을 무시한 채 소관 수석이었다는 명분상 이유 하나로 기소했다. 문화와 체육재단 설립이 소관 수석이 아니었음에도 내가 관여했다는 이유로 기소된 나는 이번에는 전혀 개입하지 않았지만 소관이라는 이유 하나로 다시 기소되는 운명에 처한 것이었다.

2019년 11월에는 검찰에 세월호특별수사단이 구성되었다. 대통령이 다시 철저히 조사하라는 말에 부응한 것이었다. 그런데 이 특수단은 나를 또다시 같은 건으로 기소했다. 이미 기소하여 1심 판결에서 무죄를 받았음에도 나를 기소하는 검사들의 행태를 보고 다시 한 번 검찰의 문제를 깨닫게 되었다.

세월호 조사 방해는 무죄로 판결 나다

세월호특별조사위 활동 방해사건의 재판은 2018년 4월 서울 동부지법에서 시작되었다. 김영석 전 해양수산부 장관, 윤학배 전 해양수산부 차관, 이병기 전 청와대 비서실장, 조윤선 전 청와대 정무수석 그리고 당시 청와대 경제수석이었던 나까지 모두 다섯 명의 직권남용죄에 대한 1심 재판이었다.

1심 재판은 해를 넘겨 2019년 6월 25일 선고가 있기까지 장장 15개월 동안 계속되었다. 2019년 2월 법관 인사에서 재판부가 바뀌기까지 했을 정도로 오랜 기간이 걸렸다. 나는 2019년 3월 구속 만료로 석방된 상태에서 그해 6월 선고를 받게 되었다.

당시 수많은 해양수산부 공무원들이 증인으로 나와 제한 없이 며칠에 걸쳐 증언했을 정도로 재판은 지연되었다. 세월호 유가족들이 참관한 만큼 신중하게 그리고 조심스럽게 진행하는 재판부의 모습이 읽혔다. 이것이 재판부에 부담으로 작용한 건지는 모르지만 마냥 시간이 흐른 뒤 재판부가 인사 이동을 이유로 바뀌었다. 마치 부담을 안기 싫어서 시간을 끌었던 것은 아닌지 의심받을 만도 했다.

나는 검찰 조사 과정에서와 마찬가지로 세월호는 해양수산부 소관이지만, 세월호특조위 관련 업무를 지시하거나 개입한 사실이 없다는 점을 내세웠다. 검찰 조사 당시 윤학배 전 비서관과 대질을 요구했으나 성사가 안 된 이유도 당시 윤학배의 진술 내용을 보면 명백히 드러나 있었다. 윤학배는 내가 개입하지 않았다고 일관되게 진술했고, 재판 과정에서도 이를 유지했다.

김영석 전 장관 역시 자신이 청와대 비서관 시절 수석이었던 내가 세월호 관련 업무는 개입하지 않았다는 점을 진술했을 정도였다.

억측으로 끌려들어간 재판, 상처만 남다

내가 개입했다고 진술한 사람은 당시 수석 한 명이 유일했다. 당시 그는 일명 '청와대 서별관회의'에서 세월호 관련 안건을 갖고 회의를 소집, 주재했지만, 소관 수석이던 내가 모든 것을 했다고 주장했다. 그러나 재판 과정에서 나의 변호인은 내 통화기록 등을 토대로 내가 개입한 사실이 전혀 없음을 증명해 보였다.

특조위 활동을 방해하기 위한 행위로 검찰이 내세운 핵심 증거 자료는 2015년 11월 작성된 해수부의 문서였다. 이 문서가 이병기 비서실장의 주문에 의해 작성되었고, 이를 나에게 보고한 후 해수부가 국회의 특조위 활동 방해에 나섰다는 것이었다. 하지만 이 문건 준비와 실행 단계에서 명확한 증거가 확보되지 않은 상태라 법정에서의 논란은 계속되었다. 나는 당시 보고는 받았지만, 이 문건 관련 준비 실행에 전혀 개입한 바가 없었다는 점이 당시 나의 일정 등을 증거로 제시하면서 밝혀졌다. 당시 공교롭게도 미르재단 설립 준비 과정에 있었고, 대통령 해외 순방 등의 일정으로 국내에 있었던 날이 얼마 되지 않았다.

세월호 재판은 검찰이 중간에 연영진 당시 해양정책실장을 직권남용 공범에서 피해자로 공소장 변경을 할 정도로 검찰 측에 불리하게 진행되었다.

    결국 나는 1심에서 무죄로 결론이 났고, 나머지 네 피고인은 집행유예 선고를 받았다. 바뀐 재판부의 엄정성과 용기를 높이 살 만한 선고였다. 그리고 2심에서는 나머지 피고인도 대부분 무죄를 선고받았고 현재 대법원의 판결을 기다리고 있다.

HANDY PICK Note

HANDY PICK Note

HANDY PICK Note

HANDY PICK Note

HANDY PICK Note

3부. 재판, 법리냐 여론이냐의 선택

1. 허점투성이 판결

최서원을 처음 만나다

2016년 12월 19일, 재판이 시작되었다. 구속영장실질심사 때 처음 서본 법정과는 달랐다. 정식 재판이 시작되어 방청객도 많은 큰 법정이었다. 서울중앙지방법원에서 제일 크다는 417호 법정에 서게 된 것이었다. 최서원, 정호성과 나 세 명의 피고인이 함께 재판을 받았다. 재판 과정에서는 최순실이 최서원으로 개명했기에 최서원으로 불러 줄 것을 요구했다. 나도 이 책에서 지금부터는 최서원으로 명시한다. 그 재판정에서 처음으로 최서원을 보게 되었다. 나와 정호성이 먼저 입장해서 자리에 앉아 있는 상황에서, 내가 들어온 문으로 최서원이 들어왔다.

지금 내게 혹독한 고통을 주고 있고 또 국민과 국가를 혼란에 빠뜨린 장본인인 그를 보는 순간, 생각보다 체구가 작고 야위었다는 사실에 자못 놀랐다. 아마 내 머릿속에는 60대 여성으로 우락부락하고 덩치가 있는 거센 모습이 자리하고 있었는지도 모른다.

단지 눈매는 매서웠다. 안경 너머로 추켜올리는 눈매가 보통이 아니라는 생각이 들었다. 변호사를 사이에 두고 내 오른편에 앉은 그는 표정이 없었다. 나 또한 앞만 주시하고 있었지만, 머릿속은 온통 그에 대한 의구심과 분노로 가득 차 있었다. 도대체 나와 무슨 악연이 있길래 스쳐 지나가지도, 말 한 번 해보지도 않고, 나에게는 존재 자체가 없던 사람이 나를 그리고 내가 평생을 추구하던 가치와 함께하던 주변 사람들을 한순간에 수렁으로 몰아넣었는가라는 분한 마음에 눈을 감을 수밖에 없었다.

재판이 시작되면서 검찰 측 증거 자료로서 그동안 조사해 온 피고인과 참고인들의 신문조서가 제출되었다. 이것들을 복사하여 변호인과 피고인들이 볼 수 있게 했다. 증거 자료는 2만 쪽이 넘을 정도로 방대했다. 나는 변호인이 넣어 준 복사본을 구치소 한쪽 벽에 쌓아 두었다. 한쪽 벽을 채울 정도의 양이었기에 시간 날 때마다 읽어 보며 찬찬히 살피기 시작했다.

타인의 진술조서를 읽는 고통

조서는 단연 내가 진술한 분량이 가장 많았다. 30차례에 걸친 조사 결과가 복사된 조서들을 보고 있자니 그동안의 고통이 다시 솟구치기 시작했다. 그러나 내 조서보다 다른 피고인과 참고인들의 진술을 읽는 것이 더욱 힘들었다. 게다가 그동안 전혀 모르고 있던 사건의 전모를 알게 되어 놀라움을 금할 수 없었다. 더구나 내가 알고 지내던 사람들의 진술이 너무도 거짓과 기만에 가득 차 있었다는 걸 알고는 화가 났다.

잠을 이룰 수 없을 정도로 나를 분노로 가득 차게 한 것은 오히려 내가 몰랐던 사람들의 진술이었다. 그들은 이 사건을 뒤에서 자신들의 이득을 위해 온갖 짓을 다했음에도, 이를 은폐하고 또 미화하고 있었다.

자신들의 보호에 급급해서 거짓으로 일관하고, 경우에 따라서는 철저한 변신 과정을 통해 이번 사건의 진상을 용기 있게 폭로하는 선한 자로 위장하기까지 했다. 그중 일부는 내가 대통령의 지시로 어떤 일들을 했는지 미리 알고서, 이를 자신들의 이익을 위해 어떻게 이용하려 했는지도 상세히 진술했다.

이 과정에서 다시 한 번 나는 모르는 사이에 바보가 됐구나 하는 자책감이 들었다. 일부 인물은 내가 한 것들을 보고는 당연히 최서원을 알고 있고 서로 협의했을 거라 생각했다는 진술도 했다. 내가 대통령의 지시로 누구와 누구를 연결시키고, 협조를 구한 것들이 모두 최서원이 자신들에게 지시한 것들이어서 그렇게 알고 있었다는 것이다.

어떤 피고인은 만일 재단 관련 문제가 생기면 아마 대통령은 최서원은 보호하고 안 수석을 희생양으로 삼을 것이라고 얘기한 것이 녹음되어 기록에 나와 있기까지 했다. 내가 알고 있던 사람들이나 전혀 몰랐던 사람들이 자신들을 보호하기 위해 거짓을 말하고,

또 다른 사람에게 떠넘기는 진술을 읽는 것은 참으로 힘든 과정이었다. 울분으로 가득 차 잠을 이루지 못하는 날이 계속되었다.

2만여 쪽의 기록과 함께 시작된 서울중앙지방법원에서의 1심 재판은 선고 때까지 1년이 넘는 시간이 소요되었다. 일주일에 두 번 이상 재판 일정이 계속되었다. 2016년 12월 19일에 시작해 2018년 2월 13일까지 1년 2개월간 이어진 재판에서 수많은 증인들의 증언이 이루어졌다. 증인들의 유형은 실로 다양했지만 대략 네 가지로 요약할 수 있다. 먼저 첫 번째 유형은 두 재단에 소속되어 있었거나 관련되어 있던 자들로 모든 것이 최서원의 지시에 의해 이루어졌다는 점을 강조하려고 애를 썼다. 그중 몇 명은 최서원의 불법과 불합리성에 저항하기도 했고, 훗날 또 이를 폭로하게 되었다는 점을 내세우면서 마치 자신들로 인해 이번 사건의 진상이 밝혀졌다는 공명심을 서슴없이 드러내기도 했다.

용기 있는 재계 회장과 임원은 없었다

두 번째 유형은 재단에 출연했던 기업들의 회장과 임원들이었다. 그들은 재단 참여가 자발적으로 이루어진 것이 아니라 청와대의 강요에 의한 것이었다고 진술했다. 이번 사건으로 자신들의 기업이 갖게 될 법적·사회적 부담과 비난을 최소화하기 위해 불가피했다는 생각도 들었다.

그러나 재단 설립에 적극 공감하면서 참여했던 과정을 용기 있게 떳떳하게 주장하는 기업이 단 하나도 없었다는 사실은 아쉽기도 했다. 그동안 우리 기업이 정치와 여론으로부터 얼마나 힘들었고, 또 피해 봤는가를 되새겨 보면 이해가 가기도 했다. 이와 같은 우리 기업들의 어려운 상황은 고스란히 전임 정부들, 나아가 앞으로 정부들의 책임이 될 수밖에 없는 것이었다.

내가 이해하지 못하는 유형은 바로 세 번째인 전경련 인사들이라 하겠다. 실제 재단 설립 과정에서 핵심 역할을 했지만, 이번 사건으로 본인들이 직권남용과 강요의 공범이 될지도 모른다는 점에서, 철저하게 입을 맞추어 청와대 지시에 의한 피해자로서의 모습을 연출하기에 급급했기 때문이다. 특히 이승철 부회장은 청와대 경제수석실의 지시로 모든 것이 이루어졌다는 주장을 시종일관 유지했다. 창조경제혁신센터 설립 과정(2014. 9~2015. 9)과 청년희망재단 설립(2015. 9) 등에서 전경련을 이끌면서 진두지휘했던 그는 두 재단 설립에도 적극적으로 나섰다. 그러나 그는 법정에서 이를 철저히 부인하는 모습을 보였다.

전경련 인사들, 책임 회피로 일관하다

이승철 부회장 이야기를 좀 더할 필요가 있다. 2014년 6월 27일(수첩 2권)에 메모된 이승철과의 면담 내용을 보면, 그가 얼마나 박근혜 정부의 국정운영에 관심이 많았고, 나아가 적극적인 도우미 역할을 했는가를 알 수 있다.

당시 박근혜 대통령은 이승철 부회장을 예전에 몇 번 만나 보니 아이디어가 많은 사람이다, 만나서 구체적인 제안을 받아 보라

<이승철 부회장>
<관료사회>

1. 규제개혁 10%
   목표
   Incentive
   Penalty

○ 정책실장
  - 부처별 목표 설정 상벌
  30% 없애고 20% 살리고
○ Brown hoff 연구소
  - 2.7조 예산
  9000억 자치단체 1/3
  matching 기업 1/3
         정부 1/3
  우리나라 기업 Project
     출연연 따오기 싫어서
     대신 정부 Project 로비
○ 연구소
○ executer for 국정과제

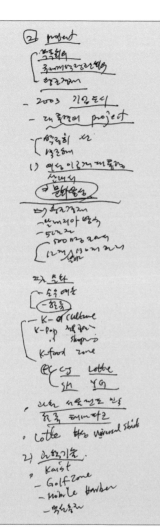

2. Project
무투회의
규제개혁장관회의
창조경제
- 2003 기업 도시
- 대통령의 Project
- 박정희 박근혜
1) 여성 이공계 대통령 살려서
→ 문화 융성
→ 창조경제
- 말레지아 방식
- 5년 전
500명 모아서
12개 분야 130개 과제
2) 문화
- 순수예술
- 한류
K-Culture
K-Pop 전용 공연장 / Shopping
K-Food Zone
CJ Lotte
SM YG
◦ 과천 서울랜드 인수
한류 테마파크
◦ Lotte 화성 Universal Studio
3) 과학기술
◦ Kaist
- Golf Zone
- Mobile Harber
- 무선 충전

고 했다. 이승철과 만남에서 그가 제안한 것들을 수첩 5쪽에 걸쳐 메모한 것 중 일부를 공개한다.

특히 문화 관련 여러 제안을 하면서 과천 서울랜드를 인수해서 한류 테마파크를 조성하는 것은 실제 대통령에게 보고된 뒤 추진되었다. 당시 박원순 시장이 거부하는 바람에 대신 경기도의 협조하에 CJ가 맡아서 일산에 K-컬처밸리로 설립하기로 했다. 그런데 이 모든 게 청와대 지시·강요였다니 나는 할 말을 잃었다.

네 번째 유형은 공무원들이라 하겠다. 이번 사건으로 수많은 공직자들이 구속되고 조사를 받았다. 그들은 대부분 이번 사건 법정에 나와 증언을 했다. 그들 중에는 나의 부하 직원도 다수 있었지만 다행히도 구속되거나 유죄 판결을 받은 부하 직원은 없었다.

그럼에도 불구하고 나로 인해 법정에 증인으로 나와 검사들에게 추궁당하는 모습을 보는 것은 힘든 과정이었다. 나도 그동안 조사 과정에서 그들에게 조금이나마 부담이 가지 않도록 진실대로 진술했듯이, 그들도 내게 돌아갈 짐이 커지지 않을까 조심스러워하며 있는 그대로의 진실을 진술하는 모습이 읽혔다. 진실 앞에서는 용감해질 수 있기에 나나 그들이 보여준 잊을 수 없는 장면들이다. 고맙고 감사한 이들이었다.

1심 재판부는 김세윤 재판장이 이끌어 나갔다. 그는 어떤 판사보다 공정하게 재판을 진행해 가는 모습을 보였다. 깔끔한 외모에 걸맞게 피고인과 증인들을 배려하는 태도가 많은 사람에게 좋은 인상을 심어 주었다. 1년 이상 긴 재판 과정에서 조금의 흐트러짐도 없이 시종일관 엷은 미소를 머금고 아주 원만하게 재판을 이끌어 갔다. 그러나 나는 그를 재판의 사회자로서는 높이 평가할 수 있어도 법의 심판을 맡은 법관으로서는 높이 평가할 수 없다.

1심, 여론의 쓰나미에 휩쓸려 기준을 잃어버리다

인류의 역사에는 법이 있고 또 그 법을 갖고 심판하는 법관이 언제나 있어 왔다. 옳은 법관은 그 어떤 압박에도 영향을 받지 않고 공명정대한 판결을 해야 한다는 것 또한 변함없는 진실이다. 그러나 그는 탄핵의 열풍과 촛불의 물결에 영향을 받았다는 느낌을 지울 수 없다. 대통령에게 25년에 가까운 형량을 선고한 것도 그랬고, 내게 6년 구형에 6년 선고를 했기에 더욱 그렇다.

이번 사건에서 대통령이 어떠한 범행 의지를 갖고 있었는가를 제대로 판단하지 않고, 나아가 나 또한 그 어떤 범죄 의식이 없는 상태에서 모든 행위를 했다는 점을 감안하지 않은 선고라 할 수 있다. 나아가 나의 구속 기간(6개월씩)을 계속 연장하면서, 나중에는 국회 청문회 불출석을 근거로 연장한 것만 보더라도 얼마나 그가 여론을 무시하지 못했다는 느낌을 받았다.

1심 재판부의 판결문을 읽은 나는 객관성과 일관성이 부족하다는 느낌을 지울 수 없었다. 1심 판결 날, 법정 구속된 신동빈 회장의 판결문에서는 내가 그동안 진술한 증언들이 진실이었고, 이번 사건의 진상을 규명하는 데 크게 기여했다고 되어 있었다.

한편, 나에 대한 판결문에서는 모든 것을 대통령에게 책임 전

가하는 등 이번 사건에 대한 반성을 전혀 하지 않았다고 쓰여 있었다. 서로 배치되는 나에 대한 평가를 받아들일 수 없었다. 더구나 반성하지 않는다는 표현은 내가 그동안 검찰 조사와 법정 증언에서 보여준 자세를 모욕하는 것이기도 했다.

1심 재판부가 결론지어야 하는 것 중에는 나의 수첩에 대한 증거 능력 여부도 있었다. '전문증거'인지 아닌지 등 어려운 법률 용어를 재판 과정에서 반복적으로 듣다 보니 어느 정도 이해가 되는 부분도 생겼다.

전문(傳聞)증거라 함은 들어서 알게 된 것으로, 직접 당사자 간 대화를 들은 것으로 인정할 수는 없다는 의미라고 대략적으로 이해했다. 1심 재판부는 수첩에 기재된 내용이 대부분 전문증거가 아니라 대통령으로부터 직접 들은 것으로 내가 관련 진술도 했기에 증거 능력이 있다고 인정했다.

전문증거와 독수독과

사실 수첩은 검찰이 입수하게 된 과정에서도 문제가 있었다. 김건훈 보좌관이 갖고 온 내 수첩을 갑자기 압수하는 과정에서 정당한 절차를 밟지 않았기 때문이다. 이른바 '독수독과(毒樹毒果)', 즉 '독이 든 나무에서 나온 과일도 독이 들었다'라는 법적 비유로, 수첩이 취득 과정에서 불법이어서 증거로 쓸 수 없다는 것이었다.

그러나 사건의 진실을 밝혀야 한다는 거대한 물결에 휩쓸려 이 또한 그냥 지나가 버렸다. 수첩 입수 과정이 합법적이었다고 판단했던 것이다. 1심 재판은 거대한 쓰나미에 모두 쓸려 가버리듯이 법적 정당성이나 원칙이 가볍게 무시되어 함께 묻혀 버리는 과정이었다. 여론이라는 또 다른 위협에 움츠러들었던 과정이라 해도 과언이 아니었다.

2. 역대급 허위 증언 속 5년이 떨어지다

항소심은 2018년 4월 4일에서 8월 24일까지 6개월간 진행되었다. 항소심 재판부는 김문석 재판장이 이끌어 나갔다. 그는 '김영란법'으로 유명한 김영란 대법관의 동생이고, 형량을 무겁게 선고하는 걸로 구치소 수용자들 사이에 알려져 있었다. 나는 홍용건, 공기광 변호사와 함께할 이동명 변호사를 새로운 변호인으로 선임했다. 그는 최소한의 수임료를 받고 나의 뇌물 건에 집중해서 변론했다.

2심 재판도 힘든 과정이었다. 나의 뇌물 사건이 1심에서 모두 유죄로 인정된 상태여서 이를 반박해야 하는 큰 부담을 갖고 있었다. '무죄추정주의'와 '증거주의'라는 재판의 기본이 지켜지지 않은 채 박채윤이라는 공여자의 진술만을 근거로 그가 주었다고 한 모든 것을 인정한 1심 선고였기에 그렇다.

"공여자가 자신의 처벌을 무릅쓰고 거짓을 진술할 이유가 없다"는 한 줄의 판결문 문장으로 모두 유죄로 되어 있었다. 내가 최서원을 전혀 모른 상태에서 공모할 수 없다는 것과 함께, 뇌물 공여자가 주었다고 말하면서 제시한 근거가 허위로 드러났다는 것을 아무리 외쳐도 소용없는 1심이었다.

그래서 2심에서 박채윤을 증인으로 다시 내세워서 그의 진술이 얼마나 근거가 없는가를 새 재판부에 보이고자 했다. 그는 증언대에서 화를 내다 울다 감정의 기복을 보이며 재판부의 불신을 스스로 야기했다.

이동명 변호사는 최후 변론에서 "뇌물 공여자의 진술이 허위라는 정도가 '역대급'이다"라는 표현까지 썼다. 결국 뇌물죄와 관련된 부분은 상당 부분 무죄로 판결을 받았다.

아쉬운 점은 공여자의 진술상 허위가 드러나면 나머지 모든 진술도 신빙성이 없는 것으로 간주한다는 일종의 원칙이 지켜지지 않고, 일부는 유죄로 인정되었다는 것이다.

기가 막힌 변호인들의 법조 윤리 의식

항소심에서도 나의 수첩은 어김없이 빈번히 등장했다. 나는 수첩 내용이 법정 측면에 있는 화면에 등장할 때마다 불편했다. 언제까지 수첩 내용과 나의 기억을 확인하는 과정이 계속될 건가 막막했다. 수첩에 적을 당시 상황을 기억해 내는 것은 고통이 따르는 작업이다. 글을 쓰면서 느끼는 이른바 '창작의 고통'과는 전혀 다르다고 할 수 있다. 이미 쓴 것을 보고 쓸 당시 상황을 떠올리는 자체가 고통인 것이다.

그럼에도 일부 피고인의 변호인들은 내가 수첩 내용을 나에게 유리하게끔 사후에 첨삭했을 것이라고 주장하는 걸 듣고 있으면 그 고통은 분노로 바뀌었다. 아무리 의뢰인을 위해 변론한다 하더라도 해서는 안 될 것이 있는데, 이를 외면하는 변호인들의 행태를 접하고는 놀라기까지 했다.

항소심 판결은 나의 뇌물 부분을 상당 부분 무죄로 인정하여 특가뇌물이 아닌 일반뇌물로 경감해 주었다. 그러나 나머지 직권남용과 강요 부분은 대부분 유죄로 인정했다. 형량은 6년에서 5년으로 줄이는 데 그쳤다. 1심에서는 특가뇌물 부분이 상당 부분 차지한 형량이었는데, 이번에는 나머지 직권남용과 강요 부분이 중대한 부분이라면서 1년을 줄이는 데 그친 것이다.

재판의 1심, 2심 판결 기준이 들쭉날쭉하니 이래서야 힘없는 서민들의 경우 기댈 곳이 없겠다 싶었다. 도대체 각 심마다 유무죄의 판단 근거와 형량의 기준이 다르다면 어떤 피고인이 이를 수긍하겠는가? 나는 다시 한 번 사법부에 대한 실망과 문제의식을 갖게 되었다. 여론의 영향을 받은 또 하나의 판결이 내려졌다는 강한 불신을 갖게 되었다.

김문석 재판부가 대통령의 항소심을 맡아서 내린 결과도 1심과 같이 거대한 쓰나미에 우선 피하고 보자는 생각을 했다는 의심을 지울 수가 없었다.

전직 대통령에 대한 최소한의 배려도 없는 여론 재판

대통령은 1심 재판 기간 내내 출석했다. 김세윤 재판장이 대통령의 구속 기간 연장을 결정하기까지 빠지지 않고 장시간의 재판을 견뎌 냈다. 나는 구치소 방의 TV를 통해 대통령이 재판에 출석하는 장면을 볼 때마다 참을 수 없는 회한이 밀려왔다.

대통령이 헝클어진 머리와 표정 없는 모습으로 호송차에서 힘없이 내리는 장면이 나올 때마다 이건 아닌데라는 생각이 들었다. 선직 대통령의 처참한 모습을 끊임없이 보여주는 데다 나아가 법정 출두 모습이 당연시되어 별 느낌이 없을 정도가 되어 버린 국민들의 의식을 접하면서 꼭 법정에 나와야 하나라는 의문을 품기도 했다. 이 역사적 법정에 출두하지 않더라도 대통령의 재판은 진행할 수도 있다는 면에서, 전직 대통령을 극도의 비난과 동정 대상으로 삼을 필요는 없었다는 생각이 들었다.

구속 기간을 연장한 이후 대통령은 출석하지 않은 채 1심 선고 그리고 2심 선고까지 이어졌다. 당시 1심에서 내가 대통령의 재판에 증인으로 출석하기로 되어 있었다가 대통령의 불출석으로 법정에서 대통령을 뵙게 되는 아픔을 피할 수 있었다.

그러나 대통령의 불출석하에서 국선변호인의 증인신문은 있었다. 국선변호인은 내게 여러 질문을 했지만, 준비가 덜 된 상태라는 것이 느껴졌다. 큰 의미 없는 질문과 답변이 이어지고 나서 증인신문은 끝이 났다.

1심에 이어 2심에서도 대통령에 대한 형량을 25년으로 이어가는 재판부의 판결에 나는 다시 한 번 실망과 분노를 느끼며 대법원의 판단을 지켜보기로 했다.

3. 파기환송심, 과연 누구를 위한 재판이었나?

2년 5개월의 수용 생활을 마치고 2019년 3월 19일 0시가 조금 넘어 남부구치소의 문을 나섰다. 2심 판결 이후 대법원에 상고한 상태에서 6개월이 지나면서 구속 기간 만료로 출소하는 것이어서 마음이 무거웠다. 그 후 다시 구속되기까지 11개월이라는 짧고도 긴 시간 동안 가족과 함께하는 행복을 누렸다. 대법원 상고 후 나의 사건은 2019년 2월 11일 대통령의 사건과 함께 전원합의체로 넘겨졌다.

언제라도 기일이 잡혀서 전원합의체의 선고가 있을 수 있어서 늘 불안정한 상태에서 값진 행복을 누렸다. 2019년 8월 29일 드디어 대법원 전원합의체는 강요죄와 관련된 부분들을 무죄 취지로 선고하면서 고등법원으로 파기환송했다.

당시 대법원 전원합의체에서의 판결 내용 중 나와 관련된 핵심 부분을 요약하면 다음과 같다.

⑴ 피고인 안종범에 대한 상고심(대법원 2018도13792) 재판에서, 파기환송전 항소심(서울고등법원 2018노723)에서 유죄로 인정되었던 ① 미르재단 관련 강요죄, ② K스포츠재단 관련 강요죄, ③ 현대자동차 관련 KD코퍼레이션 부분 강

요죄, ④ 현대자동차 관련 플레이그라운드 부분 강요죄[1], ⑤ KT 관련 인사 부분 강요죄[2], ⑥ KT 관련 플레이그라운드 부분 강요죄[3], ⑦ GKL 관련 강요죄, ⑧ 포스코 관련 강요미수죄[4]의 8가지가 모두 무죄로 판단되었다.

(2) 이에 따라 결국 이른바 국정농단 사건에 있어서, 피고인은 ① 재단 관련 직권남용죄, ② 현대자동차 관련 KD코퍼레이션 부분 직권남용죄, ③ GKL 관련 직권남용죄, ④ 포레카 관련 강요미수죄, ⑤ 이승철 관련 증거인멸죄에 대하여만 유죄로 확정되었다.

(3) 당초 국정농단 사건으로 기소되었던 공소사실 중 항소심에서 ① 롯데그룹 부분과 ② 김필승에 대한 증거인멸 두 가지가 전부 무죄(이른바 통무죄)였던 것이 대법원 판결에 따라 ③ 현대자동차 관련 플레이그라운드 부분, ④ KT 인사 부분, ⑤ KT 광고 부분, ⑥ 포스코 부분의 4가지가 추가되어 총 6가지가 전부 무죄(통무죄)로 확정되었다.

---

1) 파기환송전 항소심에서 직권남용죄는 이미 무죄로 판단
2) 파기환송전 항소심에서 직권남용죄는 이미 무죄로 판단
3) 파기환송전 항소심에서 직권남용죄는 이미 무죄로 판단
4) 파기환송전 항소심에서 직권남용죄는 이미 무죄로 판단

대법원 판결에 따른 나의 유무죄 결과를 분석하면, 공소사실 중에서 직권남용죄와 강요죄를 별도로 산정할 경우, 총 23개의 공소사실 중에서 항소심에서의 유죄 16개가 대법원 선고로 8개로 절반으로 축소되었다. 한편 무죄는 항소심에서의 7개에서 15개로 두 배로 확대되었다.

　　2019년 10월 30일 파기환송심이 시작되었다. 대법원 선고로 나의 유죄 건수 중에서 8개가 무죄로 바뀜에 따라 5년이라는 형량이 상당 부분 줄어들 거라는 기대 속에서 재판이 시작되었다. 이번에도 최서원과 함께 받는 재판이었다.

　　나의 경우 유무죄를 다루지 않고 양형만을 갖고 재판하겠다고 재판부에 알렸고, 이와 관련된 증인으로 김건훈 전 보좌관, 유일호 전 경제부총리, 정만기 전 산업비서관 세 명을 신청했다. 결국 김건훈 전 보좌관만 증인으로 채택되었다. 김건훈은 나의 공직 생활 당시의 자세와 활동 등에 대해 진술하다가 울음을 터뜨리기도 했다. 오직 국가를 위해서 너무도 고생한 나를 설명하는 과정에서 감정이 복받쳐 올라온 것 같다. 다시 한 번 부하 직원에 대한 미안함과 감사함에 뭉클했다.

　　이번 파기환송심에도 미국 유학 당시 나의 지도교수였던 로버트 헤이브먼(Robert Haveman) 교수와 그의 부인이자 교수였던 바버라 울프(Barbara Wolfe)가 제일 먼저 탄원서를 제출했다. 제자들과 동료 학자들 그리고 나와 함께했던 의원 보좌진과 청와대 직원들도 탄원서를 제출했다.

〈표1〉 대법 판결 요약 및 항소심에서의 유무죄 수 변화

대법원 판결문 분류		범죄사실	1심		항소심		대법원	
			직권	강요	직권	강요	직권	강요
4. 가	①	재단 - 미르	유	유	유	유	유	<무>
	②	재단 - K스포츠	유	유	유	유	유	<무>
나	③	현대차 - KD 코퍼레이션	유	유	유	유	유	<무>
	④*	현대차 - 플레이그라운드	무	유	무	유	무	<무>
다	⑤*	KT - 인사	무	유	무	유	무	<무>
	⑥*	KT - 광고	무	유	무	유	무	<무>
라	⑦*	롯데	무	무	무	무	무	무
마	⑧	GKL	유	유	유	유	유	<무>
사	⑨*	포스코	유	유	무	유	무	<무>
5. 라	⑩	포레카 강요미수	유		유		유	
6. 나	⑪	국회 증언감정	유		유		유	
6. 라 2) 가)	⑫	증거인멸 - 이승철	유		유		유	
6. 라 2) 나)	⑬*	증거인멸 - 김필승	무		무		무	
2. 바	⑭	뇌물 - 박채윤	유 - 특가○		유 - 특가×		유 - 특가×	

　　탄원서 중에서 우리 가족 한 명 한 명의 글은 가슴 시리도록 감명 깊었다. 1심 재판장이 자신이 본 탄원서 중 최고라고 칭찬했을 정도였다.

　　그런데 정작 1심 재판부에 제출한 가족 탄원서는 2019년 3월 석방된 후에야 보았다. 홍용건 변호사가 우리 가족과 상의해서 내가 구속 상태에서 보면 마음이 아플지도 모른다고 보여주지 않아서였다. 가족 탄원서 중에서 내가 수감 중 손녀를 출산한 딸의 것부터 아들, 아내, 사위 순서로 첨부한다.

가족 탄원서

탄원서: 딸

-

존경하는 재판장님, 저는 피고인 안종범의 딸 □□□이라고 합니다.
재판장님께 어떤 이야기부터 시작해야 할까 고민하다 요 근래 아버지의 구
속과 재판을 겪으며 느꼈던 점들을 이 자리를 빌려 솔직하게 털어놓을까 합
니다. 저와 저희 가족이 느끼고 겪은 이야기가 부디 재판장님의 결정에 조금
이나마 보탬이 되길 기대합니다.

존경하는 재판장님, 저는 오늘 제 뱃속 아기의 첫 심장소리를 듣고 오
는 길입니다. 아버지께서 구치소가 아닌 제 곁에 계셨다면 저희 가족은 틀림
없이 집 근처 자주 가던 식당에서 저녁식사를 하며 축하파티를 했을 겁니다.
어쩌면 아버지의 고집으로 케이크도 샀을지 모르겠네요. 저녁식사 자리에서
초음파 사진을 보여드리며, 녹음해 온 심장소리를 들려드리며 아버지께서 기
뻐하시는 모습을 곁에서 지켜봤을 겁니다. 아버지의 미소를 보며 처음으로
효도하는 기분을 느꼈을지도 모르겠습니다. 분명, 아주 평범하지만 두 번 다
시 없을 특별한 어느 주말이 되었을 겁니다.

아버지께서 남부구치소에 수감되신 지 벌써 일 년이 다 되어갑니다.
그 1년, 저는 아버지께서 구치소에 계시지 않았더라면 어땠을까 하는 순간들
을 이처럼 자주 마주하게 됩니다. 노총각 사촌오빠가 드디어 결혼을 하던 순
간, 친척이 모두 모인 자리, 아버지의 빈자리가 유독 크게 느껴지던 그 순간,

할머니께서 치매 판정을 받고 요양원에 가시던 순간, 차마 할머니께 아버지께서 오시지 못하는 이유를 설명하지 못해 어색하게 웃던 순간, 아버지와 어머니의 결혼이 32주년을 맞이하던 순간, 어머니께서 외로움을 느끼지 못하게 일부러 더 큰 케이크와 꽃다발을 안겨드리던 순간, 회사에서 프로젝트를 성공시킨 어느 퇴근길 아버지께 전화를 걸어 함께 기쁨을 나누고 싶었던 순간, 핸드폰 목록의 아버지 전화번호를 보며 통화 버튼을 누르고 싶었던 수많은 순간들, '우리 딸!' 하며 반기는 전화기 너머의 아버지 목소리가 유독 그립던 순간들, 그 이외에도 가족이 함께 식사를 하고 손을 마주 잡고 이야기를 나누는 평범하고도 평범한 순간들.

죗값이란 이런 것일까. 저는 생각해 봅니다. 누군가가 이처럼 인생의 순간들을 놓치면서 치르게 되는 것. 그리고 또 생각해 봅니다. 누군가의 인생에서 그 순간들을 빼앗는다는 것. 그러한 결정을 해야 하는 재판장님의 고뇌와 고심은 그 무게가 얼마나 무거울지를요. 그 죗값을 재는 재판장님의 마음의 무게를 조금이나마 덜어드리고자 제가 아는 저희 아버지에 대한 이야기를 해볼까 합니다.

존경하는 재판장님, 한 사람에 대해 한마디로 정의를 내리는 것은 어려운 일이지만 저희 아버지를 굳이 한마디로 표현해야 한다면 저는 그 누구보다 '순수한' 사람이라고 이야기하고 싶습니다. 젊은 시절, 많은 공부를 했고, 세상이 보기에 높은 지위와 명예를 가졌음에도 불구하고 저는 저희 아버지만큼 순수한 분을 본 적이 없습니다. 저는 크면서 단 한 번도 아버지께서 다른 사람을 돈이나 지위로 차별하거나 무시하는 경우를 본 적이 없었습니다. 요즘 소위 말하는 '갑질'과도 거리가 먼 분이 바로 저희 아버지셨습니다.

아버지께선 만나는 모든 사람들에게 예의와 진심을 다했고, 사람들과의 관계에서 자신의 이익을 내세운 적도 없으셨습니다.

작년 이맘 때쯤 사건이 일어난 이후에도 저희 어머니께서는 20년 넘게 살던 저희 동네, 저희 집에서 계속 살고 계십니다. 만약 저희 아버지께서, 그리고 저희 어머니께서 지난 세월 동안 주변 사람들을 그토록 순수한 마음으로 대하지 않으셨다면 아마 저희는 무차별적인 언론보도 속에서 지금처럼 원래의 자리를 지키지 못했을지도 모릅니다.

집 앞에 진 치고 있는 기자들을 피해 옥상으로 저희 가족에게 반찬을 가져다 주신 분들, 인터뷰를 시도하는 기자들에게 저희 아버지와 어머니는 절대 그런 사람들이 아니라며 단호하게 이야기해 주시던 옆집 이웃분들, 기자들 때문에 집 밖에 나가지도 못하는 와중에 보일러까지 고장난 저희 집을 걱정해서 일부러 몰래 수리해 주러 오셨던 아파트 관리인분들, 그리고 그 분들께서 건네주신 우리 가족을 믿는다는 그 따스한 말, 본인들도 곤란해질 수 있는 상황임에도 도와주고 싶다고 계속 찾아오시던 아버지의 수많은 친구분들과 제자분들, 장을 보고 있는 저희 어머니를 말없이 안아 주시던 또 다른 이웃분들과 대신 언론에 투고해 주겠다며 저보다 더 억울해하시던 저희 팀장님과 팀분들까지. 저희 아버지와 저희 가족에 대해 각종 언론에서, 수천 개의 악플에서 뭐라고 이야기를 하든 저희 가족을 더 잘 아는 건 이런 분들이 아닐까 하는 생각에 저도, 저희 가족도 그간의 힘든 시간을 버틸 수 있었던 것 같습니다. 우리가 살아온 인생은 최악의 상황에 우리 곁에 남아 있는 사람들을 통해 평가받는 게 아닌가 하는 생각을 해봅니다. 부디 재판장님께서도 다른 그 어떤 것보다도 재판장님께서 직접 재판정에서 일 년 가까이 지켜봐

오신 저희 아버지의 모습을 떠올려 주시기 바랍니다.

존경하는 재판장님, 요즘 영화관에서 함께 영화를 보러 온 가족들을 자주 보게 됩니다. 술도, 야외활동도 즐기지 않으시는 아버지의 유일한 취미는 영화를 보는 것이었습니다. 그중에서도 가족끼리 심야영화를 보러 가는 것은 아버지의 바쁜 일상 속 큰 즐거움 중 하나였습니다. 저희 가족은 아버지의 강요에 못 이겨 잠옷에 가까운 차림으로 영화관에 가서 심야영화를 본 적이 꽤 많았습니다. 그래서인지 그런 가족들을 보면 불과 일 년 전의 저희 가족이 떠오르곤 합니다. 저희 아버지, 어머니 또래의 중년부부와 그 자식들이 평범하게 대화 나누는 모습을 보면 저는 항상 부러움에 생각합니다. 저들은 저들이 누리고 있는 게 얼마나 고귀하고 큰 행복인지 과연 알까. 왜 사람은 어리석게도 빼앗기고 나서야, 잃고 나서야 그 소중함을 알게 되는 걸까요.

존경하는 재판장님, 재판장님께서 꼭 알아주셨으면 좋겠습니다. 재판장님께서는 그저 판결을 내리시는 것을 넘어 한 가족에게 또 한 번의 기회를 주시는 것이라는 사실을요. 순간의 소중함을 오롯이 느끼며 남은 생을 살아갈 수 있는 기회를 저희 가족에게 주시기를 간곡하게 부탁드립니다. 긴 글 읽어 주셔서 감사합니다.

2017년 11월

딸 □□□ 올림

탄원서: 아들

-

존경하는 재판장님.

132

먼저 역사적인 재판에 임하시는 마음이 남다르실 것이라 생각합니다. 올바른 신념을 가지고 잘 판단해 주실 것임을 피고인 가족은 굳게 믿고 있습니다. 다만 재판정에서 보시던 피고인의 모습 이외에 '아버지'로서 피고인의 모습을 재판장님께 조금이나마 말씀드리고자 이렇게 탄원서를 올립니다. 저희 아버지의 세 가지 모습만 더 알아주시길 소망합니다.

첫 번째로, 저희 아버지께서는 열정으로 가득 찬 남자입니다. 아버지께선 늘 아들인 제게 이렇게 말씀하시곤 하셨습니다. "사람으로 태어났으면, 지구의 축을 1도라도 돌리고 죽어야 한다." 저는 29년 동안 이 말을 들으며 늘 '아버지는 참 꿈이 크신 분이구나'라는 생각을 했었습니다. 좋은 가정을 꾸리고자, 좋은 아빠가 되고자, 좋은 남편이 되고자 하는 마음보다 지역사회를, 우리나라를, 더 나아가 지구의 축을 변화시키고 싶은 열정이 더 큰 분이 바로 아버지구나. 그래서 저는 항상 아버지께서 하시는 일이 자랑스러웠고, 아버지의 진심을 누구보다 잘 알았기에 응원하고 힘을 실어드리고 싶었습니다.

두 번째로, 저희 아버지께서는 순수한 학자입니다. 아버지께선 교수 시절 연구는 물론, 후학양성을 위해서도 끊임없이 노력해 오셨습니다. 이런 아버지께서 정치에 입문하게 되신 것도 단순히 정치인이 되기 위해서가 아니라, 우리나라를 조금이라도 좋은 방향으로 바꿔 보기 위해서였습니다. 그래서 아버지께선 자문 역할을 하실 뿐 그 이상 앞에 나서지 않으셨습니다. 대중의 주목을 받아 유명세를 떨치고자 하는 욕심이 아닌 학자로서의 순수한 마음으로 지금껏 일해 오셨을 뿐인데, 저희 아버지의 그 진심과 방향성이 외면받은 채 오해 속에 손가락질 받는 현실이 아버지를 가깝게 지켜본 저로서는 누구보다 마음이 아픕니다.

세 번째로, 저희 아버지는 가족에게 미안한 것이 참 많은 분입니다. 아들인 제가 보기에 너무도 바르고 이상적으로 살아오신 것 같은데, 아버지께선 가족들에게 미안한 마음이 많으신 것 같았습니다. 지금껏 일에 치여 가족을 잘 돌보지 못한 것, 이렇게 온 가족이 이목의 중심에 놓여 손가락질 받게 만든 것 모두 본인의 책임이라고 생각하고 있는 것 같습니다. 하지만, 저는 아버지를 조금도 원망하지 않으며, 단 한 번도 부끄럽다 생각한 적이 없습니다. 입장을 바꿔 제가 만약 아버지였다면, 아버지만큼 우직하고 바르게 살지는 못했을 것이기 때문입니다.

저희 아버지께서는 15년간 참 바쁘게 살아오셨습니다. 뒤도 돌아보지 않고 살아온 저희 아버지께 이번 사건을 통해 잠시나마 멈춰 서서 자신의 인생에 대해 다시금 생각해 볼 기회가 생기신 것 같습니다. 이번 사건으로 저희 가족은 아버지의 직장생활에 대해, 아버지께서 해오신 일에 대해 자의가 아닌 타의에 의해 자세하게 접하게 되었습니다. 지금까지 올바른 진심을 가지고 열심히 일하셨던 저희 아버지께서 어쩌다 이런 역사적 사건 앞에 서게 되었을까 생각하면 한숨이 쉬어집니다. 존경하는 재판장님, 판결을 내리시기 전에 한 가지만 꼭 생각해 주시기 바랍니다. 지금의 피고인이 무엇에 눈이 먼 사람으로 보이는지를요. '그 무엇'이 법에 위배되는 가치인지 아닌지 꼭 봐주시기 간청드립니다. 읽어 주셔서 감사합니다.

2017년 11월

아들 □□□ 올림

탄원서: 아내

-

존경하는 판사님.

저는 재판을 받고 있는 피고인 안종범의 아내, □□□입니다. 제가 아는 제 남편 안종범은 지금 비록 어려운 시기에 이런 큰일에 휘말려 세상 사람들의 손가락질을 받고 있지만 어릴 적부터 형편이 어려운 친구들의 학비를 부모님께 도와달라고 부탁할 정도로 착한 심성을 가진 사람입니다. 또한 다 같이 힘들었던 유학 시절에도 미혼의 동료들을 자주 집으로 데려와 함께 저녁을 하고 싶어해서 저를 개인적으로 힘들게 했던 사람이기도 합니다.

이번 사건을 함께하면서 변호사님들이나 검사님, 판사님 모두 잘 알게 되셨을 것으로 짐작이 가지만 제 남편은 어떤 사람에게도 존중하는 말투와 태도를 가지고 대하는 습관이 있는 사람이기도 합니다. 본인 것이 없으면 빚을 내서라도 남에게 해줄 줄만 알았지 자기 것을 지킬 줄을 몰라서 결혼생활 내내 많이 속상했던 저는 남편이 직권남용이라는 죄목으로 지금 이 자리에 있다는 것이 믿어지지 않습니다.

자신이 공부하고 연구했던 전공 분야를 국가 경제에 접목시켜 나라를 위할 수 있다는 꿈을 위해 밤낮없이 건강을 해치면서까지 노력만 해오던 사람이 지난가을부터 일 년의 시간 동안 몸과 마음이 파괴되고 있다는 생각을 하면 마음이 아픕니다.

저는 사회생활을 해본 적이 없고 이번 사건 이전에는 검사, 판사의 구분도, 기소나 구속의 의미도 알지 못하는 그런 무지한 주부였습니다. 이렇듯

순한 성격의 남편이, 나라를 위해 모든 것을 바친 남편이 저의 무지와 한순간의 잘못된 욕심으로 망가져서 전국적으로 수모를 받고 특검과 헌재와 재판에 다니며 언론에 매일 수갑 찬 모습으로 나올 때마다 저는 죽고 싶은 마음뿐이었습니다. 하지만 저의 무책임한 행동으로 자식들에게까지 평생 마음의 짐으로 남을 수 없다는 생각에 이렇게 치욕스런 삶을 유지하고 있습니다.

지난해 10월 압수수색이 있은 후 저희 가족은 살아있어도 사는 게 아니었습니다. 기자들은 시도 때도 없이 아파트 문을 두드렸고, 재활용 쓰레기통을 뒤졌으며, 아이들 회사에까지 찾아다녔습니다. 제가 최근에 읽은 문유석 판사님의 『판사유감』이라는 책에 이런 구절이 있습니다. "인간이란 자기의 잘못과 치부를 공개적으로 지적당하고 멸시받는 경험을 하게 되면 자아의 일부분이 파괴된다고 볼 수 있다." 저희 가족의 자아는 이미 다 파괴되었습니다.

존경하는 판사님.

저희 남편의 전화통화 기록에서도 알 수 있듯이 저희 남편은 가족에 대한 사랑과 걱정이 많은 사람입니다. 특히 홀로 살고 계신 연로하신 어머님에 대한 사랑은 이루 말로 표현할 수 없을 정도인데 제 잘못으로 일 년여의 시간을 어머님과 생이별을 하게 한 것이 가장 후회스럽습니다. 치매를 앓고 계시는 시어머님께서는 아들이 전화도 할 수 없는 아프리카 먼 나라에 가있다고 알고 계십니다. 하루에도 대여섯 번씩 통화하며 지내던 아들이 일 년 동안 전화가 없으니 매일 전화를 기다리며 점점 정신을 놓아 가시는 모습에 가슴이 아픕니다. 하루가 다르게 몸과 마음이 쇠약해지시는 어머님께 혹시 무슨 일이라도 생겨서 사랑하는 아들을 못 만나 보고 보내드리게 된다면 그동안 찾아뵙지도 연락드리지도 못했던 불효와 이 불효로 어머님을 잃었다는 한

으로 남편이 남은 생을 자학하며 살게 될까 두렵기만 합니다. 부디 판사님께

서 깊으신 혜량으로 선처해 주시기를 간곡히 부탁드립니다. 두서없는 글 끝까

지 읽어 주셔서 감사합니다.

2017년 11월

아내 □□□ 올림

탄원서: 사위

-

안녕하세요, 재판장님. 저는 피고 안종범의 사위 □□□입니다. 판결의

방향이 어느 쪽에 있건 사회적 반향이 클 것으로 생각되는 이번 재판에서 저

는 제 장인어른에 대해 느끼고 겪었던 몇 가지 일화를 말씀드려 볼까 합니다.

결혼 전 당시 여자친구였던 제 아내는 제게 장인어른의 직업에 대해

말하기를 꺼려했습니다. 결혼을 약속하고 나서야 알게 된 사실이었지만 당시

장인어른은 청와대 경제수석에 몸담고 계셨었고, 저희 아버지께선 인천항 물

류장비 기사로 30년 넘게 일하시다 은퇴를 하신 후, 울산에 동일 직군의 비

정규직으로 재취업하신 상황이었습니다. 큰 사회적 성공이나 물질적인 부를

이루지는 않았지만 큰 부족함 역시 없이 지내 오셨던 저희 부모님께서는 사

돈댁의 사회적 위치로 인해 처음으로 제 결혼을 걱정하시기도 했습니다.

하지만 양가에 인사를 드리면서 그 걱정은 모두 기우였음을 알게 되

었습니다. 오히려 장인어른의 직업으로 인해 사돈댁에 혹여나 모를 피해가

있을지 걱정을 하시는 장모님과, 제게 준비할 것은 당신의 딸과 결혼을 하고

싶은 이유와, 어떤 가정을 이룰 것인지에 대한 편지뿐이라는 소박하고 욕심

없는 장인어른 덕분에 저희 부모님께서도 흔쾌히 결혼을 찬성하셨습니다. 결혼 전 숙제였던 그 편지를 쓰기 위해 일주일가량 고민에 빠져 지냈지만 편지를 받곤 너무나 기뻐하시며 이 편지를 대대손손 물려주고 싶다고 말씀하시던 장인어른에게선 흔히들 말하는 '사회 고위층'의 거만함이나 욕심은 전혀 찾아볼 수 없었습니다.

오히려 그 직책의 무거움을 알기에 그 무엇보다 중요했던 딸의 결혼식 날짜를 국가 순방 일정으로 인해 2주 뒤로 미루었고, 결혼식은 주변에 알리지 않았으며, 이후 비밀 결혼식을 알게 된 기자들이 그 내용을 보도할 정도였습니다. 딸과 사위의 의견을 존중해 값비싼 예물, 예단 등 허례허식은 모두 생략하고 양가의 아버님들이 축사를 하는 것으로 주례를 대신한, 소박하지만 웃음이 넘친 기쁜 결혼식이었습니다. 제가 아는 누구보다 당신의 딸을 사랑하고 그 딸의 결혼식을 너무나 자랑하고 싶어했으나 직책의 무거움으로 인해 흔한 프로필 사진마저 결혼식 이후에나 바꿀 수밖에 없었던 장인어른이었습니다.

결혼 후 가끔 주말에 함께 식사를 하는 자리에서도 장인어른은 항상 일에 바쁜 모습이었습니다. 함께 있는 가족들에게 미안해 한여름에 땀을 뻘뻘 흘리며 식당 밖에 나가 대통령과 통화하는 그 모습은, 거만하고 야심만만한 정치가와 같은 모습이 아닌 나라와 가족을 위해 일하는 한 가장의 모습이었습니다.

존경하는 재판장님. 저는 제 장인어른의 죄의 무거움을 알지 못합니다. 다만 그 모든 행동들이 권력이나 사리사욕을 취하기 위함이 아니라는 것을 가까이에서 보고 알 수 있었습니다. 욕심이 있었다면 그것은 나라의 이익을 위한 욕심이었을 것입니다.

장인어른과 여행을 가서 탁구를 쳤던 것이 기억납니다. 함께 심야영
화를 보았던 것도 기억납니다. 장인어른과의 짧은 추억이 이토록 그리울 줄
몰랐습니다. 내년에 태어날 아이에게 외할아버지와의 추억을 만들어 주시길
부탁드리며 짧은 글 마치겠습니다. 감사합니다.

2017년 11월

사위 □□□ 올림

무리한 법리 적용으로 사법 불신이 더 깊어지다

파기환송심은 2020년 2월 14일 끝이 났다. 형량이 5년에서 1
년을 줄인 4년이 선고되면서 그날로 다시 구속되었다. 아내가 그날
아침 급성간염으로 입원하는 상황이라 더욱더 힘든 과정이었다. 또
한 번 재판부에 대한 실망과 분노가 치밀어 오르는 순간이었다.

대법원 선고로 전체 유죄 건수가 반이 줄고 무죄 건수도 배가
넘었는데도 형량을 1년 줄이고 끝을 내는 재판부의 결론이 납득이
가지 않았다. 특히 "이번 사건은 워낙 중대한 것으로 이로 말미암아
아직도 국론이 분열되고 있으므로 중형이 불가피하다"는 선고문은
도무지 이해가 되지 않았다. 만일 국론이 분열되지 않았으면 달라지
는가? 법 논리로 따지더라도 범죄 행위가 아닌 이후 발생한 상황 변
화까지 법적 책임을 물어야 한다면 말이 안 된다.

재판 선고에서 '징역 몇 년'이라고 내려지는 결정은 당사자에

게 인생에서 탄생과 죽음 다음으로 중요한 운명으로 다가온다. 그런데 나는 1심에서 6년, 2심에서 5년 그리고 파기환송심에서 4년이라는 징역을 선고 받으면서 늘 충격과 분노에 휩싸였다. 그동안 모두 내려놓고 화를 잘 다스려 왔지만 소용이 없었다. 분노를 넘어서 강한 의문을 갖게 되었다.

재판부마다 다른 기준으로 형량을 정하고, 또 당시 여론의 영향을 받아 형량을 정한다면 누가 수긍하겠는가. 평생 사회과학을 공부한 나로서는 적어도 합리성이 결여된 양형 기준에 심각한 문제 의식을 갖게 되었다. 이 문제는 내 남은 인생에서 계속 짚어 보고 따져 보아도 수긍할 수 없는 점이 되고도 남을 것이다.

4. 수용 생활

나는 2016년 11월 2일 자정 긴급 체포된 후 검찰과 특검의 조사를 받고 1심, 2심 그리고 재판 과정 이후 대법원에 상고하고 6개월이 경과한 2019년 3월 19일 구속 기간 만료로 석방되기까지 2년 5개월(867일) 동안 엄청난 경험을 했다.

괴롭고 힘들었지만 마구 달리다 우연히 멈춰 서서 새로운 것을 얻은 기간이기도 했다. 인문학, 역사 등 많은 책을 읽었고, 나의 생각을 수필로 써보기도 했다. 108배나 참선 등으로 마음을 닦는 훈련도 할 수 있었다.

2년 5개월 수용 생활 동안 검찰에 나가서 조사를 받은 횟수는 아마도 그동안의 기록을 갱신할 정도였을 것이다. 처음 3개월간은 거의 매일 나가서 조사를 받았다. 구치소에서 검찰 조사에 나가기 위해서는 적어도 3명의 교도관이 배정된다. 호송차를 타고 다른 수용자들과 함께 서울중앙지검 지하에 있는 '구치감'이라는 곳으로 가서 대기하고 있다가 검사가 부르면 방으로 올라가는 식이었다.

호송버스에서 내려 구치감으로 들어가는 10초 정도의 시간에 많은 언론의 카메라가 열심히 나의 모습을 담기에 열중했다. 이제 포털에서 내 이름을 검색하면 나오는 사진 상당 부분이 당시 수용자 복장을 한 모습이다.

구속된 상태에서 조사를 받는 과정은 누구나 극단적인 선택을 생각하게 만드는 요인이 되기에 충분했다.

첫째, 수치심과 모욕감을 감당할 수 없기에 그렇다. 검사들이 노골적으로 쏟아내는 비난은, 그동안 살아온 회한과 함께 상승 작용을 일으켜 더 큰 모멸감을 느끼게 한다. 사회적으로 존경받던 기억이 클수록 검사들의 비난에 더 큰 자괴감을 느끼게 되는 것이다.

둘째, 당장 겪고 있고 또 앞으로 겪게 될 고통을 피하기 위함이다.

셋째는 조사가 계속되고 재판이 있을 경우, 추가적인 죄가 드러나는 것이 두려워 이를 피하기 위함이다.

네 번째 이유는 자신으로 인해 주변 인물이나 집단, 나아가 사회 전체가 크나큰 부담을 지게 될 수 있기 때문에 자신이 이를 끊어서 후폭풍을 막기 위해서이다.

　나는 이 네 가지 중에서 세 번째는 문제가 없었지만, 나머지 세 가지 이유는 늘 머릿속에 남아 있었다. 그래도 나는 극복했다. 우선 가족과의 약속을 생각하면서 이겨냈다. 그리고 이 사건을 반드시 견디어 내서 나의 경험을 기록으로 남기고 싶었고, 또 훗날 이 역사의 질곡을 겪고 난 우리 사회와 국가가 어떤 모습이 되어 있을지 보고 싶었다.

　특히 네 번째 이유인 후폭풍을 막기 위해서가 아닌, 오히려 진실을 보이고 밝혀서 훗날 그동안 있었던 거짓과 위선 그리고 왜곡을 드러내고 싶었다.

　수용 생활하는 동안 검찰 조사뿐만 아니라 참고인 조사도 수없이 받았다. 검찰이 구속 상태인 수용자를 조사에 소환하는 것은 너무도 쉬운 일이었다. 구치소에 무료하게 있는 것보다는 나와서 참고인 조사나 면담을 하는 게 좋지 않느냐고 하는 검사도 있었다. 그러나 나는 검찰 건물에 들어서는 자체만으로도 충분히 힘들었다. 검찰은 마치 냉장고에 넣어 둔 음식을 생각나면 꺼내 먹는 정도로 구치소의 수용자를 소환한다는 느낌이 들 정도였다.

　수용 생활 중 법정에 출석하는 경우도 마찬가지였다. 대기 시간마다 수갑을 다시 채워서 수치감과 불편함을 느껴야 하고, 식사 시간마다 식은 도시락을 꾸역꾸역 먹고 있는 자신의 모습을 알아차렸을 때 섬뜩해지는 느낌은 불쾌하기 그지없었다.

　그런 법정 출석도 나의 재판과 함께 내가 증인으로 출석한 재판까지 더하면 수없이 많은 횟수를 기록했다. 구속 기간 중 검찰, 특검 조사와 법정에 출두한 횟수는 150회 정도였다. 당시를 떠올려 보면 과연 어떻게 견뎌 냈는지 이해가 가지 않을 정도였다.

나는 2020년 2월 14일 파기환송심 판결로 최종 4년형을 선고받고 법정 구속되었다. 재판부의 결정에 당황했지만, 그날 아침 아내가 급히 입원한 상태여서 나는 재판장에게 며칠만 말미를 줄 것을 부탁했다. 그러나 받아들여지지 않았고, 동부구치소로 가게 되었다. 그런데 한참을 대기하는데, 남부구치소로 가게 되었다고 알려왔다.

동부구치소는 공범인 최서원이 있어서 곤란하다는 것이었다. 2016년 11월 처음 구속될 때도 원칙적으로는 관할이 서울중앙지법이어서 서울구치소로 가야 하지만, 최서원이 하루 먼저 수감되어 있어 공범 분리 차원에서 남부구치소로 갔는데 그때 상황이 반복되었다. 동부구치소로 가게 되었던 것은 나의 현 주소가 동부 관내이기도 하고, 세월호 재판이 동부지검 기소였기 때문이었을 것이다.

남부구치소로 11개월 만에 다시 가게 된 나는 그전 수감 생활과는 다른 환경에 처하게 되었다. 바로 코로나 때문이었다. 2020년 2~3월 1차 대유행 시 접견이 전면 제한되었고, 이것은 더 힘든 수용 생활을 야기했다.

두 달에 한 번씩 서울 혹은 동부구치소로 이감해야 할지 모르는 상황을 계속 연기해 갔다. 검찰 쪽에서 서울구치소에는 대통령, 동부구치소에는 최서원이 있기에 나는 계속 남부구치소에 있어야 한다는 공문을 보내왔다. 그러나 2020년 10월에 갑자기 검찰은 나에게 서울구치소로 가라고 했다. 대통령이 서울구치소에 계속 있는데도 그러라는 것이었다. 그러면 그동안 남부구치소에 있으라는 이유는 무엇이었나? 또 한 번 무원칙, 무책임의 피해 당사자가 되니 황당할 따름이었다.

서울구치소로 옮긴 다음에도 코로나 상황 때문에 생활은 더욱 힘들어졌다. 그래도 끝은 보였다.

4부. 수첩 그리고 나

1. 수첩 63권의 등장

'안종범 수첩'이라는 단어를 많은 사람이 여러 상황에서 언급하고 또 위력을 발휘한 것을 나는 우연이라고 생각했다. 첫 번째 세상에 나온 수첩 한 권은 2016년 10월 검찰이 우리 집을 압수 수색한 날, 내가 3년 동안 쓰던 3개의 휴대폰, 서류들과 함께 가져갔다. 당시 이 수첩 한 권이 발견되지 않았으면 나머지 수첩의 존재도 몰랐을 테고 그 가치는 아무도 인식하지 못했을 것이다. 수첩은 김건훈 보좌관이 보관하다가 세 번에 걸쳐서 검찰에, 특검에 제출한 것이다. 세 차례에 걸쳐 수첩이 등장할 때마다 나는 놀랐고, 그때마다 이제는 더 보관한 수첩은 없을 거라 생각했다. 법정에서 김 보좌관이 증언하면서 확실해졌지만, 그는 이번 사건에서 진실이 은폐되거나 호도되어 내게 불리하게 될까 봐 수첩을 공개했다고 했다.

이처럼 내가 우리 집 압수 수색 당시 갖고 있던 수첩이 한 권

(A1), 그리고 검찰 특수본 1기 당시 김 보좌관이 갖고 있다가 2016년 11월 압수된 수첩이 16권(B1~B16), 김 보좌관이 특검에 2017년 1월 임의 제출한 수첩이 39권(C1~C39), 그리고 특수본 2기 때 2017년 3월 김 보좌관이 검찰에 제출한 수첩이 7권(D1~D7)으로 총 63권이다.

이를 날짜별로 정리한 것이 〈표2〉다. 2014년 6월 11일부터 2016년 10월 30일까지 2년 5개월에 걸쳐 사용한 수첩으로, 중간에 세 시점이 빌 뿐 나머지는 모두 존재한다.

나는 세 차례에 걸쳐서 수첩이 새롭게 등장할 때마다 검찰과 특검으로부터 조사를 받으면서 너무나 힘들었다. 길게는 2년 반 전에 쓰고 난 뒤 한 번도 들여다보지 않은 메모를 기억해 내라는 추궁에 머리가 뜨겁게 타들어 갈 지경이었다. 검찰은 새 수첩이 등장할 때마다 철저히 분석한 뒤 일주일 지나서야 나에게 보여주었다. 검찰과 특검은 수첩 내용을 수없이 돌려 가며 분석하고 나서 나를 불러 추궁한 것이다. 그들도 힘들었을 테지만 나 역시 작성하고 한참 뒤의 일이라 무슨 글자인지도 모르는 내용을 기억해 내느라 매 순간이 고통이었다.

지금 와서 생각해 보면 네 번에 걸친 수첩의 등장은 결코 우연이 아니었다. 내가 포켓형 수첩을 사용한 것은 2008년부터였고, 경제수석이 된 후에는 대통령과 통화가 하루에도 여러 차례 이루어지면서 수첩 뒷부분부터 거꾸로 쓰기 시작했다.

〈표2〉 수첩 63권의 분류

순번	수첩번호	기간		순번	수첩번호	기간	
1	C1	2014	6.11 ~ 6.26	31	C26		7.6 ~ 7.19
2	C2		6.26 ~ 7.3	32	B6		7.19 ~ 7.28
3	C3		7.3 ~ 7.14	33	C27		7.28 ~ 8.11
4	C4		7.14 ~ 7.24	34	C28		8.11 ~ 8.24
5	C5		7.24 ~ 8.3	35	C29		8.24 ~ 9.4
6	C6		8.3 ~ 8.14	36	D1		9.4 ~ 9.20
7	C7		8.14 ~ 8.26	37	C30		9.20 ~ 10.6
8	C8		8.26 ~ 9.3	38	C31		10.6 ~ 10.19
9	C9		9.3 ~ 9.11	39	B7		10.19 ~ 11.4
			?	40	C32		11.4 ~ 11.21
10	C10		10.5 ~ 10.15	41	C33		11.21 ~ 12.3
			?	42	B8		12.3 ~ 12.16
11	C11		10.22 ~ 11.2	43	B9	2016	12.16 ~ 1.10
12	B1		11.2 ~ 11.13	44	B10		1.10 ~ 1.25
			?	45	C34		1.25 ~ 2.14
13	C12		12.4 ~ 12.14	46	C35		2.14 ~ 2.21
14	C13		12.14 ~ 12.23	47	B11		2.21 ~ 3.7
15	C14	2015	12.23 ~ 1.6	48	B12		3.7 ~ 3.18
16	B2		1.6 ~ 1.18	49	B13		3.18 ~ 4.11
17	C15		1.18 ~ 1.29	50	B14		4.11 ~ 4.18
18	C16		1.29 ~ 2.10	51	C36		4.18 ~ 5.1
19	B3		2.10 ~ 2.23	52	B15		5.1 ~ 5.11
20	C17		2.23 ~ 3.4	53	C37		5.11 ~ 5.29
21	C18		3.4 ~ 3.17	54	D2		5.29 ~ 6.11
22	C19		3.17 ~ 3.28	55	D3		6.11 ~ 6.17
23	C20		3.28 ~ 4.13	56	D4		6.17 ~ 6.24
24	C21		4.13 ~ 4.22	57	D5		6.24 ~ 7.4
25	B4		4.22 ~ 5.12	58	B16		7.4 ~ 7.26
26	C22		5.12 ~ 5.26	59	D6		7.26 ~ 8.9
27	B5		5.26 ~ 6.3	60	D7		8.9 ~ 8.24
28	C23		6.3 ~ 6.13	61	C38		8.24 ~ 9.24
29	C24		6.13 ~ 6.24	62	C39		9.24 ~ 10.8
30	C25		6.24 ~ 7.6	63	A1		10.8 ~

A1	2016.10.30	자택 압수수색 1권
B1 ~ B16	2016.11.	김건훈 압수수색
C1 ~ C39	2017.1.	김건훈 특검 제출
D1 ~ D7	2017.3.	김건훈 특수본2 제출

총 63권

수첩의 필연적 등장

수첩이 이번 사건에서, 특히 우리 역사에 등장한 것은 필연이었다는 느낌을 지울 수가 없다. 63권의 수첩이 아니었으면 내가 그 많은 것을 기억해 낼 수 없었을 것이고, 또 내가 대통령의 지시로 무엇을 했는지 그 의미도 알 수 없었을 것이다. 수첩의 내용 중 많은 부분이 이번 사건에 단서를 제공하는 것이었는데, 최서원을 전혀 몰랐던 내가 그런 단서들을 기억해 낸다는 것은 불가능했을 것이다.

첫째 수첩은 압수 수색 날 내 침대 옆에 있던 것이다. 언제 어디서나 대통령의 전화를 받을 수 있도록 습관적으로 수첩은 늘 내 손에 혹은 주머니에, 잠잘 때는 바로 옆에 두었다. 언제부터인지 모르지만 어딜 가더라도 대통령의 전화가 걸려왔을 때 어디에서 전화를 받고 수첩에 메모할 것인가 미리 장소를 봐두는 습관도 생겼다. 식당에 갈 때도 늘 앉는 테이블에서 벗어나 주위 사람들이 대화 내용을 못 들을 만한 곳을 미리 물색해 두었다. 심지어 대중탕이나 헬스장에서 목욕을 할 때에도 급히 옷을 입고 어디서 전화를 받을 수 있는가를 물색해 두기도 했다. 실제로 목욕하다 전화를 받은 적도 여러 번 있었다.

대통령과의 통화 내용을 수첩에 메모하면서 생긴 에피소드는 참으로 많다. 어느 누구에게도 말한 적 없지만 그중 몇 가지를 소개한다. 이는 몇 가지에 불과하지만 내 수첩의 진실성을 밝혀 주는 중요한 증거가 될 것이라고 믿는다.

길고 긴 비밀스러운 통화들…

경제수석으로 일한 지 4개월쯤 지난 2014년 추석에 성묘차 선산이 있는 경북 영천에 갔다. 차를 빌려 운전해서 간 뒤 성묘를 마치고 대구로 돌아오는 길에 대통령께 전화가 걸려 왔다. 차에는 어머니와 형님 가족, 우리 가족이 타고 있었고, 나는 운전을 하다 길가에 차를 세우고 전화를 받았다.

통화가 곧 끝날 줄 알았는데 길어져 하는 수 없이 나는 차에서 내려 옆에 있던 참외밭 비닐하우스로 들어갔다. 전국 17군데 창조경제혁신센터를 대기업과 연결시켜 출범식을 하도록 하자는 아이디어를 갖고 의논하다 보니 한 시간 가까이 통화하게 되었다.

참외밭 주인이 나를 이상하게 생각한 듯 다가오길래 밖으로 나와 길가를 걸으며 통화를 계속했다. 통화가 끝난 뒤 날씨가 무더워 땀을 뻘뻘 흘리며 차에 돌아오니 가족들의 표정이 썩 좋지 않았다.

한번은 설날에 기차를 타고 대구에 내려갈 때였다. 보통 설 전날 내려가서 다음 날 차례를 지내고 설날 저녁에 올라오곤 했다. 그런데 내려가는 기차에서 대통령의 전화를 받고는 기차 화장실에 가서 통화하기 시작했다.

대통령은 내가 대구 내려가는 기차 안이라는 걸 아셨지만, 워낙 급한 사안이라 조용한 데서 받으라는 말씀에 평상시 받던 객차 사이 공간으로 갔다. 그런데 마침 명절이라 서있는 사람이 많아 부득이 화장실에 들어갔던 것이다. 이때가 2016년 설 전날이었는데, 설 직후 개성공단 철수를 결정하고 철저한 보안 속에서 철수 준비와 철수 후 기업들의 보호와 보상 문제를 의논했다. 30분 정도 통화를 했는데, 그사이 화장실 밖에서는 여러 번 노크를 하다가 나중에는 발로 차고 고함 소리도 났다. 통화를 끝내고 나오자 남자 두세 명이 눈을 부라리며 원망의 소리로 나무라더니 그중 한 명이 화장실로 급히 들어갔다.

가족과 함께 제주도로 여름휴가를 갔을 때도 운전 중에 전화를 받았다. 제주공항에 내려서 렌터카를 타고 숙소를 찾아가려 내비게이션을 설정한 후 막 출발했을 때 전화벨이 울렸다. 대통령의 전화벨 소리는 특정 음악으로 설정해 두었기 때문에 우리 가족은 이 벨소리가 울리면 집에서도 모여 있다가도 각자 방으로 흩어지곤 했다.

운전하다 전화를 받았기에 근처 햄버거 체인점 주차장에 차를 세우고 통화를 하기 시작했다. 통화가 길어져 한 시간이 되어 가니 아내와 딸, 아들은 차에서 내렸다가 다시 타는 등 시간을 보내고 있었다. 통화가 끝나고 미안한 표정으로 차에 타서 뒤를 돌아보자, 딸이 이럴 거면 서울로 돌아가자고 화를 잔뜩 냈다. 운전 중이고 휴가 중이니 나중에 통화하자는 말을 대통령에게 왜 못 하냐고 따지기도 했다.

부득이한 상황이면 조금 있다 전화 드린다고 한 적도 있지만, 당시는 서귀포 근처 숙소까지 가려면 한 시간 정도 걸려서 그러지 못한 것인데, 딸은 여느 때처럼 대통령의 전화에 민감하고 불만이 컸었다. 그리고 당시 통화는 대통령 여름휴가 직후인 8월 초 노동개혁 추진을 천명하는 대국민 담화를 발표한다는 것과 관련해 연설 내용을 논의하는 것이어서 더더욱 중단하기가 힘들었다.

극장에서 전화를 받은 적도 있다. 일 년에 두세 번 가족과 심야영화를 보곤 했는데, 극장에서 영화 보는 중에 전화가 왔다. 극장에 들어갈 때 미리 위아래 있는 출구를 봐두었기에 급히 나가서 받는 것은 문제가 없었다. 그런데 후미진 곳에서 전화를 받고 있는데, 지나가는 사람이 많아 좀 더 한적한 곳을 찾아가며 통화를 했다. 영화가 반 정도 넘었을 때 시작한 통화였는데, 길어져서 영화가 끝날 때까지 들어가지 못했다. 아내와 아이들은 영화가 끝나고 나를 찾느라 시간을 더 보낸 것 같았는데, 아내가 나를 발견하고는 화난 표정으로 집으로 먼저 가겠다는 시늉을 했다.

내가 두 손을 모아 사정하는 몸짓을 하고는 통화가 끝나고 주차장으로 가서 차를 몰고 집으로 왔다. 가족과 함께 영화 보는 건 이제 안 한다는 불만을 잠재우느라 애를 먹기도 했다. 당시 무슨 영화였는지 기억조차 나지 않는데, 전화 내용은 기억나는 것을 보니 그동안 내가 얼마나 일에 몰입해 있었나 하는 회한이 든다.

수첩 내용에 네 번 놀라다

이처럼 수첩이 네 번에 걸쳐 세상에 알려졌을 때 놀라움보다 이 사건의 조사나 재판에서 수첩의 내용이 큰 역할을 했다는 사실이 나에게는 더욱 큰 충격으로 다가왔다. 역사적 필연이었다고 할까. 첫 번째 한 권의 수첩에 적힌 2016년 10월 12일 메모는 검찰 조사, 헌재, 특검 그리고 재판에 이르기까지 수첩 내용과 함께 나의 증언이 큰 영향을 미치기도 했다.

앞에서 언급한 바 있듯이 본 사건이 언론에 집중 보도되던 시점에 나와 민정수석, 홍보수석이 대통령께 가서 대책회의를 한 내용이었다. 당시 법적 문제는 민정수석이, 그리고 언론 동향은 홍보수석이 검토해서 이를 기초로 어떻게 대처하는 것이 좋을지 의논한 결과를 메모한 뒤, 대통령께 보고 드리기 위해 시간을 내줄 것을 부탁드렸던 것이다.

두 번째 수첩이 등장한 것은 내가 구속되어 수사를 받던 11월 중순이었다. 오후에 김건훈 보좌관이 검찰 조사실에 나타났는데, 그는 검찰에 16권의 수첩을 가져와서 사건과 관련된 내용을 복사한 뒤 돌려받을 것이라 했다. 당시 청와대에서는 보관했던 수첩을 가져가면 정보가 유출되니 안 된다고 했다면서 복사하고 돌려줄 것을 검찰에 주문했었다. 나 역시 당시 조사하던 검사에게 수첩에는 외교적으로 공개되면 안 되는 민감한 내용들이 있으니 사건 관련 부분만 복사하고 돌려줄 것을 강하게 요구했다. 하지만 이 요구는 받아들여지지 않았다.

아직도 돌려받지 못한 수첩들

16권의 수첩에 담긴 내용 중 본 사건과 관련된 내용은 상당히 많았다. 그중에서도 2015년 7월 24, 25일 양일간 있었던 대기업 회장들과 대통령의 단독 면담 내용은 언론에서, 탄핵 재판에서, 특검과 여러 재판에서 큰 영향을 미쳤다. 대통령이 회장들과 단독 면담을 하면 나는 옆방에서 대기했다가 끝나면 가서 인사하고 대통령과 함께 회장들을 배웅했다. 배웅 뒤 시간이 나면 그 자리에서 아니면 나중에 대통령이 전화로 대화 내용을 말씀하시면 수첩에 적어 놓았다.

7개 대기업 회장과 면담 시 대화 내용은 검찰, 특검 조사 과정에서 그리고 헌재 재판에서의 두 번 증언 그리고 여러 재판에서의 증언 등 적어도 20회 이상 반복적으로 진술했을 정도로 중요한 역할을 했다.

세 번째 수첩의 등장은 특검에서였다. 특검은 김건훈 보좌관에게 더 보관한 수첩이 있는가를 추궁했고, 결국 김 보좌관은 39권의 수첩을 갖고 특검에 나왔다. 나는 이 사실을 일주일 이상 지나서야 알게 되었다. 특검이 39권 수첩을 미리 분석한 뒤 나를 불러서 수첩들의 내용을 확인하기 시작했다. 나는 당시 특검이 이 39권 수첩 내용을 갖고 질문하는 것에는 답변하지 않았다. 16권을 검찰이 입수하는 과정과 같이 특검이 또다시 39권 수첩을 부당하게 입수했다는 우리 변호인들의 이의제기에 공감했기 때문이다.

그러나 결국 재판 과정에서도 부당입수가 받아들여지지 않았다. 39권의 수첩 내용 역시 사건과 관련되어 결정적 역할을 한 것이 많았다. 특히 2016년 2월 대기업 회장들과의 단독 면담 내용은 그 후 삼성, 롯데, SK 등의 뇌물죄 재판에 큰 역할을 했다. 대통령 말씀을 적을 당시에는 아무 의미 없을 것으로 생각한 내용들이 뇌물죄로 연결되는 과정을 보고는 법적 지식이 부족한 입장에서 그저 놀라울 뿐이었다.

네 번째 7권의 수첩의 출현은 다시 한 번 나를 놀라게 했다. 남아 있던 수첩이 39권이 아니라 46권이고 이를 모두 김건훈 보좌관이 특검에 제출할 때 복사해 두었는데, 7권의 원본은 특검에 제출하는 과정에서 없어졌다는 것이다. 그래서 7권은 사본만 있는 상태로 검찰에 제출되었는데, 나는 이 7권의 수첩이 내 것이 맞다는 진술을 하게 되었다.

7권의 수첩 내용 중에도 사건에 큰 영향을 미친 내용이 있었다. 2015년 9월 대통령이 독일 외환은행 프랑크푸르트 지점에 근무하는 이상화가 능력을 크게 인정받고 있으니 연락해서 그의 여러 의견을 들어보라고 하면서 불러 준 전화번호를 적어 놓은 것이 그것이다. 이상화와 여러 차례 통화한 적은 있지만, 그가 최서원과 관련 있다는 사실을 알고는 또 한 번 놀랐을 뿐이다. 이상화 부분 또한 그 후 재판에 중요한 증거로 사용되기도 했다.

결국 63권의 수첩이 등장하는 과정은 그야말로 나에게는 고통과 놀라움의 연속이었다. 그리고 수첩 내용이 모두 언론에 유출된 것은 큰 문제였다. 다만 63권의 수첩이 모두 공개됨으로써 내가 힘든 과정을 버티면서 지켜 온 진실을 뒷받침하게 된 것은 다행이었다. 수첩 내용 어디서도 최서원이라는 존재가 없고, 또 삼성합병 관련 내용이 없었기 때문이다.

수첩 메모 습관은 오래된 일이지만, 메모 내용의 정확성은 나 스스로도 자신할 수 없었다. 그런데 검찰과 특검 조사 과정 그리고

7-10-15 경제정책위원회

<권태신 한경연 원장>

1. 청년실업 10% but 실제 20%
 ○ 2200억 out   850억 in
 ○ WEF, IMD, OECD, IMF
   노동문제 지적
   - 노동 2중 구조
   - 쉬뢰더 mini job

   년간 1400시간
   한국 2000시간

   정부가 나서서 해결

2. 싱가폴 테마색
   - 기업인 사면
   <롯데 사장>
   1. 메르스 대책
     관광 20-80% 객실률
     10-20% 〃 현재
   · 조세지원 : 제한적 영세율 도입
   2. 재산세 감면
     2008~13 50% 감면
     14 25% 감면
   - 2014 28000불
     2015 3만불
   - 지방경쟁력 = 대한민국 경쟁력
   ○ 복지부 수요 급상승
     2013 1000억 예산 중 30% 복지비
   - 복지비 예산 1000억
   - 자치구 50~60% 차지
     기초연금 국가보조율 인상 필요
   3 분양형 호텔 난립
     10년간 15% 수익 보장
   4. 중국 등 정상에게 전화

<GS건설>

<박상진> - 삼성전자
제일모직 창조경제단지
900억   27000평
'16. 12. 완공

1. 사업재편특별법 oneshot법
→ 신속히
   일본 80% 기업 생산성↑
   경영 실적↑
   기업생태계 체질개선
   세제혜택 + 규제개혁
2. 앨리엇
 ◦ 순환출자 해소
   정관개정 필요
 ◦ 5% 신고 규정 실행규모
   불명확
 * 자본시장법 - 금융위 실무 manual
                일치
 - 공시의무 세세히
 - 고유목적·경영 참여 목적
   ex) 미국(10개항 세세히)
 ◦ 영국 - 독일 5% 신고 규정
   => 강화 필요

<최명수 한라 사장>
 ◦ 해외진출 촉진
 ◦ 금융개혁
 ◦ SOC 투자 성숙단계
   국내 건설시장 한계
   going global 지향
 ◦ 건설기술
   ·시공, 엔지니어링
    EPC 전과정 세계적 기술 인정
    ex) 카타르 smart city

160

재판 과정에서는 그 정확성이 인정되었다. 엄청난 악필로 급히 쓰였기에 해독이 힘들기도 하지만, 내용은 빠짐없이 정확하다는 것이 법정에서 확인되기도 했다.

특검 측 한 검사는 내가 2015년 7월 10일 참석한 경제단체 회의에서 기업 참석자들의 발언을 메모한 수첩 내용을 당시 주최 측 실제 회의록과 비교하는 시연을 법정에서 하기도 했는데, 내용이 거의 일치한다는 것이 밝혀져 나도 놀랄 정도였다(수첩 31권, 2015. 7. 6~7. 19).

2. 내 수첩에 담은 정책과 꿈

네 번에 걸쳐 세상에 등장한 나의 63권 수첩에는 사건 관련 내용은 5%도 되지 않을 것이다. 나머지는 지난 3년간 대통령과 함께 고민해서 이루어 낸 수많은 정책과 관련된 내용이다. 대통령과 함께한 12년의 정책 행보의 핵심 내용들이 대통령의 지시로, 아니면 나의 의견에 대한 대통령의 화답으로 수첩에 고스란히 담겨 있다. 2005년 8월, 내가 미국 버클리대에서 안식년을 마치고 귀국해서 대통령을 처음 만난 이후, 대통령은 나와 함께 경제와 복지 정책을 공부하고 개혁 과제를 지속적으로 논의했다.

그 결과, 내가 경제수석으로 오기 전 국회의원 시절에는 대선 공약으로 그리고 입법안으로 만들어졌고, 수석으로 온 후로는 정부추진 정책으로 만들어졌던 것이다. 대통령과 처음 만난 이후 의원 시절까지 줄곧 추진해서 결실을 맺은 것 중 대표적인 것이 기초연금 도입이다. 기초연금에서 시작된 대통령과의 정책 개혁 행보는 창조경제, 공무원연금개혁, 노동개혁, 규제개혁, 경제외교, 정부 3.0 등 실로 우리 경제와 사회를 획기적으로 발전시킬 중요한 것들이었다. 이러한 개혁 과제들은 대통령의 열정이 없었으면, 그리고 대통령의 나에 대한 신뢰가 없었으면 추진될 수 없었을 것이다. 이 개혁 과제가 실현되기까지 구체적인 과정은 별도의 책으로 준비 중이어서, 여기서는 간략히 소개한다.

1) 기초연금개혁

2014년 5월 2일 기초연금 도입을 골자로 한 국민연금법 개정안이 국회 본회의에서 통과되었다. 나의 20여 년 기초연금개혁 노력이 결실을 맺는 순간이었다. 1988년 국민연금이 도입된 이래 우리 국민연금은 조금 내고 많이 받는 구조로 기금 고갈이 예상되고, 또 사각지대에 놓인 계층이 많아서 노인빈곤 우려가 지속적으로 제기되었다. 이를 바로잡는 방법은 국민연금을 이원화하여 기초 부분은 전 국민에게 적용하고, 소득비례 부분은 가입자에 국한하자는 것을 나는 몇몇 학계 전문가들과 함께 오래전부터 주장했다. 세계에서 가장 빠르게 진행되는 고령화로 노인층의 빈곤화가 급속히 진행되고 있는 시점인 만큼 기초연금 도입이야말로 시급한 과제였다. 나

는 김영삼 정부 당시 1996년 국민연금개선기획단에서 이 안을 다수
안으로 확정하여 정부에 건의하게 하였고, 그 후 대선 과정에서 이
회창 후보의 공약으로 내세우기도 했다.

그 후 박근혜 한나라당 대표를 만나서 기초연금 도입의 필요
성을 설명했고, 이로써 당론으로 받아들이게 되기도 했다. 그러나
야당으로서 한계로 계속 무산되었다. 그러다 2012년 대선에서 박근
혜 후보가 전 국민 20만 원 기초연금 도입안을 핵심 공약화했다. 박
근혜 대통령 인수위에서도 이 안을 보다 구체화했고, 이를 기초로
법안을 만들어 국회에 제출했다.

그러나 또다시 장벽에 부닥쳤다. 그것도 복지부 내부에서였다.
당시 진영 장관이 기초연금안 도입을 회피하면서 장관직에서 물러났
고, 이는 엄청난 파장을 가져왔다. 우여곡절 끝에 국회에서 기초연금
도입 검토위원회가 구성되었고, 나는 이 위원회의 여당 위원으로 당
시 야당 위원들과 힘겨운 싸움을 했다. 결국 이 싸움에서 이기면서
단일 협상안을 만들어 냈고, 국회에 제출하여 통과시킨 것이다.

이는 박근혜 한나라당 대표에서 대통령이 되기까지 일관되게
박근혜 대통령과 내가 뚝심을 갖고 추진해서 이뤄 낸 최고 작품이
었다. 기초연금은 그 후 노인 빈곤율을 떨어뜨리는 데 결정적 역할
을 했다. 19대 대선에서는 문재인 대통령 후보 등 대선 후보들이 앞
다투어 20만 원을 30만 원 이상으로 올린다는 공약을 내기도 했다.

2) 창조경제

1부에서 창조경제의 작명에서부터 창조경제혁신센터를 지역별로 17군데 설립하는 과정까지 설명했다. 여기서는 창조경제에 대한 개념을 그동안 쉽게 설명하고자 사용한 사례를 소개한다. 과학기술과 정보통신 기술을 기존 산업에 융합하는 사례로, 내가 가장 즐겨 사용한 것은 내비게이션이다. 2000년까지만 해도 오늘날 모든 국민이 차량에 부착해 사용하는 내비게이션은 존재하지 않았다. 그런데 군사 목적으로 사용하던 GPS 기술을 차량에 적용하여 탄생한 내비게이션은 그 후 새로운 시장을 그리고 엄청난 일자리를 만들어 냈다. 여기서 그치지 않고 이제는 스마트폰으로 들어가서 모든 국민이 맛집 등 가고 싶은 곳을 쉽게 찾는 앱으로도 활용하고 있다.

우리는 세계 최초로 내비게이션 등을 산업 분류로 지정하여 '공간정보산업'으로 등록하기도 했다. 바로 이것이 창조경제의 핵심 사례이다. 기존 생산성을 높이면서 점층적으로 발전하는 것이 아니라 융합을 통해 시장 자체를 창출하고 엄청나게 많은 일자리를 만들어 내는 새로운 성장 패러다임이 바로 창조경제이다. 이것이야말로 대한민국이 어느 국가보다 강점을 갖고 앞서 나갈 수 있는 것이기도 했다.

3) 공무원연금개혁

공무원연금개혁은 지지율에 민감한 대통령과 국회의원들로서는 추진하기 힘든 과제 중 대표적인 것이다. 공적연금제도는 전 국민을 대상으로 하는 ①국민연금과 공무원, 군인, 사립학교 교직원을 대상으로 하는 ②공무원연금, ③군인연금, ④사립학교 교직원연금의 세 가지 특수직역연금으로 구성되어 있다.

모든 연금제도가 인기 영합의 산물로 도입 당시부터 '조금 내고 많이 받는 체제'로 설계되어 기금 고갈과 함께 정부 예산이 투입될 수밖에 없었다. 평생 낸 것 대비 받는 액수를 가리키는 수익비는 국민연금이 2배, 사학연금이 4배, 공무원연금이 6배, 군인연금이 8배에 달할 정도이니, 기금 고갈 후 발생하는 적자로 인한 예산 보전은 해마다 눈덩이처럼 불어날 수밖에 없다. 그동안 한두 차례 공무원연금개혁 시도는 있었지만, 늘 용두사미로 시늉만 하고 끝냈다.

공무원들의 거센 반발로 대통령과 국회의원의 의지는 약해질 수밖에 없었다. 결국 공무원연금과 군인연금은 기금 고갈과 함께 적자가 눈덩이처럼 쌓여 가고 정부 예산이 투입되는데도 손대는 사람이 아무도 없었다.

아무도 손 못 댄 공무원연금개혁

나는 일찍부터 대통령과 공무원연금개혁 필요성에 대해 공감하고 새누리당 내 공무원연금개혁 특위를 만들어 검토하기 시작했다. 그러다 내가 경제수석으로 오면서 국회에서 일은 김현숙 의원에게 돌아갔고, 나는 청와대에서 개혁을 주도했다. 결국 대통령의 열정과 의지에 힘입어 공무원연금개혁 또한 관철되었다. 중간에 신장암 수술로 병원에 있으면서도 끊임없이 대통령과 의논하고 밀어붙인 결과였다. 공무원연금개혁 담당은 정무수석이었던 조윤선 수석이었다. 조윤선 수석 역시 심혈을 기울여 국회를 설득하면서 공무원연금개혁을 밀고 나갔다.

4) 규제개혁

2005년 8월부터 대통령과 공부를 시작하면서 나는 지속적으로 개혁에 대한 필요성을 강조했다. 첫째, 규제를 개혁하여 현장에서 경제 주체들이 확실히 체감하도록 하는 규제개혁, 둘째, 각 부처의 칸막이를 없애고 부처 이기주의를 철폐하여 민간 부문에 봉사하는 정부가 되도록 함과 동시에 공기업 등 공공기관이 비효율적으로 민간을 잠식하는 것을 막아 내는 공공개혁, 그리고 셋째, 노동시장의 기능을 정상화하고 귀족노조 등 기득권을 약화시켜서 정규직 채용 부담을 줄여 비정규직 비중을 낮추는 노동개혁 등 세 가지라 하겠다.

규제개혁의 경우, 역대 정부가 정권 출범 초기에는 어김없이 강하게 드라이브를 걸다가 2년 차부터는 규제개혁위원회에 맡겨 둔 채 동력을 거의 잃다시피 하는 과정을 반복했다. 그래서 대통령과는, 공부하는 과정에서나 공약을 만드는 과정 등에서 규제개혁은 반드시 대통령의 강한 의지와 정부의 꾸준한 실천이 필요하다는 점을 다짐하곤 했다.

대통령은 2014년 봄, 청와대에서 규제개혁 끝장토론을 여는 등 규제개혁에 강한 의지를 보여주었다. 2014년 6월 경제수석으로 부임한 뒤 대통령은 내게 규제개혁 관련 현황을 알리고 지속적으로 관심을 갖도록 하기 위해 규제포털을 잘 만들어 활용해야 한다고 강조했다.

나는 특유의 뚝심으로 단시간에 포털 구축 작업을 해냈다. 대통령은 국무회의 때 이것을 시연하도록 했다. 국무조정실장은 규제포털이 어떻게 되어 있고 어떻게 활용하면 된다는 것을 국민들게 보여주었다. 그 후로도 대통령은 끊임없이 규제개혁에 대한 강한 드라이브를 걸었다. 규제기요틴(단두대)이라는 표현까지 쓰면서 확실한 규제철폐를 추진하려는 의지를 보여주었다.

대통령의 열정과 의지는 나로 하여금 보다 확실한 제도적 장치가 필요함을 일깨워 줬다. 그래서 나온 것이 규제프리존의 개념이고, 이를 기초로 '규제프리존 특별법'이 제정되어 2016년 3월 28일 국회에 제출되었다. 이는 창조경제혁신센터 17개 지역 중 수도권을 제외한 14개 시도에 각각 두 개의 전략산업을 지자체가 중심이 되어 결정하고, 그 지역은 특화산업에 적용되는 규제는 없는 것으로 한다는 것이다. 충북을 예로 들면, 태양광을 특화로 지정하면 이와 관련된 규제는 충북에는 아예 없는 것으로 한다는 법적, 제도적 보장인 것이다. 규제프리존은 규제를 완전히 없앰과 동시에 정부 지원도 가능하도록 하는 장치도 마련했다.

5) 노동개혁

우리 근로자는 적어도 1980년대 후반까지 우리 경제성장의
최대 기여자이자 희생자였다. 1980년대 후반 이후 민주화 열풍이 불
면서 우리 근로자도 점차 정당한 임금을 받게 되고, 근로조건도 정
상을 찾아서 그동안 억눌려 온 근로자의 권익을 회복하는 계기가
마련되었다. 그러다 21세기가 시작되고 10년 가까이 지날 때 새로운
도전에 직면했다. 과거 정부나 기업들로부터 도전을 받는 것이 아니
라 노동시장의 경직성이라는 시장 자체에서 해결해야 하는 전 세계
적 도전이라 하겠다. 기업이 노동자를 쉽게 채용하고 해고하는 데
큰 어려움을 겪는 상황이 생긴 것이다.

많은 선진국은 이미 노동개혁을 단행해서 이른바 노동시장의
유연성을 확보하는 대신, 정부가 노동자의 근로보호에 적극 나서는
이른바 유연안정성(flexecurity = flexibility + security)을 추진했다. 반
면 우리의 경우 점차 강력해지고 정치 집단화된 노조의 힘 때문에
기업들은 정규직 채용에 따른 부담을 줄이고자 비정규직 확대에 치
중함으로써 노동시장의 양극화가 급격히 진행되었다.

기업에게는 정규직 채용에 따른 부담을 줄여 주는 노동유연
성을 보장하고, 근로자에게는 정부가 실업에 따른 보호와 재취업을
위한 직업훈련을 강화하는 노동개혁이 필요했다.

박근혜 정부의 노동개혁은 야당의 반대도 있었지만, 2015년 9월 15일 노사정 대타협을 이끌어 냄으로써 1차적인 성공을 거두었다. 민노총이 탈퇴한 노사정위원회에서 노무현 정부에서 노동부 장관을 역임한 김대환 위원장의 리더십하에 한국노총 김동만 위원장이 역할을 해서 어렵게 합의를 이끌어 냈다. 나는 전면에 나서지는 않았지만, 김동만 위원장과 오랜 기간 호흡을 함께하며 노사정 대타협이 갖는 역사적 의미를 국민들께 드리고자 했다. 이러한 노사정 대타협이 우리 청년들에게 좋은 일자리의 희망과 결실로 이어지도록 대통령이 청년희망펀드 아이디어를 내서 청년희망재단이 발족하기도 했다.

6) 정부 3.0과 공공개혁

공공 부문 중 정부 부문의 문제는 부처 간 칸막이와 부처 이기주의에 의해 발생했다. 정책을 만들고 시행하는 정부부처가 정책 수요자이자 대상자인 국민과 기업을 염두에 두지 않고, 오직 자기 부처를 위해 일하고 부처 간 정보 또한 교류하지 않는 것은 정부 부문을 개혁하지 않고서는 바로잡을 수 없었다. 그래서 고안한 것이 정부 3.0이었다. 정부 1.0은 전자 정부로서 서류 없는 행정 시스템을 일컫는 것이다. 정부 2.0은 정부 부문 모든 정보를 공공, 민간이 공유하는 것이다. 한편, 정부 3.0은 더 나아가 정부의 각종 서비스를 IT 기술을 기초로 국민들에게 최우선 제공하고 만족 수준을 최고로 하는 것이다. 정부 2.0은 미국 오바마가 대통령 취임 후 주창한 것으로, 대통령도 국회의원 시절 국회 기획재정위에서 이를 언급하면서 정부 개혁을 주장한 적이 있었다.

이를 기초로 정부 3.0을 공약화하기까지 많은 연구가 이루어졌다. 정부 및 공공 부문 정보를 개방하고 공유하고 소통하는 3단계를 통해, 우리가 갖고 있는 최고 수준의 정보통신 기술을 공공부문에 적용하여 국민의 정부서비스 만족 수준을 세계 최고로 끌어올리고자 했다. 정부 3.0이 정착되면 부처 간 칸막이는 자동적으로 허물어질 것이고, 부처 이기주의 또한 의미가 퇴색할 것이다. 그래서 대통령 취임 후 '정부 3.0 위원회'를 만들어 부처별 크고 작은 저항에도 강하게 밀고 나갔다.

공기업 하면 우리 국민이 갖고 있는 인식은 두 가지다. 방만해서 빚이 많다는 부정적인 것과, 청년층이 대학 졸업 후 가장 가고 싶어 하는 직장이라는 긍정적인 것이다. 그만큼 공기업은 우리 경제, 사회에 큰 영향을 미침과 동시에 '비정상'이라 하겠다. 나는 공기업이 갖고 있는 부채는 반드시 다른 정부 부채와 함께 고려되어야 하고, 국민에게 공표해야 한다고 주장해 왔다. 통화량을 측정하는 단위를 M1, M2로 사용하듯이 국가 부채도 D1, D2, D3라는 단위를 도입해서, 기존 국가 채무(D1)에 비영리 공공기관 부채를 포함한 개념인 일반정부 부채(D2)와 여기에 비영리 공기업 부채를 포함한 개념인 공공부문 부채(D3) 등으로 구분하자고 국회의원 시절 제안했고, 이 제안은 경제수석 부임 후 드디어 이루어졌다.

또한 공기업의 경우 빚을 늘리는 데 경영진이 책임을 지지 않는 데는 이유가 있다. 정부가 공기업으로 하여금 정책 사업으로 급히 추진하도록 하다가 빚이 많아졌기 때문이다. 나는 기재위 국감 때 대통령을 통해 이 문제를 바로잡고자 공기업의 회계를 고유 사업과 정책 사업(정부주문 사업)으로 나누어 작성하는 '구분회계'를 도입할 것을 제안했다. 이를 기초로 공기업 개혁의 남은 과제는 공기업이 갖고 있는 사업들의 구조조정이라 하겠다.

공기업의 사업은 시간이 흐르고 기술과 시장이 발전하면서 민간이 훨씬 더 잘할 것들이 많아졌다(예: 토지주택공사의 주택사업 등). 더구나 민간에 맡기더라도 공공성을 훼손할 일이 발생하지 않는 사업도 많다(예: 민자고속도로). 그런데도 공기업은 해당 사업을 계속 유지함으로써 방만성이 커지고 민간 부문을 오히려 잠식하는 사례가 발생한다. 공기업의 기능(사업)을 구조 조정하는 것이 무엇보다 중요하다.

7) 경제 외교와 1:1 상담

나는 박근혜 정부의 순방 외교, 특히 경제 외교는 역대 정부 통틀어서 최고 수준이었다고 생각한다. 경제수석으로 부임한 며칠 뒤 중앙아시아 순방에 대통령을 수행한 이후 20여 회 순방을 준비하고 후속 조치를 하는 과정에서 큰 보람을 느꼈다. 순방 준비와 순방 당시 일정 소화 그리고 사후 관리까지 힘들고 바쁜 시간이었지만, 순방 성과가 눈에 띄게 나타날 때마다 그리고 그 혜택을 보는 중소기업들이 감격과 감사의 뜻을 전할 때마다 벅찬 보람을 느꼈다.

박근혜 대통령의 순방은 단순히 해당 국가를 방문하여 정상회담을 하고, 주요 시설을 둘러보고, 동포 간담회 등 행사를 치른다는 개념을 훨씬 뛰어넘었다. 순방을 계기로 그 국가에 우리 문화와 기업의 우수성을 확실히 각인시켜서 각종 거래가 성사되도록 철저한 준비 과정과 행사 당시 치밀하고 집요한 설득과 대화를 통해 가능하게 만들었다. 드물게도 우리가 방문한 국가에서 우리 문화 공연을 하는 사례를 정착시켰다. 현지 문화 공연장에 대통령과 방문국가 주요 인사가 참석하여 K-팝 공연에 열광하는 젊은이들을 보고 있으면 감탄의 환호가 절로 나올 정도였다. 순방국에서의 문화 공연은 수행 기업들, 특히 중소기업들에 큰 도움이 되어 계약이 성사되는 큰 성과를 올리기도 했다.

또 하나 획기적 시도가 성공한 것은 1대 1 비즈니스 상담회였다. 통상 대통령이 순방할 때는 경제사절단으로 기업들이 함께 가곤 하는데, 순방에 동행한다는 것 자체에 큰 의미를 뒀다. 그런데 당시 산업비서관이던 정만기 비서관의 아이디어로, 중소기업들을 사전에 모집하여 해당국가의 기업과 정보를 교환하도록 KOTRA를 통해 주선하고, 관심을 갖는 기업들 간에 현지에서 1대 1로 상담회를 갖게 하여 계약에 이르게 했다. 대통령 사절단으로 온 기업들이라는 점에서 순방국 기업들도 안심하고 협상을 해서 계약에 성공하는 사례가 날로 늘었고, 문화 공연으로 인한 성공이 더욱 빛을 발했다. 이처럼 대기업이 아닌 중소기업이 경제 외교의 직접적인 혜택을 누린 것은 큰 보람이라 하겠다.

3. 검사와 판사

나는 법조인, 그러니까 판사·검사·변호사라는 사람들에 대해 깊이 생각하지 못하고 살아왔다. 그저 막연히 나름 똑똑하고 열심히 살고 부와 명예를 얻은 사람들이라 생각하고 있었다. 주위 법조인 선배나 친구들과도 별다른 호불호 없이 대화하면서 지내 왔다. 그런데 이번 사건을 겪으면서 법조인들에 대한 인식과 평가가 완전히 달라졌고, 바로잡아야 할 부분이 너무나 많다는 생각이 절실히 들었다.

나는 2016년 11월 2일 난생처음 검찰에 소환된 후로 수십 명의 검사를 경험했다. 검찰과 특검 조사를 받은 횟수로는 기록을 세울 정도로 여러 유형의 검사들을 접해 보았다. 그들은 나를 전직 청와대 경제수석으로, 겉으로는 예의를 갖추어 대해 주었다. 그러나 그들이 던지는 질문과 추궁에 담긴 언어와 표정은 전혀 그렇지 않은 경우가 허다했다.

기대한 답변이 나오지 않을 경우 내가 숨기거나 거짓말을 한다고 단정하고는 꾸짖거나 고함을 지르는 등 중고등학교 선생님같이 심하게 다루기 일쑤였다. 그들이 내게 퍼부은 말들은 아직까지 귓가에 맴돌 정도로 몸서리쳐지는 것들이었다. "가족, 특히 자식들에게 부끄러운 줄 알아라!", "당신을 당장 풀어 줘서 광화문 광장에 내보내고 싶다. 그래서 국민들의 심판을 받게 해야겠다."

검찰은 내가 최서원을 몰랐다는 것을 결코 인정하지 않으면서 상당 기간 나를 압박했다. 시간이 지날수록 몰랐을 것이라는 심증이 굳어지기 시작하자 검찰과 특검의 태도가 조금씩 달라지긴 했다.

몇 달 동안 수많은 자료와 많은 사람의 진술을 통해 내가 최서원과 알았다는 어떤 근거도 나오지 않자, 몰랐다는 걸 전제로 조사하기 시작했다. 내가 그동안 쓰던 모든 휴대폰과 수첩들을 압수당한 상태여서 어디에서도 최서원의 흔적이 없었다는 것이 검찰의 수사 방향을 다소 바꾸게 된 계기가 되었다.

조사 과정에서 검사들은 나의 수첩을 기초로, 그리고 통화 내역과 내가 3년간 썼던 휴대폰들의 문자 및 카톡 내용을 토대로 질문하고 또 추궁했다. 미리 그려 놓은 그림을 바탕으로 이 그림에 맞추어 가도록 모든 자료와 진술을 활용하고, 또 이를 위해 진술하도록 나를 유도하고 압박했다.

나는 평생을 경제학자로 살아왔다. 이번 일을 겪으면서 사회과학자의 삶은 법조인, 특히 검사의 삶과는 너무나도 차이가 난다는 것을 깨달았다.

미래를 보는 경제학자, 과거를 따지는 검찰

경제학자는, 특히 나와 같이 정책을 연구하는 사람은 늘 미래를 생각하며 어떤 정책을 시행했을 때 효과를 사전에 검토하는 데 시간을 보낸다. 그런데 검사는 과거 발생한 특정 사건에 관련된 사람들과 자료들을 통해 그 사건의 진실을 밝혀 내는 데 노력한다. 정책을 연구해 온 나는 주로 여러 데이터를 대상으로 기존에 정립된 이론들을 적용하여 정책 효과를 연구했다. 특히 시뮬레이션 등의 방법을 통해 정책 예상 효과를 평가하여 해당 정책을 시행할 것인지에 대한 결론을 도출한 뒤 제안을 해왔다.

과거 박사 논문을 쓰면서 나는 미국 연금개혁의 효과를 실증적으로 분석하고 정책 제안을 했었다. 당시 어떤 데이터를 조금 빼고 분석하면 결과가 훨씬 좋아진다는 것을 알고 잠깐 그렇게 하고자 하는 유혹을 느낀 적이 있었다. 당시 나는 엄청난 번뇌에 휩싸였다. 잠시나마 이런 유혹에 빠진 나에 대한 회의가 밀려왔다. 내가 원해서 시작한 공부인데, 이런 생각을 할 거면 학자가 될 자격이 없는 것이 아닌가라는 회의와 반성을 했다. 그러고는 앞으로 학자로서 연구를 하는 한, 결코 이러한 유혹 자체에 빠지지 않겠다고 다짐했다. 그 후로 나는 결벽증 비슷하게 연구 데이터 관리나 결론 도출에 신중에 신중을 기했다.

그런데 검사들을 접하면서 그들은 세모인데 네모로 만들어 내려는 시도가 늘 있을 것 같다는 생각이 들었다. 만일 내가 국민과 사회를 향해 이야기할 자격이 생기고 기회가 된다면, 이를 바로잡아야 한다고 생각했다. 이는 지금 책을 쓰고 있는 이유이기도 하다. 검사들의 이런 행위는 한 사람의 인생, 나아가 사회를 망칠 수도 있기 때문이다.

경제학자가 잘못된 연구 결과를 토대로 제안한 정책 제안은 여러 다른 학자들의 연구로 재검토되는 과정이 존재한다. 황우석 사태에서와 같이 검증 과정이 작동할 수도 있다. 그러나 검사들의 조사는 한번 잘못되면 바로잡을 기회는 재판 과정밖에 없다. 더구나 세모를 네모라고 하고 만들어 놓은 정황과 선별한 자료들 그리고 진술이 있는 상황에서는 제아무리 재판이라도 이를 바로잡기란 쉽지 않다.

검찰과 의사를 비교한다면

한때는 검사를 의사와 비교해 보기도 했다. 의사는 환자들에게 도움을 주고자 진단하고 처방하고 수술도 하면서, 이들을 돌보고자 하는 기본적 마음이 깔려 있다. 그런데 검사는 대상이 범죄를 저질렀을 가능성 있는 피의자라는 점에서, 이들이 저질렀을 범죄를 기정 사실화해서 벌을 줘야 한다는 인식으로 일하게 된다.

이런 이유로 검사들은 당연히 모든 걸 의심하고, 의심을 사실로 밝히기 위해 총력을 기울인다. 그러기에 사람들을, 나아가 사회를 힘들게 할 수 있는 위험도 존재한다. 세모를 네모라고 만들어 내는 경우에 한해서 그렇다는 것이다. 이 과정에서 검찰은 언론을 활용하기도 한다. 조사 내용을 언론에 흘려서 여론을 검찰수사에 유리하게 조성하거나 피의자들의 범죄 사실에 관한 국민의 분노나 의구심을 필요 이상으로 불러일으키기 위해서이다. 세모라는 진실을 말하는 사람들의 이야기는 묻힐 수밖에 없다.

수많은 검사를 상대했지만 문제 소지가 있고 강압적 태도로 일관하는 검사들 말고도, 검사라는 직업의식에 성심껏 다하고자 하는 검사들도 있다는 사실을 밝히고 싶다. 나는 무조건 목적을 위해 혹은 지시 이행을 위해, 네모를 만들기 위해 압박하는 검사들에게는 저절로 입이 닫혔다. 반면 그렇지 않은 검사들에게는 저절로 입을 열어 진술했다. 입을 닫게 하는 검사와 입을 열게 하는 검사들의 모습은 아직도 내 기억에 선명히 남아 있다.

검사들이 피의자나 참고인을 조사한 뒤 조서를 쓰는 방식도 검사마다 차이가 난다. 보통은 질문할 내용을 준비한 상태에서 질문한 뒤 답변을 듣고는 PC에 입력한다. 검사들은 대부분 탁월한 타이핑 능력을 발휘한다. 모니터를 두 대 정도 두고서 하나는 워드 작업, 다른 하나는 각종 자료를 띄워 놓고 참고한다. 부장검사 등과 메신저로 조사 상황을 보고하고 지침을 받기도 했다.

입을 닫게 하는 검사들이 주로 사용하는 조사 방식은 일명 '덮놓기'였다. 가령 누구와의 통화기록을 갖고 있는 경우 이를 보여주면서 이 사람과 당시 왜 전화를 했고, 내용이 무엇인가를 묻는 방식이 아니다.

대신 누구와 당시 연락한 적 있냐고 묻고 '아니다' 혹은 '기억 안 난다'라고 답변하면, 그때 가서 통화기록을 보여주며 왜 거짓말하느냐라고 추궁하는 방식이다. 이런 식으로 조사를 하고 난 뒤 조서를 쓰면, 나중에 재판 과정에서 판사들이 피의자에 대한 인상에 나쁜 영향을 줄 수밖에 없다는 걸 이용하는 것이다.

조서를 읽어 보면 피의자가 모든 사실을 부인하며 '도망가기 식' 아니면 '책임 회피식'으로 조사에 임했다는 느낌을 받도록 조서를 만드는 것이다.

입을 열게 하는 검사들의 조사 방식은 조서를 PC에 입력하면서 작성하지 않고 피의자나 참고인과 면담 형식으로 안정된 상태에서 충분히 대화한 후, 이를 기초로 사후에 작성하되 피의자나 참고인이 이에 동의하는가를 확인하는 것이었다. 대화 중 나온 사항을 빠짐없이 기억했다가 기록하는 능력이 놀라울 정도였다.

중요한 것은 그런 검사들은 늘 대화를 하면서 마치 내 편에 서서 나를 이해한다는 표정으로 시종일관 부드럽게 대한다는 점이다. 덫을 놓아서 조사받는 사람이 조사 내내 긴장하고 거부감을 느끼며 방어 자세를 갖게 하지 않고, 스스로 진술을 적극적으로 하도록 유도하는 것이다.

내가 상대한 이처럼 다양한 유형의 검사들은 한결같이 직업의식이 확고하고 집단 논리에 충실했다. 세모를 네모로 만들어야 한다는 집단의 목표 앞에서 자신의 모든 능력을 발휘하면서 수단과 방법을 가리지 않는다는 느낌도 받았다.

검사들 간의 경쟁의식도 대단했다. 특검 조사를 받을 당시였다. 나는 매일 특검에 나가서 이 방, 저 방 불려 가며 면담과 대기 그리고 조사를 이어갔다. 당시는 삼성합병 관련 조사, 수첩 관련 조사 등으로 정신이 없을 때였다. 어떤 검사방에서 조사를 받다가 다른 검사도 계속 찾는다는 연락이 오는 일이 다반사였다.

그런데 나중에 재판 과정에서 특검 측 어떤 검사는 내가 뇌물 사건 관련 조사를 회피하고자 다른 검사의 조사만 받았다고 주장했다. 재판에서 나는 좀처럼 발언하지 않았는데, 그때는 너무 답답해서 한마디했다.

"피의자로서 내가 특검의 서슬 퍼런 검사들의 조사를 어떻게 선택할 수 있겠습니까?"

자신의 조사가 가장 중요하고 시급하다고 판단한 검사들의 인식이 빚어낸 어처구니없는 사례라고 하겠다. 수단 방법을 가리지 않는다는 말은 지나친 표현일 수도 있다. 하지만 적어도 피의자의 상황을 배려하는 마음은 전혀 없이 검사 자신의 입장에서 최선을 다할 뿐이라는 점은 부정하기 힘들 것이다. 허리 통증으로 척추 주사를 맞고 온 날 불러서 밤샘 조사한다거나, 급성 장염으로 탈진한 상태에서 누워 있는 나를 상대로 조사하는 것이나 피의자의 안위보다 자신의 목적 의식에 충실할 뿐임에는 틀림없는 것이었다.

판사들을 개별적으로 만나서 대화해 본 적은 없다. 늘 단상 위에 앉아 준엄한 모습으로 재판을 진행하는 모습을 볼 뿐이었다. 그렇지만 판사들이 어떤 생각을 하고, 어떻게 사는가는 어렴풋이 이해할 수 있었다. 재판 진행 당시 언행이나 판결문을 통해서 이해하는 정도이지만 그것으로 충분하다고 판단된다.

재판은 검사들이 억지로 만들어 놓은 네모를 다시 진실인 세모로 바로잡는 것이 아니라 네모를 굳히는 과정으로 진행된다. 검사 측에서 세모가 아니라 네모라는 증거를 내세우면서 하는 재판이 아니다. 다시 말해서 네모를 입증하기보다 네모가 아니라는 증거와 세모라는 증거를 갖고 피의자가 노력해서 밝혀 내야 하는 재판이다. 피고인은 유죄가 아닌 무죄를 입증해야 하는 것이다.

증거라는 것이 특정 증인의 진술을 통해 형성되는 경우 이는 잘못된 네모를 굳히는 결과를 초래한다. 사람의 기억이 얼마나 잘못될 수 있나를 분석한 올리버 색스(Oliver Sacks)의 『의식의 강(The River of Consciousness)』(알마, 2018. 3)의 한 장인 「오류를 범하기 쉬운 기억」의 한 구절을 보면 이 점이 잘 나타난다.

"우리가 소중하게 품고 있는 기억 중 일부가 전혀 일어나지 않았거나 다른 사람에게 일어난 일에 관한 것일 수도 있음을 깨닫는다면 참담한 기분이 들 것이다."(120쪽)

히치콕이 만든 유일한 논픽션 영화인 〈누명 쓴 사나이(The Wrong Man)〉에서는 증인의 증언에 근거한 오판이 얼마나 끔찍한 결과를 초래하는지 보여주기도 한다.

나는 구치소에서 검사 조사와 재판을 받는 동안 올리버 색스의 책을 보면서 더욱더 나의 기억에 대한 검증에 신경을 썼다. 대통령과 역사에 미치는 영향이 지대하기 때문에 나의 기억에 대해 100% 확신을 가질 때에만 증언한다는 결심을 그래서 이어갈 수 있었다.

판사들 역시 검사와 마찬가지로 격무에 시달린다. 맡은 사건이 많고 증거 자료와 의견서 등 읽을 분량이 엄청나기 때문이다. 나의 재판 과정에서도 엄청난 분량의 증거 기록과 의견서가 재판부에 제출되고, 수많은 증인의 증언 기록도 쌓여 있었다. 그런데 재판부가 과연 이들 기록을 얼마나 꼼꼼하게 읽을까 하는 의문이 들었다. 재판 과정에서나 판결문을 보면 기록들을 제대로 읽지 않은 상태에서 초기에 접한 이 사건 전체 윤곽에서 벗어나지 않으려 했다는 느낌을 지울 수 없었다.

검찰개혁은 엄정한 법 집행을 지키기 위해 필요하다

검찰개혁 그리고 사법개혁이 필요하다고 한다. 그런데 이들 개혁을 왜 하고 어떻게 할 것인가에 대해서는 국민들의 관심이 크지 않다. 내가 경험한 검찰과 사법부를 기초로 개혁을 하는 이유는 분명하다. 법의 엄정함을 지키기 위해서이다.

정치는 여론에 그리고 상황에 휩쓸릴 수 있다. 그러나 이렇게 흔들리는 정치는 사후에 선거를 통해서 바로잡을 수 있다. 그러나 검찰과 사법부는 여론과 상황에 결코 흔들려서는 안 된다. 법을 기준으로 엄정하고 굳은 신념으로 자신의 위치를 지켜야 한다.

개혁은 쉽지 않고 시간이 걸리는 문제다. 검찰은 집단 논리에 빠지지 않도록 하는 장치를 마련해야 한다. 사법부는 증거와 법 원칙에 충실한 게 중요하다. 검찰이 집단 논리에 순응하지 않은 채 검사 본연의 자세를 굳게 지키면서 조사하기란 쉽지 않을 것이다. 그러나 굳은 의지를 보여주는 검사가 하나 둘 생겨날 때 개혁은 시작될 것이다. 정권의 성향과 진영 논리에 맞추지 않고, 또 맞추지 않을 경우 생길 부담과 불이익을 감수하는 사례가 많아지면 개혁은 성공하는 것이다. 조국 사태와 울산시장 선거 사건 조사에서 보여준 검사들의 용기를 그런 개혁의 출발점으로 생각해도 좋을 듯하다.

별건수사, 빈대 잡으려다 초가삼간 태울 수도

검찰 조사에서 반드시 배제해야 하는 것 중 하나는 '별건수사'이다. 수사를 하다 우연히 드러나서 다른 건의 수사를 하게 되는 것도 억제되어야 하겠다. 더 중요한 것은 본 건의 수사 목적을 달성하고자 피의자의 다른 건을 철저히 사전 조사해서 압박하는 것은 결코 하지 말아야 한다.

흔히 '여자 문제', '가족 관련 비리 문제', '자녀 취업 문제' 등을 다방면으로 조사한 뒤 언론에 흘린다고 압박하거나 필요 시 기소하겠다고 협박하는 방식은 금해야 한다. 나도 별건수사의 피해자 중 하나이지만 당하는 사람은 극단에 몰리는 절박한 생각이 들 수밖에 없다. 그러다가 자칫 극단적 선택도 하게 되는 것이다. 특검의 모 간부도 나의 뇌물 관련 건에 대해 자신은 이것이 별건수사라서 막으려 했지만 안 되었다면서 안타깝다고 한 적도 있었다.

검찰개혁과 사법개혁은 일시적으로, 즉흥적으로 상황 논리, 진영 논리에 따라 추진되어서는 안 된다. 제도 문제라기보다 오랜 관행의 문제라는 점을 인식하여 철저히 준비하고 확실히 다지면서 해나가야 한다.

4. 변호사, 피고를 지켜 주는 수호신

나는 총 5명의 변호사들의 도움을 받았다. '담박'(나중에 '다전'으로 개명)이라는 변호사 사무실의 김선규, 홍기채 변호사는 검사 출신으로 내가 검찰에 처음 소환될 때 선임했다. 그들이 첫 만남에서 나를 어떻게 변화시켰고, 그 후 얼마나 잘 이끌어 주었는지는 언급한 바 있다. '평정'이라는 사무실의 홍용건 변호사는 부장판사 출신으로 나의 모든 재판에 엄청난 도움을 주고, 정신적 위안을 주었다.

그리고 '소나무'(나중에 '고원'으로 개명)라는 사무실의 공기광, 김수민 변호사는 김선규 변호사 소개로 선임했는데, 검찰 조사와 재판 과정 모든 부분에서 나를 돕고, 헌신적으로 자료 준비를 해주고 의견서를 써주었다. 이들은 로스쿨 출신으로 30대 중반의 열정적 변호사로서 나에게 큰 힘이 되어 주었다.

5명의 변호사들은 이번 사건을 수임하면서, 결과적으로 엄청난 경제적 손실을 보았다고 할 수 있다. 소송 관련 서류의 양도 10만 쪽이 넘고, 1심만 일 년 넘게 진행된 데다 검찰 조사도 100여 회나 되는 등 투입시간 대비 수임료로 치면 엄청난 손해를 본 셈이다. 더구나 이번 사건을 맡으면서 다른 사건의 수임 기회도 많이 잃었다는 점에서 그들에게는 희생이었다. 그럼에도 그들은 한 번도 이에 대해 언급한 적이 없다.

홍용건 변호사는 나에 대한 피고인 심문 당시 이승철 전경련 부회장 관련 질문을 내게 하면서 이승철이 전경련에 상당한 규모의 변호사 수임료를 청구했다는 사실을 알고 있느냐고 질문했었다. 언론에 보도되었다는데, 나는 몰랐다고 답변했다.

나중에 이 질문을 돌이켜 보고는 다시 한 번 미안한 생각이 들었다. 너무도 미안해서 홍 변호사가 접견 왔을 때 미안하고 고맙다고 하기도 했다. 물론 홍 변호사는 그런 의도가 전혀 아니었는데 오해라면서 오히려 사과하기도 했다. 사실 홍 변호사는 우리 가족에게도 꼼꼼하게 재판 진행 상황을 상세히 설명해 주고, 거의 매일 전화로 위로까지 하며 따뜻함을 베풀어 주기도 했다.

공기광 변호사도 비록 나이는 어리지만 내게 은인이라는 인식을 심어 주었다. 특검 조사 때였다. 쉬는 시간이었는데, 언론에 내 아내가 박채윤에게 가방을 받았다는 기사가 난 것을 보고는 대뜸 내게 "수석님, 실망했어요"라고 했다.

시간이 지난 뒤 당시 공 변호사가 내게 가졌던 청렴하고 정직한 공직생활에 대한 의구심이 해소되기는 했다. 그만큼 당시 공 변호사는 나를 의뢰인이라기보다 나름 존경의 대상 정도로 생각하고 있었던 것이다.

진실을 지키도록 끝까지 도와주다

앞서 언급했듯이 공 변호사는 박채윤 뇌물건으로 내가 대질신문 조사를 받을 당시 결정적으로 나를 살렸다고 할 수 있다. 당시 나는 아내가 박채윤으로부터 명절 때 돈을 받았다는 사실을 몰랐다. 이 경우 아내가 구속될 수 있다고 특검으로부터 압박을 받을 때였다.

허리 통증, 어지러움 등 최악의 몸 상태로 아내 걱정에 모든 걸 포기하고 싶어 조사 중간에 공 변호사에게 그냥 아내의 현금 수수를 알고 있었다고 거짓 진술하고 아내는 무사하도록 하겠다고 했다. 당시 허리 통증으로 대기실에 누운 상태에서 이야기한 것인데, 공 변호사는 나를 내려다보더니 눈을 부릅뜨고는 큰소리로 그럴 거면 자신은 가겠다면서 화를 냈다. 이겨내야 한다면서 그렇게 약한 사람이었냐고 실망했다고 원망까지 했다.

나는 공 변호사의 격한 반응에 순간 움찔하면서 정신을 차렸고, 덕분에 고통의 순간도 견뎌 냈다. 나를 맡은 변호사들 특히 30대 젊은 변호사들은 내가 늘 조사 시작부터 끝까지 그리고 재판 내내 일관성 있게 사실만 진술했다는 것에 감탄하면서 그 사실을 자랑스럽게 생각했다. 내가 처음 진술한 어떤 사실이 당시에는 진실인지 증명되지 않았지만, 시간이 지나 수첩에서 메모로 나오든가 다른 사람의 진술이나 서류들로 사실임이 밝혀지는 여러 상황을 보면서 자부심을 느꼈던 것이다.

5명의 변호사는 나에게는 은인이자 언제나 칭찬하고 싶은 사람들이다.

5. 교도관과 교도 행정

먼저, 내가 교도관에 대해 갖고 있던 무관심과 무지를 반성한다. 나는 교도관을 그저 경찰인력의 일부로 잘못 알고 있었다. 내가 대통령과 공약을 논의하고 발표하고, 대통령 취임 후 이를 실현하고자 국회의원으로서, 수석으로서 노력한 것 중에 경찰인력 2만 명 증원과 예산 확보가 있었다.

그런데 나는 여기에 교도관도 포함되는 것으로 잘못 알고 있었다. 아니 관심 자체가 없었는지도 모르겠다. 경찰은 행정자치부 소속이고 교도관은 법무부 소관인데, 그저 경찰인력 확충과 처우 개선을 위한 공약을 만들고 이를 예산결산 위원으로 예산에 반영시키고, 경제수석으로서 이를 챙기는 것에만 신경 썼을 뿐이다.

내가 구치소 생활을 시작한 날부터 수많은 교도관을 경험하면서 이들이 턱없이 부족한 인력으로 격무에 시달리고 있다는 사실을 알게 되었다. 그런 그들이 사명감을 갖고 묵묵히 일하는 모습을 보고 나는 깊이 반성했다. 내가 검찰 조사를 받으러 가면 나에게 최소 3명이 배정되어 조사 내내 교대하며 근무했다. 밤을 새고 다음 날 오전 7시까지 조사가 계속될 때도 많았다. 이때 나를 담당한 교도관은 화날 만도 한데, 전혀 그런 표정을 짓지 않고 나의 몸 상태를 신경 쓰는 모습에 감동받기도 했다.

구치소 조직은 여러 과와 팀으로 이루어져 있다. 그중에서도 고충처리팀은 내가 힘들 때 힘이 되어 주어 무한히 감사하고 싶은 팀이다. 특히 당시 서울 남부구치소 김태헌 팀장은 나와 동년배였는데, 내가 검찰, 특검 조사로 최대 위기에 봉착했을 때, 그래서 극단적 생각을 했을 때 나를 바로잡아 주고 나를 정신적으로 성숙하게 만든 스승과도 같은 사람이다.

내가 극단적 생각을 할지도 모른다면서, 그런데 여기서는 불가능하니 시도 자체를 하지 말라고 농담 삼아 이야기하기도 했다. 자신은 그동안 수많은 사례를 경험했는데 소용없을 거라면서 몇 가지 실패 사례를 알려주기도 했다.

나는 당시 지급되는 플라스틱 케이크 칼을 보면서 잠깐 생각한 터였는데, 그것 또한 미리 알고서 꼭 집어내며 불가능하다고 말했다. 대신 나를 자연과 인문학의 세계로 안내해 주었다. 각종 풀과 꽃 이야기부터 여러 좋은 시들을 보여주고 설명해 주었다.

교도 행정은 다른 어떤 행정보다 복잡하고 어렵다. 행정 대상이 수용자이고, 행정은 24시간 내내 이루어지기 때문이다. 일반인이 아닌 수용자를 대상으로 그들의 안전과 건강을 지키면서, 그들의 돌출 행동을 억제하고 감시하는 것은 여간 어려운 일이 아니다.

교도 행정은 24시간 계속된다

구치소나 교도소 내에서도 수용자들은 바깥과 같이 잠을 자고 일어나서 식사하고 운동하는 등 활동을 하지만, 바깥과는 달리 늘 통제하에서 이들 활동이 이루어진다. 모든 수용자의 활동은 교도관이 체계적으로 관리 감독한 상태가 유지되어야 한다. 검찰 조사나 재판 출석 등으로 외부로 나가는 수용자를 해당 장소에 버스로 데려갔다 오는 것을 출정이라고 한다.

이 과정에서는 미리 수갑과 포승을 하고 질서를 유지한 상태에서 버스에 타고 내리게 한다. 가족·친지, 변호사들과의 접견도 지정된 장소에서 철저한 예약과 규칙하에서 이루어진다. 2000명 정도 수용하는 구치소에서 이루어지는 출정, 접견 등에 소요되는 교도관 인력도 상당수일 정도이다.

교도 행정의 난맥상은 지나치게 관료 중심적이고 획일적이라는 데 있다. 예를 들어 한 번의 조그만 사고가 있을 경우 이의 원인이 된 것을 모든 구치소에서 일률적으로 제지시킨다는 것이다.

독거 수용자의 방은 창문은 있어도 모두 유리로 막아 놓았다. 나중에야 그 이유를 알았다. 언젠가 어떤 독거 수용자가 창문에 있는 쇠창살을 이용해서 목을 맨 경우가 발생해 그때부터 막았다는 것이다. 연전에는 가족들이 넣어 주는 도서도 전면 불허했다. 불온도서를 차입한 사례가 있어서 이를 막고자, 필요한 도서는 모두 수용자가 직접 구매 신청해서 보도록 했다는 것이다. 구더기 무서워 장을 못 담그는 지경이다. 일 년 후 이런 획일성이 지나치다는 걸 인식하고 차입도서 금지는 해제되었다.

교도 행정의 획일성은 그 외에도 무수히 많다. 그러나 한정된 인원으로 엄청난 양의 업무를 소화하기란 쉽지 않다는 점 또한 이해할 수 있다. 나는 그동안 내가 학자로서 실사구시를 주장해 온 사람으로서 교도 행정 개혁의 방향을 나름대로 세워 봤다.

교도 행정의 독립이 꼭 필요하다

우선 제도적으로 시급한 것이 두 가지가 있다. 그중 하나는 교도 행정은 독립시켜야 한다는 것이다. 현재 법무부 교정본부로 되어 있는 교도 행정 조직을 법무부에서 분리해서 '교정청'으로 독립시켜야 한다. 국세청이 기획재정부에서, 경찰청이 행정안전부에서 독립했듯이 교정청 역시 독립된 청 단위로 운영해야 한다. 그래야 보다 책임성과 전문성을 가진 청장이 효율적이고도 안정적으로 조직을 운영해 나갈 수 있을 것이다. 인력과 예산의 확대도 마땅히 필요할 것이다.

두 번째 제도 개혁은 교도 행정의 목표를 교화로 하기 위해서는 반드시 정신질환자나 노숙자의 관리를 다른 기관이 맡도록 해야 한다. 지금은 가족이나 사회로부터 외면받는 정신질환자를 구치소나 교도소가 떠맡는 경우가 많다.

겨울철에 의도적으로 범죄를 일으켜 구치소로 들어오는 노숙자까지 맡아야 한다. 이들이 다른 수용자에게 미치는 악영향은 엄청나다. 이들의 소외 원인을 치유하기는커녕 더 악화시키기까지 한다. 함께 방을 쓰는 수용자들이 받는 피해와 이를 해결하고자 기울이는 교도 행정의 인력과 자원 또한 엄청나다.

이 두 가지 교도 행정 개혁 과제는 교도 행정에 몸담고 있거나 몸담았던 교도 행정 인력 대부분이 공감할 것이다. 교도 인력은 그야말로 평생을 음지에서 묵묵히 사명감으로 일해 왔다. 국가와 국민이 보답해야 할 대상이다. 사회적 비용(Social Cost)을 줄이는

데 획기적 역할을 하면서도, 이에 대한 적절한 보상과 관심을 받지 못하고 있다. 이에 대한 집단적 불만을 표출한 적도 없다.

인권 문제를 제기하면서 정신질환자를 전문 수용시설에서 관리하는 요건을 까다롭게 한 이후, 이들이 범죄로 내몰리면서 구치소와 교도소로 수용되는 일이 많다. 교정 기관은 이들 정신질환자를 다른 수용자와 분리해서 관리할 수가 없기에, 정신질환자의 여러 돌발 행동에 다른 수용자가 피해를 입거나 교도관들의 업무에 지장을 초래하는 것이다.

이들을 교화한다는 자체가 불가능하기에, 그저 모든 피해와 부담을 짊어질 수밖에 없다. 정신질환자의 돌발 행동으로 사고가 나기라도 하면, 책임은 교도 인력이 진다는 점에서 결국 모든 사회적 비용을 떠안는 것은 교도 행정이라고 할 수 있다. 정신질환자를 사회가 적절히 관리하지 못하는 데 따른 사회적 비용을 교도 행정이 부담하는 것이다. 그런데 교도 행정의 총책임자인 법무부 장관은 이를 제대로 인식하지 못한다.

법무부 내에서 교정 업무 총괄은 교정본부장이고, 교정본부장 위에 차관, 그리고 장관이 있다. 법무부 장관은 통상 정치인 출신이 부임하곤 하고, 법무부 차관은 검사 출신이 주로 맡다 보니 교정 업무에 대한 지식, 경험, 관심 모두 없다.

그러면서 그들은 교정 시설에서 발생하는 문제, 예를 들어 수용자의 사망이나 민원 제기 등 언론을 통해 보도되는 것에 대해서는 언제나 과잉 대응한다. 자신들에게 돌아올지도 모를 화살을 피하고자 과도하게 움직이는 것이다. 근본 원인을 찾고 해결책을 찾는 것이 아니라 그저 교도 행정을 압박하는 방식으로 교도관에게 그리고 수용자에게 짐을 지우는 것이다.

과잉 대응은 결국 교도 행정이 소극 행정, 나아가 보신 행정으로 퇴보하게 만든다. 안 해서 문제가 되는 것은 없다. 그러나 해서는 문제가 되는 것이다. 교도관은 가능하면 조그만 재량도 발휘하지 않은 채 안 하고 보는, 보신으로 치닫는다. 여기에 부족한 인력과 시설이 더해지면서 교정 행정은 개선의 여지가 없어지는 것이다.

이런 이유로 교정본부를 교정청으로 독립시켜 예산과 인력을 책임지고 확보하고, 이를 기초로 사명감을 갖고 적극 행정을 취할 수 있도록 해야 한다.

교도 행정 개혁의 나머지 과제는 국민에게 더 알리고 함께해야 한다는 것이다. 기피 시설이라기보다 필요 시설이라는 인식하에 교정 인력이 사명감을 갖고 보람 있게 일할 수 있도록 관심을 쏟아야 할 것이다.

6. 가족, 친구 그리고 책

1) 가족과 건강을 후순위로 밀어낸 삶

결혼해서 유학을 떠난 후 지금까지 앞만 보고 달려오느라 제대로 지키지 못한 것이 가족과 건강이다. 구속되어 있던 상황에서 가장 아쉬움과 미안함을 두는 대상이었다. 가족은 내가 구속된 이후에도 날 이해하고 늘 묵묵히 참아 내면서 위안과 보람이 되었다. 특히 아내는 매일 접견오고 매일 편지쓰며 헌신적인 사랑을 보여 주었다.

건강은 신장암 수술이라는 최후통첩 비슷한 메시지를 보냈지만, 무시하고 계속 달려가는 나에게 용서 없이 허리에, 목에 통증까지 더하면서 원망해 왔을 것이다. 만일 구속이라는 장애물이 없었으면 아마도 건강은 나를 포기했을지도 모를 일이다.

가족은 나와 내 가족이 함께 만들었지만 사실 그동안 내가 가진 큰 뜻을 이루는 데 늘 가족들이 응원할 것이라는 자만심에 살아온 것이 내 가장 큰 교만이고 착각이었음을 고백한다. 특히 아내는 나의 이런 자만심을 탓하지 않고 묵묵히 참아 냈다.

결혼(1984년 12월 27일) 후 유학(1985년 7월) 가서 공부하는 동안 딸 아들을 낳아 기르고, 남편 공부에 지장이 없도록 모든 것을 헌신했다. 귀국(1991년 7월)하고는 한국조세연구원 연구원으로, 교수로 그리고 나라를 위해 열심히 뛰는 남편 뒷바라지와 자녀 교육에 전념했다.

시아버지 암 투병 뒷바라지로 힘든 시어머니를 돌보고, 뇌정맥류 수술 후 거동하지 못하는 친정어머니 병구완이며, 친정어머니가 돌아가신 뒤에는 친정아버지가 목 골절과 치매로 고생하자 요양원에 모시고 뒷바라지하고, 그리고 치매로 요양원에 계시는 시어머니를 돌보느라 정신없는 시간을 보내다가, 급기야 남편 옥바라지까지 하느라 눈가에 주름이 많이 생겼다. 접견실 너머로 보이는 아내의 눈가 주름은 언제나 너무도 아름답다.

가족과 건강을 소홀히 하면서 내가 추구한 가치는, 국가와 역사를 위해 내가 가진 모든 역량을 남김없이 쏟아붓는 것이었다. 누구는 나의 이런 가치이자 목표가 거창하고 주제넘다고 할지 모르지만, 내가 공부를 결심한 것도 이러한 이유 때문이었다.

북한에서 1·4 후퇴 때 월남한 아버지가 평생 추구한 가치는 가족을 위해 헌신하는 것이었다. 그로 인해 나는 성장 과정에서 그리고 교육 과정에서 편안한 삶을 누렸다는 것에 대한 보답으로 혹은 반대 심리로 가족 가치를 뛰어넘는 국가 가치를 추구하게 되었는지도 모른다.

나는 아버지의 위암 수술 후 시라큐스대 경제학과 교수직 채용을 포기했다. 평생을 고생하며 가족을 위해 사신 아버지, 표현은 하지 않으셨지만 늘 자식 사랑이 절실했던 아버지를 모셔야 한다는 생각이 간절했다. 그래서 이런 사정을 시라큐스대학에 알렸는데 그들은 이해를 못했다. 경제학과 조교수 초봉이 당시 4만 달러였는데, 그들은 내가 협상을 위해 변명하는 거라 생각했다. 대학 측은 4만5000, 나중에는 4만8000까지 제안하기도 했다.

나는 사정을 꾸준히 설명하고, 또 지도교수였던 헤이브먼(Haveman) 교수를 통해 뜻을 전달하여 어느 정도 이해시켰다. 훗날 나의 사례가 위스콘신대에서 교수로 있다가 미국 메릴랜드대 교수로 간 존 러스트(John Rust) 교수의 교재에 소개되기도 했다.

부모 돌봄이냐 내 인생 설계냐

그는 한국의 경우 부모에 대한 자식의 돌봄이 중요해서 국가가 담당하는 노후복지에 대한 필요성이 상대적으로 작다는 것을 설명하는 과정에 나의 사례를 소개했다. 당시 미국 경제학계에서는 나의 사례가 흥미롭게 논의되었다는 점에서 나의 귀국 결정이 나름대로 보람 있었다.

귀국 후 나는 대우경제연구소에서 이한구 소장과 김우중 회장을 설득해서 대우그룹의 여러 기업들이 출연해서 아시아 최초로 패널 데이터(Panel Data)인 대우패널을 만들도록 했다. 그런데 나는 자리를 옮길 때마다 에피소드를 만들어 내는 징크스가 생겨났다. 귀국할 당시 미국 학계에 '아버지 건강과 노후를 돌보기 위해 귀국하는 한국인'의 사례를 남긴 것이 첫 에피소드였다. 두 번째는 1992년 8월 당시 재무부 산하 한국조세연구원 출범과 더불어 전공을 좀 더 살리고 정책 개발에도 기여하겠다는 생각으로 그곳으로 옮겨 가면서이다. 나는 이한구 소장에게 양해를 구하고 한국조세연구원으로 가겠다는 뜻을 보였다. 당시 대우패널 작업이 시작되던 시절이었지만, 내가 없어도 마무리는 가능했다. 그러나 이한구 소장의 반대는 예상외로 강력했다.

이 소장이 재무부 시절 모셨던 정영희 한국조세연구원 초대 원장에게 그리고 대학 시절 하숙집 룸메이트였던 최광 연구부장에게 나를 데려가면 안 된다고 강하게 못을 박았다. 그러나 결국 나는 가게 되었고, 그 후 한참 동안 이한구 소장은 나와 정영희, 최광과 인연을 끊듯 소원한 관계를 유지했다.

한국조세연구원에서 6년간 재정 정책과 조세 정책 연구를 하면서 의미 있는 경험을 했고 배운 것이 많았다. 금융실명제 준비 작업, 개인연금 도입, 금융소득종합과세 방안 연구 등 우리나라 조세 정책과 연금 정책의 중요한 획을 긋는 연구를 하게 된 것은 큰 보람이었다. 연구부장을 하면서도 조세와 재정을 연구하는 국책연구원의 역량과 위상을 높이기 위해서 열심히 노력했다. 특히 비슷한 연배의 젊은 박사들의 팀워크를 강조하여 연구원 내의 연구 의지와 역량은 상당히 높아졌다. 그 후 당시 KDI에 근무하던 동료이자 선배 재정학자인 유일호 박사를 부원장으로 모셔온 뒤 나는 대학으로 자리를 옮겼다.

나는 시립대 경제학과 교수 채용에 응모했다. 그런데 자리를 옮기면서 세 번째 기억할 만한 에피소드가 발생했다. 당시 시립대 경제학과에서는 나와 또 한 명의 경제학자를 놓고 정확히 의견이 반으로 갈라져서 결정을 못 하고 있었는데 총장과 교무처장의 결단으로 둘 다 채용되었다. 그런데 이 결정이 다른 과 교수들의 반발을 사면서 총장에게 격렬하게 항의하는 소동이 일어났다.

나는 3개월간 발령을 못 받고 강사 신분으로 강의를 했다. 2년 후 성균관대에서 교수모집 공고가 났고, 공교롭게도 시립대에 나와 함께 채용된 교수와 내가 동시에 지원해서 채용되었다. 문제는 다시 시립대 측에서 생겼다. 당시 시립대 총장이던 김진현 전 과기처 장관은 그렇게 수모를 겪으며 채용했는데 떠난다고 전출동의서를 쓰지 않겠다고 했다. 나는 진심으로 사과하고, 모교로 가는 심정을 솔직히 피력해 전출 동의를 받았다.

성균관대로 자리를 옮기고, 이 사건이 발생하고 퇴직할 때까지 19년간 나는 제자를 키우고 정책연구와 자문에 심혈을 기울였다. 실사구시라는 화두를 늘 머리에 새기며 강의하고 연구했다.

나의 끊임없는 도전과 시간 투입에 나의 가족은 또다시 묵묵히 따라오고, 응원했다. 그러다 신장암 수술이라는 엄청난 충격을 안겨 주고, 또 걱정을 끼치게 되었다. 사실 나는 건강에는 늘 자신만만했다. 늘 살이 쪄 있는 상태였지만, 아버지로부터 운동신경을 물려받아 모든 스포츠를 즐겼고, 잘하기도 했기 때문이다.

2004년 8월부터 1년간 미국 버클리대에 연구년으로 갔을 당시에는 조깅을 시작해서 재미를 붙였고, 급기야 마라톤까지 하기에 이르렀다. 체중이 20kg이나 빠지고 허리가 32인치로 줄 정도로 날씬한 몸매를 만들기도 했다. 생애 처음 하프마라톤 대회를 나가게 되었다.

2005년 내가 참가한 샌프란시스코 마라톤 대회는 금문교를 오가는 코스로 유명한 대회였다. 당시 기록이 1시간 48분으로 상당히 좋았다. 내친김에 귀국 후에도 매일 아침 한강변을 15km 뛰었고, 2006년 3월에는 동아마라톤 풀코스를 완주하기도 했다. 마라톤을 하면서 나는 정신이 육체를 지배한다는 것을 깨닫기도 했다. 30km 넘어서 제정신이 아닐 정도로 힘이 빠진 상태로 달리다 걷다 하는데, 골인 지점인 잠실 주경기장 트랙에 들어서는 순간 갑자기 힘이

나서 400m를 전력 질주했다. 이때 육체의 한계는 정신력으로 극복할 수도 있다는 것을 깨달았다.

결국 마라톤도 그 후 하프를 두 번 정도 더 뛰고 중단하면서 체중이 다시 불었다. 허리 디스크가 오고, 2014년 4월에는 신장암 수술을 하게 되었다.

2) 가는 친구, 오는 친구

나는 어려서부터 늘 친구가 많았다. 바깥에서 친구들과 어울려 놀다가도 "우리 집에 가서 더 놀자"거나 "밥 먹고 가라"는 식이었다. 친구들을 유난히 곁에 두고 지낼 수 있었던 것은 부모님의 배려 덕분이었다.

부모님 모두 북한에서 월남한 관계로 친구들에 대한 그리움이 있어서였을 것이다. 부모님은 내가 몰고 오는 친구들을 따뜻하게 대해 줬고, 친구들은 우리 집에서 모여 노는 것을 좋아했다.

이런 나의 '친구 몰고 오기' 습관은 결혼 후에도 계속되어 아내는 신혼 때나 유학 시절에 힘들어하기도 했다. 신혼 때는 대학원 친구나 후배들을 몰고 오기도 하고, 유학 시절에는 당시 미혼으로 와서 공부하던 친구들을 여럿 수시로 데려와서 저녁을 먹게 하는 식이었다. 아내는 늘 내 친구 대접에 정신이 없었고, 그 덕에 음식 솜씨가 단시간에 늘었다.

유학을 마치고 귀국해서도 나의 버릇은 계속되다가 한 사건으로 중단되었다. 한국조세연구원 근무 당시 술을 마시고 대리운전으로 집에 오면서 대리기사와 대화를 나누었다. 성실하고 착해 보이는 기사와 좀 더 이야기하고 싶은 생각에 집에 데려와 후배라고 하면서 아내에게 술상을 차리게 했다.

다음 날 아침에 일어나 이런 사실을 말한 순간 아내는 폭발했고, 그 후로 나는 집에 누구도 데려오지 않게 되었다. 완전히 그만둔 것은 아니고, 가끔 명확한 사유를 설명한 뒤 허락을 받고 데려왔다.

초등학교 시절 친했던 친구들은 커서도 계속 연락하는 경우가 거의 없었다. 그중 이만수가 최근에까지 연락하는 친구라 하겠다.

국민 야구선수로 사랑받았던 헐크 이만수와의 인연은 특이하다고 하겠다. 어릴 때부터 운동을 좋아했던 나는 같은 반이고 가까운 데 살았던 이만수와 여러 운동과 놀이를 함께 했다. 특히 닭싸움은 이만수가 타의 추종을 불허할 정도였다. 나도 꽤 잘했지만 그에게는 상대가 안 되었다. 대구 중앙초등학교 졸업 후 이만수와 함께 대구중학교에 진학하게 되었다. 당시 중학교 배정은 추첨제였다. 대구중학교는 야구부가 유명했는데(고 장효조 선수가 2년 선배), 입학 초기 야구부원을 모집한다며 테스트할 사람은 모이라고 했다. 나는 이만수와 또 한 명의 친구와 함께 테스트를 받으러 갔고, 나와 이만수는 합격을 했다. 그런데 운동은 취미로 해야지 직업으로 하면 안 된다는 아버지의 만류로 나는 시작도 하지 못했다. 이만수는 그것이 계기가 되어 유명한 선수가 되었다.

그 후 연락이 끊기고 40여 년이 지난 어느 날, 내가 성균관대에서 교수로 있을 때였다. 삼청동 총리 공관 옆길에서 점심을 마치고 가다 이만수가 부인과 함께 가는 모습을 보고 뒤에서 "만수야" 하고 불러 세웠다. 나는 언론을 통해 그의 근황을 알았지만, 그는 날 몰라볼 가능성이 컸다. 그런데 그는 나를 금세 알아보고는 "종범아" 하더니 길 한복판에서 껴안으며 반가워했다. 내가 국회의원과 수석으로 공직에 있으면서 가끔 연락하는 가운데, 이만수는 라오스에 야구를 보급하는 의미 있는 일을 하고 있다는 것을 알고 자랑스럽기도 했다. 공부보다 놀기와 운동을 좋아하던 이만수가 커서 국민들이 좋아하는 선수, 감독 그리고 라오스의 영웅이 된 것을 보니 친구로서 너무나도 자랑스러웠다.

운동선수 친구로는 고등학교 시절 축구선수였던 김영수를 잊을 수가 없다. 당시 내가 1학년(1974년) 때, 대구 계성고등학교는 50여 년 만에 축구부가 부활해서 전교생의 관심이 컸다. 여러 선수 중에서 김영수는 단연 돋보였고 축구 천재로 알려져 있었다. 월남 전 북한에서 학창시절 육상선수와 축구선수였던 나의 아버지도 축구부 후원을 맡고 모든 시합을 보러 갈 정도로 열성적이었다. 김영수는 경북 강구 출신으로 집안이 가난해서 어렵게 운동하고 있었다. 늘 그를 우리 집에 오게 해서 밥 먹고 놀았고, 또 그도 우리 집을 편안하게 생각했다. 그는 졸업 후 대학팀에 가지 못하고 군대에 입대했다. 우여곡절 끝에 상무팀에 들어갔지만 배경이 없어 어려운 처지였던 그는 결국 축구를 그만두었다. 아직도 그가 현란한 개인기로 골을 넣던 장면이 눈에 선하다.

축구를 하거나 응원하는 것을 좋아하던 나는 고교 시절 늘 응원을 다녔다. 1학년 때와 3학년 때 축구시합 중 심판의 편파적 판정에 항의해서 대구 시내에서 시위를 벌인 적도 있었다. 3학년 때는 이것이 문제가 되어 학교 측에서 주동자를 찾아내는 과정에서 나는 끝까지 함께 거리를 뛴 친구, 후배들의 이름을 말하지 않아 힘들기도 했었다. 다행히 정학을 면하기는 했지만, 당시는 학생 시위에 민감한 시절이라 부모님께 걱정을 많이 끼쳐드렸던 사건이다.

유학 시절 친구는 그동안 친구들과는 성격이 달랐다. 결혼하고 유학 가서 만난 친구들은 가족 단위로 이루어진다는 점에서 좀 더 현실적이라 할 수 있지만, 더욱 끈끈한 관계로 오래가는 것이라 하겠다. 결혼 후 유학 가서 애들을 낳고 기르는 과정에 함께한다는 것은 서로를 이해하고 의지하는 관계로 깊어질 수밖에 없다. 아내는 귀국 후에도 이런 인연을 소중히 가져가자는 차원에서 아내들 계모임을 만들어 매달 만나면서 친하게 지냈다.

정(情)은 친구를 부르고 정치는 친구를 밀어낸다

가족 단위로 이어지는 관계는 서로의 상황과 생각을 너무도 잘 알기에 그 친근함은 귀국 후에도 이어졌다. 그 결과 정치적 인연으로까지 발전하기도 했다. 시작은 바로 나라고 하겠다. 1996년부터 이회창 총리를 자문하기 시작한 나는 우선 친동생 이상으로 가까이 지내던 강석훈 교수를 함께 돕게 했다. 이회창 후보가 대선에서 지고 난 뒤에는 본격적으로 자문 역할을 해달라는 부탁을 받고 당시 한국개발연구원(KDI)에 근무하던 유승민 박사를 대신 추천했다. 그런데 이회창 대표는 그를 파격적으로 여의도 연구소장에 임명했다. 그 후 대선 준비와 대선 경선 과정에서 유승민 소장은 핵심 역할을 했고, 이 과정에서 최경환 당시 한국경제신문 편집부국장을 특보로 오게 하기도 했다.

나는 당시 민생경제 특보로 유승민, 최경환, 강석훈 모두와 호흡을 맞추어 함께 뛰었다. 그러나 2002년 12월 두 번째 나의 대선 도움은 실패로 끝났다. 2003년 1월 초 최경환, 강석훈과 함께 나는 무작정 제주도로 가서 걸었다. 제주공항에 내려 서쪽 해안도로를 따라 걷다가 힘들면 여관에서 자면서 5박 6일 동안 제주도를 한 바퀴 걸어서 돌았다. 당시 추운 날씨와 바람에도 다들 패배의 회한과 미래에 대해 고민하며 걷고 또 걸었다. 올레길의 시초가 우리 세 명이 아니었나 싶다.

이렇게 이어진 위스콘신 친구들의 정치적 연결고리는 인천대 교수였던 조전혁으로까지 이어져서 유승민, 최경환, 조전혁, 강석훈 그리고 나까지 5명이 국회의원이 되었다. 그러나 끈끈하게 이어진 유학 시절 친구들이 정치 때문에 관계가 소원해지고, 또 서로 불편하게 되었다. 함께 공부하고 고민하고 가족과 함께 많은 행복을 나누던 유학 시절 친구들이 서로의 이념적, 정치적 사고의 차이가 별로 없음에도 불편한 사이가 되었다는 것이 너무나도 아쉽고 아프다.

역사가 증명하듯 정치와 권력은 사람들의 관계를 흩뜨려 놓는 무서운 것이고, 관계의 근본을 시험하는 계기를 제공하기도 한다. 아쉽지만 떠나보내야 하는 친구들을 보내면서 한편으로 다가오는 친구를 반갑게 맞이하게 되었다.

중학 친구인 김형렬은 치매가 시작되고 거동이 불편하신 어머니를 나를 대신해 보살펴 주었다. 중학 시절부터 서로 집을 오가며 부모님들도 서로 아껴 주던 사이였는데, 유학 후 만날 기회가 없었다가 내가 어려울 때 도와준 귀중한 친구다.

어머니는 내가 구속되고 치매 증세가 시작되어 불행 중 다행히도 구속 사실을 숨길 수 있었다. 아프리카 우간다에 자문하러 장기 출장 가 있다고 둘러대는 것이 가능했다. 고등학교 시절 절친했던 김왕선, 장병희는 늘 안타까워하며 내 아내와 함께 면회를 와서 특유의 유머로 나와 아내를 기쁘게 해주었다.

대학 친구인 마인섭, 박인찬, 조윤수, 김도환, 이헌대는 여러 번 면회를 와서 20대 시절 사진과 책들을 넣어 주면서 위로해 주었다. 제자들도 접견을 와서 자신들의 위치에서 열심히 정진한다는 걸 알려주고, 내가 내는 숙제(연구과제)를 받아서 연구를 진행하기도 했다. 마지막으로 미국 지도교수였던 헤이브먼과 울프 부부는 탄원서를 재판부에 두 번이나 보내기도 했다.

친구란 어려울 때도 곁에서 늘 묵묵히 있어 주는 것

친구에 대한 고마움과 반가움이 컸던 것은, 그동안 내가 가족과 건강과 함께 친구들에 대해 신경 쓰지 못했다는 점을 감안하면 당연하다. 그들은 내가 바쁘다는 것과 또 중요한 국가 대사를 짊어지고 있다는 것도 묵묵히 지켜보고, 내게 어떠한 부담도 지우려 하지 않았다. 이런 소중한 친구들이 이번 기회에 다시 한 번 내게 다가온 것이다.

친구들과 함께 또 하나 보람 있게 다가온 것은 책이다. 나는 원래 독서에 취미가 없었고, 전공 관련 책 이외에는 읽은 책이 거의 없었다. 아내와 딸은 내가 인문학적 관심이나 지식이 없다고 놀리곤 했다. 나를 닮아 책보다는 게임을 좋아하던 아들도 나 때문에 덩달아 놀림을 받기도 했다. 그랬던 내가 수감 생활을 하면서 책에 눈을 뜨게 되었고, 한국사, 중국사, 일본사, 미래학, 소설 등에 재미를 붙였다. 여러 가지 새로운 생각이 기존에 갖고 있던 나의 국가와 역사 그리고 미래관에 새롭게 융합되었다. 4년 동안 500여 권의 책을 봤으니 3일에 한 권 정도를 본 셈인데, 독서를 통해 작가들을 새롭게 만나게 된 것도 큰 보람이었다. 역사책을 통해서 접하게 된 중국의 이중톈과 사마천, 제러드 다이아몬드 등 인류학자, 우리나라 김훈 등의 작가, 그리고 베르나르 올리비에를 만난 것은 나에게 새로 다가온 친구 이상이었다.

5부. 성균관에서 청와대로: 다산의 길

지금까지 대통령 탄핵과 구속을 야기한 사건에 대해 내가 경험한 것들을 역사에 기록한다고 생각하고 사실대로 쓰고자 노력했다. 이런 글을 쓰기까지 얼마나 힘든 과정을 거쳤는지도 설명했다. 사마천이 『사기』를 쓸 당시 궁형이라는 엄청난 형벌을 받고 난 뒤였고, 마르코 폴로가 『동방견문록』을 쓴 것도 그가 감옥에 있을 때였듯이, 나 또한 처음 겪는 엄청난 시련 속에서 내용의 대부분을 구치소에서 썼다. 이제 이처럼 아팠던 시기의 기록을 마무리하고, 그전에 내가 어떤 길을 걸어왔는지 되돌아봄으로써 내 발언의 진실성을 뒷받침하고 싶다.

나는 77학번이다. 1977년에 대학에 들어갔다는 의미다. 고등학교 졸업 후 재수하지 않고 대학에 들어갔으면 77학번은 58년생 개띠이다. 그런데 나는 59년생 돼지띠이다. 초등학교를 1년 일찍 들어갔기 때문이다.

내가 1977년 대학 입학 후 2016년 구속된 시점까지 40년을 돌이켜 보면, 20세기 말과 21세기 초 대한민국의 역사가 진하게 묻어난다. 77학번은 중학교 입학은 무시험 3년 차이고, 고등학교 입학의 경우는 서울과 부산 지역은 무시험 첫 해였으며, 나머지 지역은 고입시험 마지막 해였다. 나는 대구 출신으로 고입시험 마지막 세대였다.

대입의 경우 예비고사를 치러서 합격하면 대학별 본고사를 치렀는데 전기·후기로 나뉘었다. 성균관대학은 당시 후기였다. 나는 후기로 성균관대에 입학해서 대학원을 마치고, 유학 갔다 와서 연구원 생활을 하다가 성균관대에 교수로 돌아왔다. 이후 국회의원이 되고, 청와대에서 수석으로 근무하다가 구속되고 재판을 받았다.

그 기간이 40년이다. 이 40년은 우리나라의 산업화, 민주화, 세계화, 정보화의 핵심 기간이었다. 우리 대한민국이 OECD 국가가 되고 G20 국가가 되면서 역사상 최고로 도약한 자랑스러운 시기이기도 하다. 대통령 탄핵이라는 마지막 여정까지 놓고 볼 때 이 시기는 우리 역사의 중심이 되는 격동의 시기라 하겠다.

내가 어찌 감히 다산 정약용의 여정을 따라 걸을 수 있을까마는 내 입장에선 이상하게도 다산 선생의 길처럼 험난하고 고달픈 인생길을 걸어왔다고 할 수 있지 싶다. 다산은 성균관 유생으로 시작하여 정조 곁으로 가서 공직을 수행하고, 귀양을 가서 집필 활동을 하는 동안 실사구시 정신으로 현실 정치, 경제, 사회에 기여하고자 했고, 또 후학을 위해 기록을 남기고자 평생 정진했다.

그래서 나 자신을 감히 다산과 비교하면서까지 송구한 마음으로 이렇게 기록으로 남기는 것이다. 18세기 말에서 19세기 초까지 다산이 걸었던 길에 20세기 말에서 21세기 초까지 내가 걸어온 길을 투영하는 작업을 하고 싶은 것이다.

1. 성균관에서 위스콘신으로

1) 대학 시절

77학번으로서 의미 있게 기억에 남는 것이 두 가지 있다. 첫째, 대학 신입생 중 남학생 전체를 대상으로 10일 동안 문무대에서 집체훈련을 시작한 것이었다.

당시 성균관대는 전국 대학 중에 제일 먼저 입학하자마자 3월경에 신입생을 그런 군사훈련에 보냈다. 내무반 생활을 하면서 유격, 사격 등 신병훈련 수준의 훈련이 이루어졌다. 당시 군대에 갔다 온 복학생도 훈련을 보내서 복학생들 사이에서 불만이 더욱 커졌고, 훈련 조교들과 마찰이 빈번히 발생했다.

학교 내에서 매주 3시간씩 교련을 통해 훈련하는 것은 오래전부터 있어 왔다. 하지만 당시 누구 머리에서 나온 것인지 모르지만 대학 신입생을 입학하자마자 군사훈련을 시킨다는 것은 권위주의 시대 발상의 전형이라 하겠다. 당시 나는 집체훈련 기간에 형의 결혼식이 있었는데도 참가 허락을 받지 못해서 불만이 많았다. 더구나 입학 초 학교 구내식당 출입문 유리를 잘못 뚫고 지나가다 사고가 나서 무릎을 수십 바늘 꿰매고 난 직후라 거동이 불편한 가운데 훈련을 받느라 더 힘들기도 했다.

두 번째, 1977년 처음 실시한 행사로 기억되는 것은 대학가요제였다. 당시 대상은 서울대 샌드페블즈의 '나 어떡해'가 차지했는데, 우리 국민 상당수가 기억할 것이다. 이 서울대 그룹은 2기 멤버로 이수만이라는 가수와 기획자 그리고 한류의 선구자를 낳게 했다. 1회 대학가요제에 참가해서 입상한 팀 중에 혜은이의 '당신은 모르실거야'를 리메이크해서 부른 성신여대 팀도 있었다. 특히 이 그룹이 기억나는 것은 대학가요제 얼마 후 내가 첫 미팅을 한 상대가 그 그룹 멤버 중 하나였기 때문이다.

대구에서 올라온 촌놈답게 '버벅거리고' 말도 잘 못 하다가 종로 어딘가 다방에서 한 시간 만에 헤어진 기억이 난다. 어쩌나 그 상황이 부자연스럽고 겸연쩍던지 도무지 어떻게 해야 할지 몰랐고, 상대는 한 시간 만에 나가자고 하더니 비가 오니까 우산을 사서 쓰고는 혼자 가버렸다.

77학번의 운명적인 시대상

성균관대 77학번은 입학 후 특별한 경험을 하기도 했다. 당시 학교 재단이던 삼성이 학생들의 퇴진 시위로 재단에서 물러났다. 삼성이 서울 캠퍼스를 팔고 수원으로 이전한다는 계획을 추진하는 과정에서 시위가 발생해 결국 서울은 인문·사회과학 캠퍼스, 수원은 자연과학 캠퍼스로 이원화하기로 결론이 났고, 삼성은 물러나게 되었다. 그 후 재단은 관선이사 체제였고, 한때 봉명그룹(도투락 아이스크림으로 유명)이 맡기도 했다.

이로써 성균관대는 쇠락의 길을 걷다가 1998년 20년 만에 삼성이 다시 재단으로 참여하면서 급부상하게 되었다. 나는 1977년 입학해서 삼성이 재단에서 나가는 모습을 본 뒤, 1998년 삼성이 다시 재단을 맡으면서 교수로 돌아왔다. 성균관대 동문들 사이에서는 그래서 77학번을 유난히 미워하기도 했다는 풍문도 있었다. 삼성을 나가게 해서 학교 수준이 급전직하했다는 이유에서였다.

77학번은 유난히 입학 초부터 시위를 많이 경험했다. 급기야 3학년 때는 10·26, 12·12 사태, 4학년 때는 5·18 광주민주화운동 등 산업화 말기, 민주화 전기라는 역사의 현장에 있었다. 대학을 다니는 내내 학내 시위 등 어수선한 가운데 수업이 제대로 이루어지지 않았다. 그렇지만 경제학과의 경우 당시 미국 등 해외 유학 후 박사학위를 받고 부임한 젊은 교수들이 열성적으로 강의하려고 애쓰고 있었다. 시위해야 하니 휴강해 달라고 부탁하는 학생회 간부를 심하게 나무라던 교수님들의 모습이 떠오르기도 한다. 성균관대 학생들은 전기 대학 입학시험에서 떨어지고 후기로 들어왔다는 이유 때문인지 1학년 초기에는 학교생활에 만족하지 못하고 방황하는 경우가 많았다.

때문에 당시 성대생들 사이에서는 세 가지 길로 간다는 소리가 있었다. 첫째는 재수 혹은 삼수하려고 다시 대입 준비하는 길, 둘째는 술에 빠지거나 방황하다가 군대 가는 길, 셋째는 운동권 선배의 교육에 눈을 뜨고 민주화를 위한 운동으로 가는 길, 이 세 가지이다. 물론 첫째, 둘째의 길로 접어들었다가 나중에 사법시험, 행정고시 혹은 외무고시와 같은 고시를 준비하는 경우도 많았다. 세 번째 길은 오랫동안 그 길에 남는 경우가 많았다.

당시 많은 대학생 특히 운동권에 가담한 학생들이 처음 읽고 새로운 눈으로 세상을 바라보면서 그동안의 교육을 되돌아보게 한 계기가 된 책이 두 권 있다. 『전환시대의 논리』와 『해방전후사의 인식』이다. 『전환시대의 논리』는 베트남 전쟁을 통해 미국을 다시 보게 했고, 『해방전후사의 인식』은 일제 잔재를 청산하지 못한 우리 근현대사의 왜곡을 새롭게 인식하게 했다. 경제학 관련 서적으로는 조용범 교수의 『후진국 경제론』, 모리스 돕의 책들이 후진국으로서 한국이 선진국에 종속되는 구조를 탈피해야 하는 중요성을 인식하게 해주었다. 소설 중에는 『난장이가 쏘아올린 작은 공』, 『광장』 등이 우리 국민의 아픔을 함께 느끼게 해주었다. 노래로는 김민기의 '친구', 양희은의 '아침이슬', 한대수의 '물 좀 주소' 등이 당시 학생들의 가슴을 뜨겁게 달군 노래였다.

나는 그 시기 학과보다 동아리 활동에 몰두했다. 당시에는 요즘 용어로 동아리라 하지 않고 서클 혹은 클럽이라고 했다. 각 대학 연합으로 구성된 유엔 관련 동아리도 있었고, 연극·서예 등 문화 관련 동아리도 있었다.

1학년 때 영어회화 동아리인 허밍버드(Hummingbirds)에 들어가 4년 대학 생활은 물론 이후 내 인생에 있어서 중요한 선배, 친구, 후배와의 인연을 이어갔다. 이 동아리는 1968년 경제, 경영학과에 수석 입학한 우수한 선배 몇 분이 중심이 되어서 영자신문 제작과 영어회화를 하는 동아리로 시작되었다. 그 후 회원은 주로 신입생 중 우수 학생을 스카우트하는 형식으로 이루어지거나 시험을 봐서 뽑았다. 나는 우연히 시험을 봐서 들어가게 되었다. 주된 활동은 외국인을 초빙해서 주제를 정해 영어로 회의하고, 방학 때는 듣기 위주로 트레이닝을 하고, 1년에 한 번은 영어연극을 했다. 대외적으로는 영어연극 공연으로 많이 알려졌는데, 나는 1학년 때는 배우로, 2학년 때는 기획을 맡아, 3학년 때는 연출을 하면서 연극에 빠진 시간도 있었다.

　　영어연극은 한 시간 정도 상연하는 단막극으로 이루어졌는데, 제일 힘든 과정 중 하나가 적절한 대본을 찾는 것이었다. 나는 기획, 연출을 맡았을 당시 대본을 찾으러 서점과 도서관을 많이 다녔는데, 우연히 국립극단 단원으로서 영어연극 번역을 했던 고 이진수 선생님을 알게 되어 초면이지만 무작정 연습하고 있는 남산 국립극장에 가서 대본을 부탁했다.

　　당시 이 선생님은 집에 영어 대본이 많으니 한번 와서 찾아보라고 해서 성산동 댁으로 찾아갔다. 너무도 친절하게 연극과 번역 등에 대해 가르쳐 주셔서 나와 함께 간 1년 후배 김도환(세종대 교수)도 감명을 받았다. 이 선생님은 우리가 무대에 올리는 연극에 꼭 초대해 달라고 부탁하셨는데, 나는 까맣게 잊고 초대하지 못했다. 얼마 후 어느 날 우연히 버스에서 이 선생님 옆자리에 앉았는데 선생님이 나를 알아보시고는 크게 꾸짖으셨다.

내 인생에서 크게 반성한 몇 번의 상황이 있는데 그중 한 번이 그때였던 것 같다. 이 선생님은 모노드라마 〈빌라도의 고백〉을 기획, 연출, 배우 역할도 하시고, 나중에는 드라마 〈제3공화국〉에서 박정희 역으로 출연하시기도 했는데, 갑자기 지병으로 타계하시는 바람에 반성과 가르침의 기회를 더 못 가졌을뿐더러 또 나의 모습도 더 보여드리지 못해 내내 아쉬웠다.

'허밍버드' 동아리는 영어를 기본으로 활동했지만, 시대 상황을 반영하듯이 반독재와 민주화의 공감대가 형성되어 그쪽으로 활동의 관심을 기울이기도 했다. 산업화의 성공 이면에 드리워진 반민주, 독재의 그늘이 많은 지식인을 투쟁과 희생의 길로 내몰았고, 동시에 대학생들의 의식 구조에 커다란 변화가 생겨났다. 10·26이라는 역사적 사건을 계기로 의식의 변화는 더욱 큰 물결로 이어지고 또 좌절하는 과정을 거치면서 우리 역사에서 또 하나의 결정적 분기점이 되는 민주화가 형성되어 갔다.

80년 5월이 분기점이 되다

나에게는 4학년이던 1980년 5월이 내 삶의 방향을 결정하는 분기점이 되었다. 1979년 10·26 그리고 12·12로 이어진 희망과 좌절의 시간을 거친 뒤, 1980년 봄은 말 그대로 춘래불사춘(春來不似春)

이었다. 민주화의 불씨를 살리고자 많은 곳에서 운동이 일어나고 있던 그 즈음, 5월 1일 성균관대는 중요한 시위를 시작했다. 1976년 시작된 1학년의 10박 11일 군사집체훈련을 반대하는 시위였다.

대학 신입생을 문무대라는 훈련장으로 데려가서 열흘 동안 군사훈련을 시킨다는 자체를 거부하는 운동을, 늘 제일 먼저 집체훈련에 소집되던 성균관대가 주동이 되어 시작한 것이다. 당시 민주화 열망이 뜨거워진 상황인지라 이 시위가 갖는 의미는 상당히 컸다. 나는 4학년이었지만, 죽을 각오로 선두에서 모두 흩어지지 말자면서 밧줄로 서로 허리를 동여맨 채 교문을 돌파했다.

정확한 기억은 나지 않지만 전경들에게 한참을 구타당한 후 정신을 차려보니 교문 앞 어느 상점 주인의 배려로 그 집 방에서 치료를 받고 있었다. 나중에 듣고 보니 그 과정에서 내가 실종되어 동료들이 병원을 뒤지는 등 나를 찾느라 애쓰면서 걱정했다고 한다. 시위는 결국 더욱 확대되어 다른 대학으로 옮겨 갔고, 급기야 서울역 앞 시위 등 대규모 시위로 이어졌다. 그러다 5월 18일 0시를 기해 제주도까지 계엄령을 확대한다는 명분으로 모든 대학에 군 병력이 진주했다. 무자비하게 학생들을 구타했고, 그 과정에서 광주에서는 사상자가 발생하는 광주항쟁이 시작되었다.

당시 나는 대학생으로서 광주항쟁 소식을 전해 듣고는 이 분노와 슬픔을 평생 잊지 않고 역사와 국민을 위해 살아야겠다는 결심을 하게 되었다. 이런 결심을 더 굳히고 구체화하게 된 또 하나의 분기점은 학과와 동아리 1년 후배인 심재환이 단독 시위하고 구속된 사건이었다. 나는 그가 벌이는 시위에 참여하고 싶은 마음은 있었지만 여러 이유를 생각하며 비겁하게 주저하는 것이 너무도 부끄러웠다. 그래서 대신 평생 공부하기로 결심하게 되었다.

심재환은 그 시위로 구속되어 1년간 수감 생활을 했다. 그리고 노동 현장에 머물다 복학한 뒤 사법시험에 합격해서 변호사 생활을 하고 있다. 그가 사법연수원 동기인 이정희와 만나 결혼을 앞두고 신붓감을 소개해 주었을 때가 생각난다.

당시 나와 내 아내가 함께 만났는데 이정희는 나이가 10살 넘게 차이 난다는 걸 감안하더라도 너무도 앳된 모습이었다. 그러다 세월이 흐른 후 같은 국회의원으로 활동하고, 또 18대 대선 때 TV 토론에서 통합진보당 후보로 나왔을 때 방송국에서 만난 이정희는 너무도 먼 거리감이 느껴졌다.

빚으로 남은 광주항쟁

5·18 광주항쟁이 내게 준 충격과 분노 그리고 다짐은 실로 엄청난 것이었다. 유학을 마치고 귀국해서 교수가 되고 국회의원이 된 시점까지, 광주시민과 함께하지 못했다는 것이 언제나 가슴속 한켠에 부끄러움이라는 상처로 남아 있었다. 2013년 가을, 기획재정위 국정감사차 광주를 가게 되었다.

당시 함께 간 야당의원이던 김현미 의원에게 언론에 알리지 말고 조용히 5·18민주묘지에 가서 참배하고 싶으니 주선해 달라고 했다. 함께 간 의원들 약 10명이 그날 일과가 끝나고 해 질 무렵 묘지에 갔다. 광주 묘역 입구에서 걸어가는 동안 은은히 들려오는 '임을 위한 행진곡' 노래가 가슴을 적시며 너무도 늦게 온 나 자신을 다시 한 번 꾸짖고 있었다.

절대 비공개로 하자고 부탁한 것이 잘 지켜져서 그날은 언론에 알려지지 않았다. 김현미 의원은 야당 기재위 간사를 하면서 늘 나와 대립하긴 했지만, 설훈 의원과 함께 스페인 등 유럽 출장도 함께 가면서 인간적으로 가까워진 사이이기도 했다. 독재 시절 과거에 갇혀 있지 말고 앞을 보고 이제는 미래를 생각하고 함께 가자고 늘 이야기하곤 했지만, 당시 야당 핵심이던 그들은 선뜻 내 말을 이해하려 들지 않았다.

전두환 정권이 시작되면서 더욱 힘든 군부독재 암흑기가 닥쳐 왔다. 동양방송이라는 유력 TV 방송까지 없애면서 우리 사회 전반을 군부세력이 장악했다. 민주화에 대한 희망의 불씨는 사라진 듯했고, 국민은 절망의 숨소리를 죽여 가며 일상을 견디고 있었다.

대학 생활에서 달라진 것 중 하나가 있다. 학생 시위가 발생하면 학교 내에 학생으로 위장하여 들어와 있던 사복경찰이나 신원 미상의 젊은이(?)들이 나타나 시위대를 진압하는 것이었다. 시위를 주동하는 학생은 최대한 오랫동안 많은 메시지를 학생들에게 전달하고자 건물 옥상에서 전단지를 뿌리고 외부 벽을 한 손으로 잡고 매달려 모여든 학생들에게 메가폰을 들고 외치는 방식을 택했다. 시위 시작 후 사복경찰들에게 잡혀 내려올 때까지 시간은 기껏해야 30~40분이어서 최대한 함축적이고 강한 메시지를 전달하는 훈련을 거듭해 왔다. 이것이 바로 우리 운동권 세대들이 훗날 정치권 등에 들어와서 이슈를 선점하고 메시지를 잘 만들어 배포하는 능력을 발휘하게 된 계기가 아닌가 생각한다. 이러한 점이 오히려 오늘날 포퓰리즘의 단초가 되었다는 분석도 가능하다.

전두환 정권에 이은 노태우 정권은 우리 역사에서 산업화에서 민주화로 넘어가는 선순환 과정에서 적어도 정치적으로는 10여 년을 낭비하는 결과를 초래했다. 나아가 이 기간에 누적된 국민들의 좌절과 한이 우리가 민주화 이후 과도한 이념 대립과 진영 대립으로 또 다른 질곡을 경험하는 계기가 되기도 했다고 생각한다.

2) 대학원 시절

격동의 1979년과 1980년 대학 3~4학년을 보내면서 나는 공부하는 길로 가기로 마음을 먹었다. 4년간 경제학 공부를 제대로 하지 않았지만, 우리나라를 그리고 국민을 위해 경제학 공부를 하는 것이 의미 있을 것이라는 생각을 하게 되었다. 한국전쟁 때 월남하신 아버지는 갖은 고생을 해서 성공하고 가정을 이루었기에 늘 자식들만큼은 편안하고 안정된 삶을 살기를 바라는 마음에, 내가 공부해서 교수가 되는 길을 권장하셨다. 그렇지만 나는 부모님 덕분에 여유 있게 자라고 공부한 것에 대한 대가로 소외된 국민을 위해 그리고 국가 발전을 위해 헌신해야 한다는 생각을 늘 갖고 있었다. 이런 나의 생각은 대학 생활에서 경험한 우리 역사의 질곡을 통해 더욱 굳어졌고, 그 방편으로 공부를 하되 분배 문제에 집중하겠다는 계획을 세우게 되었다.

납득할 수 없었던 '선성장 후분배' 논리

분배 문제에 관심을 갖게 된 것은 산업화 시대에 압축성장 과정을 거치면서 정부가 내세웠던 '선성장·후분배' 논리를 수긍할 수 없었고, 이를 비판해야겠다는 생각 때문이었다. '선성장·후분배'는 성장을 우선적으로 추진해서 파이가 커지면 나중에 나눌 몫도 커진다는 논리이다. 이를 뒷받침하는 이론으로 쿠즈네츠의 역U자 가설(Kuznets Inverted-U Hypothesis)이 있다는 것을 알게 되었고, 이를 심층 공부해서 문제를 제대로 파헤쳐 보자는 의욕이 생겼던 것이다. 이 가설은 경제성장 초기에는 분배 구조가 일시적으로 악화되다가 어느 정도 성장 과정을 거친 뒤 분배가 개선된다는 이론으로, 여러 경제학자들이 여러 데이터를 갖고 실증적으로도 검증해서 입증되었다고 알려져 있었다.

나는 대학원에 진학한 뒤 한 학기를 마치고 방위병으로 입대했다. 당시 나와 같이 4학년 때 신체검사 받고 군대 갈 준비를 하던 친구 중에는 방위로 간 경우가 꽤 있었다. 당시에는 고도근시 등 체력 면에서 현역 입영 대상으로 부적절해도 대학생이면 무조건 현역으로 판정했다. 마침 베이비붐 세대가 군대에 가는 시기가 되자 대학생 현역이 넘쳐나면서 대학생 방위도 처음 허용하게 되었다. 대학원 입학 후 군대 연기도 가능했지만, 1년 2개월간 방위 복무를 우선 마치는 것이 좋겠다는 생각으로 6월에 훈련소로 향했다. 그런데 훈련 중에 대학원 졸업생을 대상으로 6개월간 장교 훈련과 전방 근무 후 소위로 제대하는 제도가 신설되었다는 소식을 듣고 너무나 아쉬웠다.

대학원 2학기로 복학한 후 공부에 대한 열정이 한층 커졌고, 재미있기까지 했다. 책과 논문들을 보면서 새로운 지식을 습득해 가고 나름대로 비판적 시각이 생기는 과정이 신선하고 흥미로웠다. 분배 문제에 대한 관심이 어느덧 좀 더 구체화되어서 과연 경제학의 역사에서 성장과 분배의 관계에 대한 어떤 이론들이 있었고, 이들의 주장이 시대 흐름에 따라 어떻게 변하였나에 관심을 갖게 되었다.

경제학설사를 전공해서 애덤 스미스(Adam Smith)의 『국부론』부터 시작해서 많은 고전과 이를 정리한 경제학설사 책과 논문들을 보게 되었다. 석사 논문은 「분배와 성장의 관계에 대한 학설사적 고찰」이라는 제목으로 애덤 스미스에서 시작해서 1980년대에 이르는 모든 경제 이론에서 분배와 성장의 관계에 대한 이론들을 비교, 분석했다. 애덤 스미스는 국부 증진 혹은 성장 과정에 대한 논의를 주도했다. 분배와 성장 연구는 19세기 들어와서 지주-노동자-자본가 간 분배 문제에 대해 본격적으로 논의를 시작한 데이비드 리카르도(David Ricardo)로부터 시작되었다. 그는 성장 과정을 거친 뒤 수확체감의 법칙 등으로 노동자의 몫은 줄어든다는 주장을 함으로써 성장에 따른 분배의 악영향을 보여주었다. 리카르도를 이어받은 칼 마르크스(Karl Marx)는 성장, 즉 자본의 축적은 결국 노동자의 몰락 나아가 궁극적으로는 자본주의 체제의 붕괴를 가져온다는 성장과 분배의 역관계를 강화했다. 그 후 신고전학파(Neoclassical School)에 와서는 본격적인 성장 이론이 로버트 솔로(Robert Solow) 등으로부터 나와서 성장과 분배의 선순환을 주장했다.

신고전학파의 성장 이론은 1960~70년대까지 경제학의 주류를 형성했다. 나는 이러한 흐름을 성장과 분배의 관계 측면에서 비교하는 연구를 했다. 선성장·후분배 논리의 단초가 된 쿠즈네츠 가설의 경우도 이러한 신고전학파의 성장 이론에 힘을 실어 주었고, 실증적으로도 검증된 것으로 경제학계에서는 인식했다. 나는 여기서 끝나지 않고 리카르도를 계승하면서 케인지언 학파의 이론 체계를 새롭게 구성한 새로운 학파로서 포스트 케인지언(Post-Keynesian)의 이론 체계를 논문에서 중점 비교, 분석했다. 피에로 스라파(Piero Sraffa)라는 이탈리아 경제학자의 전혀 새로운 경제이론 체계가 시초가 된 것으로, 모형 내에 분배라는 도구 자체가 포함되어 있는 것으로서 성장과 분배의 역관계를 도출한 것으로 의미가 있었다. 이 학파는 비주류였지만 영국의 케임브리지대학의 조앤 로빈슨(Joan Robinson), 이탈리아의 루이지 파시네티(Luigi Pasinetti) 등이 중심이 되어 미국의 경우 뉴저지에 있는 럿거스(Rutgers)대학이 핵심 역할을 했다. 그래서 유학도 사실 영국의 관련 대학이나 미국 럿거스대로 가려고 했다.

나는 석사 논문을 쓰면서 지도교수였던 고 정도영 교수님으로부터 큰 도움을 받았다. 교수님의 평생 학문을 연구하는 자세와 열정을 존경했고, 『국부론』등 고전을 함께 읽어 주시는 등 논문 작업에 많은 관심을 기울여 주셨다. 돌아가시기 전까지 교수님은 늘 내가 걸어가는 길에 응원과 조언을 아끼지 않으셨고, 특히 사모님도 나와 아내 그리고 자식들까지 우리 가족을 따뜻하게 배려해 주셨다.

당시 석사 논문은 400자 원고지에 작성하여 제출하고, 지도 교수와 두 명의 심사위원이 심사해서 통과되면 최종 수정 후 인쇄를 했다. 논문을 원고지에 옮겨 쓰고 또 쓰는 지난한 과정은 당시 나와 사귀고 있던 아내가 맡아서 해주었다. 당시 아내는 회사 생활을 했지만, 시간 나는 대로 400자 원고지에 정서하는 수고를 해주었다. 그렇게 아내는 내가 글을 쓰는 데 관여하기 시작해 결혼 후 내가 신문에 칼럼을 기고하거나 강의 혹은 논문 원고를 쓸 때 수정해 주는 걸로 이어졌다. 지금 구치소에서 쓰고 있는 이 글 역시 우편으로 집으로 보내면 아내와 그리고 딸, 아들이 함께 읽고 수정하며, 국회의원 시절부터 비서로 도와주던 왕안나가 워드로 작업해 왔다.

석사 논문을 인쇄하기 위해서 당시 인쇄소가 즐비하던 을지로로 갔다. PC가 없던 시절 인쇄소에서는 400자 원고지를 갖고 공타라는 것을 통해 한 자 한 자 조판해서 그 판을 갖고 인쇄하는 과정을 거쳤는데, 시간이 급할 경우 조판할 때 옆에서 지켜보면서 교정을 보기도 했다. 당시 나의 석사 논문은 분량이 꽤 많아 인쇄소에서도 애를 많이 먹으면서 작업을 했다. 특히 인쇄한 뒤에도 오타가 발견되면 오타가 난 글자를 다시 인쇄해서 잘라 붙이는 작업을 하기도 했다. 논문에 한자로 '화폐(貨幣)'라는 단어가 100번 이상 나왔는데 조판 과정에서 실수로 '폐(弊)'라는 한자로 잘못 표기해서 '폐(幣)'라는 한자를 다시 100번 이상 인쇄해서 논문에 일일이 붙이는 수고를 하기도 했다. 석사를 마치고는 유학을 가기 전 박사 과정을 다니면서 강사로 강의를 하기도 했고, 그 과정에서 아내와 1984년 12월 27일 결혼을 했다.

3) 결혼과 유학 그리고 딸과 아들

유학을 가기 전해 12월 말에 결혼한 우리 부부는 소박하면서도 의미 있는 신혼여행을 다녀왔다. 결혼식 날 비행기를 타고 제주도로 가서 이틀을 자고 밤배로 부산으로 가서 1박한 뒤, 다시 버스로 동해 고속도로를 달려 양양으로 가서 낙산사 부근에서 자고 새해 일출을, 즉 1985년 1월 1일 일출을 낙산사에서 보는 일정이었다. 신혼여행을 마치 대학생 MT 식으로 강행군하느라 아내는 많이 힘들어했지만, 아직도 그날 일출 풍경이 기억나고 그때 서로 사랑과 미래를 다짐한 것이 아직도 계속되고 있다.

유학은 영국 케임브리지, 에식스, 워릭대 등도 고려했지만 장학금 혜택이 전혀 없고 생활비가 너무 비싸다는 이유로 포기하고, 미국에 집중했다. 포스트 케인지언 학자 몇 명이 있는 럿거스대학을 우선 지원해서 장학금까지 받는 것으로 연락을 받았다. 그런데 다시 연락이 와서 학교 사정으로 장학금은 1년 뒤 준다고 하는 바람에 포기하고 대신 분배, 빈곤 등의 연구가 활발한 위스콘신대학으로 가기로 결정했다. 지금 돌이켜보면 당시 럿거스가 아닌 위스콘신대(University of Wisconsin)로 간 것은 내가 공부의 폭을 넓히고 실증 분석에도 전문성을 갖는 데 도움이 되었던 것으로 여겨진다.

위스콘신에서 학문의 깊이를 더하다

위스콘신대학은 전통적으로 재정학과 계량경제학에 강한 경쟁력을 갖고 있었다. 또 오랜 전통의 빈곤연구소(Institute for Research on Poverty)에서도 활발한 연구가 이루어지고 있었다. 위스콘신에서 만난 학자들과 공부한 것들은 크나큰 자산이 되었다. 그중 지도교수인 로버트 헤이브먼(Robert Haveman) 교수와 그의 부인이자 교수였던 바버라 울프(Barbara Wolfe) 교수와의 인연은 너무도 소중했다.

나는 결혼하고 7개월 만에 유학길에 올랐다. 아내는 첫딸을 임신한 상태였다. 부모님의 경제적 도움이 있었지만, 가장으로서 유학을 간다는 부담이 있어 모든 것을 아끼면서 공부에 전념해야 한다는 각오를 다졌다.

학교에서 학생들에게 저렴하게 제공하는 대학원생 아파트에 입주 대기하는 1년 정도 기간은 바깥에서 싼 아파트를 얻었다. 싼만큼 불편하고 불안한 환경이었지만, 내가 학교에 가 있는 동안 아내가 최대한 안전하게 머물도록 했다.

한국 음식은 한국 식료품 가게가 있었지만 비싸서 엄두를 못

내고, 양배추 등 서양식품 재료들로 음식을 만들었다. 자연스럽게 아내가 만든 양배추김치 등 '새로운' 한식에 적응하게 되었다. 음식 솜씨가 없다고 내가 늘 놀렸었는데 아내는 어느덧 요리의 대가가 되어 가고 있었다. 유학 생활은 어디서나 마찬가지이겠지만, 겨울이 길고 추운 위스콘신이라는 지역은 오히려 공부하기에는 더 적합했다. 10월 말부터 눈이 와서 쌓이면 다음 해 4월에나 녹을 정도이니, 야외에서 즐기는 시간이 부족한 만큼 실내에서의 삶, 즉 공부에 더 많은 시간을 할애할 수 있었다.

위스콘신대학은 실내 테니스 코트가 12면이나 될 정도로 잘 되어 있어 많은 학생이 이용했다. 나는 일주일에 한두 번 테니스를 치곤 했다. 운동은 한국에서도 많이 했고 테니스도 즐겨 하곤 했는데, 유학 와서는 특히 테니스를 더 열심히 했고 그만큼 실력도 향상되어 한국학생대회에서 우승하기도 했다.

누구나 각자가 공부하면서 생긴 스트레스를 푸는 방식이 있겠지만, 나는 경제학과 유학생들과 매주 화요일 밤에 맥줏집에 가서 한잔 마시는 날로 정해 놓고 함께 즐기기도 했다. 화요일로 정한 건 당시 자주 가던 맥줏집이 화요일에는 할인했기 때문이다. 그 집은 브라트 앤 브라우(Brat and Brau)라고 이름 붙은, 브라트라는 소시지가 일품이었다.

나는 화요일을 브라트데이(Brat Day)라고 이름 붙여 놓고, 각자 연구실에서 공부하던 한국 유학생들과 함께 가서 즐기곤 했다. 그 집 매니저는 키가 작고 뚱뚱한 사람이었는데 한국 유학생에게 친절했다. 특히 나는 매주 화요일에 이용하는 관계로 브라트로만 만든 안주를 부탁해서 우리 고유의 메뉴로 발전시킬 정도로 친해졌다.

원래 오지랖이 넓어서인지 유학 생활 중에 친해진 미국 친구들이 많았다. 예를 들어 중고차 딜러와도 친해져서 새로 유학 오는 학생이나 공무원들이 차를 살 때 딜러들을 통해 싸고 좋은 차를 소개하곤 했다. 차에 관심이 많았기에 가능한 일이었지만 차를 살 때 딜러들과 흥정하는 것이 재미있었고, 그들도 내가 한국 유학생 고객을 많이 데리고 오다 보니 유리한 가격을 제시하곤 했다.

나중에는 메디슨(Madison) 인근의 한 도시에서 열리는 중고차 경매장에 가기도 했다. 내가 마지막으로 산 차도 경찰차로 사용하던 차인데, 경매를 통해 아주 싼 가격에 샀다. 2000달러에 사서 2년 정도 타고 난 뒤 4000달러에 팔았을 정도로 싸게 샀다.

유학 생활을 하면서 나는 아내와 함께 한국 문화를 미국이나 다른 나라 학생 가족들에 알리는 것이 재미있었고, 보람 있었다. 우리 딸의 돌잔치를 학생 아파트 단지인 이글 하이츠(Eagle Heights) 내 커뮤니티 센터(단지 내 조그만 실내체육관 겸 행사장)에서 했다. 당시 경제학과에서 친해진 미국 등 외국 학생들도 초대해서 김밥, 잡채 등 한국 음식을 맛보여 주었다. 그때 친해진 미국 친구들은 아직도 잊지 못하고 보고 싶기도 하다. 특히 내가 논문을 쓰면서 늘 영어 교정을 봐주던 소설가인 친구도 보고 싶다. 내 영어 발음을 교정해 주던 영문과 교수와 학생도 보고 싶다.

내가 유학을 시작한 1985년은 아날로그 시대 마지막 10년의 초반이라 할 수 있다. 나는 유학을 떠날 때 작은아버지가 사주신 전동 타자기를 소중하게 간직했었다. 1년 정도는 그 타자기를 사용하여 과제물을 제출했는데, 그 후로는 PC의 워드프로세서와 프린터가 그 역할을 대신하게 되었다. 불과 1년 만에 최고의 소장품이 골동품이 되어 버린 것이다.

당시 경제학과는 사회과학 건물에 속해 있었는데, 컴퓨터 랩이라고 PC 약 30대와 프린터를 갖추어 놓고 학생들에게 개방했다. 처음 그 랩에 갔을 때 기억이 아직도 생생하다. 바깥에 버리려고 놔둔 키펀치(Key Punch) 기계를 보면서 안으로 들어가자 PC가 서너 줄 줄지어 있는데 빈자리 하나 없이 학생들이 앉아 무엇인가 열심히 작업하고 있었고, 한쪽에서는 요란한 프린터 소리가 났다. 지금은 레이저 프린터를 쓰지만 당시는 도트 매트릭스 프린터(Dot Matrix Printer)가 한 줄씩 요란한 소리를 내가며 프린트를 했다.

키펀치는 과거 대형 컴퓨터(Main Frame Computer)에 프로그램을 입력할 때 노란색 카드에 구멍을 뚫어서 수백 장을 집어넣는 시절 사용하던 것으로서, 더 이상 카드를 넣고 인식할 필요가 없어지면서 버려진 것이다. 나는 대학 시절 계량경제학 과제를 수행하려고 포트란(Fortran)이라는 프로그램 언어로 짠 프로그램을 갖고 키펀처 하는 곳으로 가서 줄을 선 뒤 제출하고, 다음 날 결과를 찾으러 갔다가 에러가 나왔다고 하면 다시 가서 키펀치를 새로 한 것을 제출하고 기다리곤 했다. 이렇게 일주일여 소요되던 작업이 불과 몇 년 만에 단 10분 내에 이루어진다는 것을 알고는 그저 놀라울 따름이었다.

얼리 어댑터, PC 시대를 맞다

본격적인 PC 시대가 시작되면서 나는 뉴욕의 컴퓨터 부품 판매상가에 전화로 PC를 주문해서 구입했다. 얼리 어댑터(Early Adopter)로서 전자기계 등을 누구보다 먼저 사서 활용했기 때문에 PC도 최대한 싼 가격을 찾아 주문해서 사용하기 시작했다. 하드디스크도 따로 구입해서 장착했는데 당시 우편주문, 즉 메일오더(Mail Order)로 구입한 시게이트(Seagate) 제품 40메가바이트 하드디스크는 300달러 정도였고, 크기는 300쪽 정도 문고판 크기였다. 요즘 몇 백 기가바이트 나아가 몇 테라바이트 용량의 USB를 생각하면 메모리 용량의 발전은 상상을 초월할 정도이다.

PC의 경우 당시 대우에서 처음 만들어 수출한 리딩에지(Leading Edge)라는 상품이 인기 있었는데, 나는 비싸서 사지 못하고 싼 것을 메일 오더했는데 결국 원인 모를 고장이 자주 발생했다. 갑자기 꺼졌다 켜지는 현상 때문에 자주 PC를 뜯어서 여러 부품을 점검하다가 결국은 마더보드(motherboard) 자체를 메일 오더로 주문해서 교체했다. 이러한 과정을 거치면서 자연스럽게 컴퓨터에 대해 많이 배우게 되었다.

그러던 차에 누나가 가끔 보내주던 카세트테이프를 보면서 새로운 아이디어가 생겨났다. 당시 송창식의 '상아의 노래'가 새로 나와 되감기를 하면서 계속 듣곤 했는데, 해당 위치를 찾는데 되감았다 앞으로 감는 등 시간이 걸렸다. PC의 하드디스크를 뜯어 보고 그 원리를 알았던 나는 하드디스크에 여러 정보를 담듯이 음악은 왜 하드디스크에 담지 못하나 궁금했다. 그래서 전자공학을 공부하는 유학생에게 음악 등 음성을 하드디스크에 저장할 수 있으면 금방 원하는 음악을 찾아서 들을 수 있을 테니 연구해 보라고 권유했다.

그는 음성 정보는 그렇게 저장할 수 없다고 잘라 말했다. 지금 생각하면 그가 당시 내 말을 듣고 좀 더 연구했더라면 1990년대 초반에 처음 나온 MP3보다 적어도 5년 이상 시장을 선점했을 것이다. 당시 기술 수준으로는 불가능해 보이던 것이 이제는 음성뿐만 아니라 화상도 자유롭게 휴대폰으로 촬영, 녹음해서 재생하는 디지털 시대가 되었으니 놀라울 뿐이다.

나는 2년 차부터 강의조교(TA: Teaching Assistant)가 되어 3년간 장학금을 받고, 그 후에는 연구조교(RA: Research Assistant)가 되어 장학금을 받아서 생활에도 큰 도움을 받았다. TA의 경우 일주일에 다섯 반을 맡아서 경제학원론, 통계학 등 과목의 추가 수업을 진행했다. 대형 강의인 경우 교수가 300명 정도 학생을 대상으로 강의하면, TA는 수업 내용에 대해 보조하거나 추가 내용을 가르치는 것이었다.

외국 학생이 TA가 되려면 미니 렉처(Mini-Lecture)라고 10명 정도 학생을 대상으로 강의해서 5점 만점에 평균 3.5점 이상 되어야 했다. 한국 유학생의 경우 해가 갈수록 TA가 되는 비중이 커졌다.

그만큼 영어 구사 능력이 향상된 상태에서 유학을 왔던 셈이다. TA가 되더라도 매 학기 학생들의 평가를 통해 3.0 밑으로 내려가면 탈락된다. 나는 대학 때부터 영어에 많이 노출되어 있어서 그런지 탈락하지 않고 늘 4.0 이상 평가를 받았다. RA의 경우 지도교수였던 헤이브먼 교수와 그의 부인 바버라 울프 교수의 연구를 도와주는 것이었다. 연구가 대부분 복지 문제여서 내 논문에도 도움이 된다고 생각했다. 특히 위스콘신 내 빈곤연구소의 연구조교 소속이어서 복지, 빈곤 연구의 대가들을 접할 기회도 많았다.

논문 작업과는 별개로 RA 활동을 통해 지도교수 부부와 함께 연구하는 수준까지 되었다. 당시 지도교수 부부가 진행하던 연구에 내가 새로운 아이디어와 작업을 더해 좋은 결과를 얻음으로써 공저자가 되어 유명 학회지에 게재하게 되었다. 그 후로도 계속 함께 연구한 논문을 발표하게 되어 미국 전역의 학회에 함께 다니기도 했다. 가장 의미 있는 논문은 클린턴 정부의 복지 개혁(Welfare Reform)에 기초가 되었다고 평가된다.

박사 논문은 1986년 미국 노령연금제도 개혁이 가진 문제점을 밝히고 대안을 제시한 것으로 나중에 유명 학회지에 게재되기도 했다. 이러한 연구 실적으로 미국 경제학 교수 채용 시장인 일명 잡마켓(Job Market)에서도 상당히 인기가 있었다.

나는 유학을 결심하고 위스콘신대학에 와서 1년 후 시험(기초과목시험)과 2년 후 전공시험에 통과한 뒤, 박사 논문도 통과하고 미국 잡마켓에 나가서 성과를 거둘 정도로 일단 성공한 셈이었다. 그

사이 아내는 딸을 출산하고 3년 반 뒤 아들을 출산하면서 힘들지만 보람 있는 생활을 했다.

두 아이는 미국 병원에서 출산했는데 늘 나는 아내 곁에 있었다. 두 아이는 학생 아파트 단지에서 자라며 다른 문화권 국가 아이들과 어울리게 되었다. 20대 후반에서 30대 초반이라는 나이에 유학 생활을 하면서 아이를 낳고 키우는 것은 그야말로 힘들면서도 행복했다고 할 수 있다. 경제학과 한국 유학생들은 특히 친밀하여 가족 단위로 고락을 함께 나누었고, 귀국 후에도 매달 아내들의 모임이 이루어질 정도이다.

2. 위스콘신에서 성균관으로 돌아오다

1) 대우경제연구소와 대우 패널

매년 초 개최하는 미국경제학회에서는 교수 채용 시장인 잡마켓도 함께 열린다. 나는 1991년 1월 워싱턴DC에서 열린 잡마켓에서 20여 곳 이상 인터뷰를 했다. 인터뷰를 통해 통과한 해당 학교에 가서 세미나를 발표하고 개개 교수들과 일일이 면담하는 이른바 플라이백(flyback)도 세 군데 정도 했다. 그 과정을 거친 뒤 최종적으로 시라큐스대학(Syracuse University)에서 채용 결정이 났다.

그런데 미국에서 교수 생활을 앞두고 나의 학위 수여식도 볼 겸 어머니와 함께 미국에 오신 아버지가 갑자기 쓰러지셔서 위암 수술을 받게 되었다. 나는 고민 끝에 귀국하기로 결정했다. 평생을 건강하게 활동적으로 사시던 아버지가 갑자기 위암 수술을 받게 되리라고는 상상하지 못했다.

나는 여느 때와 같이 학교에서 컴퓨터 작업을 하고 있었는데 아내에게 전화가 걸려왔다. 아버지가 목욕을 하다 쓰러지셨는데 지금은 깨어나서 안정을 취하고 있다고 했다. 나는 버스를 타고 집으로 달려갔다. 아버지는 괜찮다고 하셨지만, 나는 아버지를 모시고 무조건 대학병원 응급실로 갔다. 마침 눈이 많이 내려 차에 쌓인 눈을 치우고 출발하느라 시간은 조금 지체되었지만 의사가 아버지를 진찰하고 피 검사를 하고 내시경을 한 뒤 수술하기까지 총 5시간이 채 걸리지 않았다. 위에 있는 큰 혹이 터져서 출혈이 계속되고 있는 상태였기에 조금만 더 지체했으면 돌아가실 뻔한 상황이었다. 지금도 당시 미국 응급의료 체계에 감사한 기억을 갖고 있다.

당시 나는 통역하기 위해 아버지 수술실까지 들어갔다. 수술 과정만 제외하고 회복실 등에서 아버지 곁을 지켰다. 수술 후 아버지가 항암치료를 하는 과정에서 나는 암과 관련된 각종 의학전문 학술지를 읽고 공부했다. 아버지에게 적용되는 항암제의 종류와 효과에 대해 늘 담당의사에게 물어보고 의논하곤 했다. 간에 전이된 상태에서 첫 항암제였던 '5-Fu'가 전혀 듣지 않아서, 두 번째로 혈액암에 주로 사용하는 강한 항암제로 'EAP'라는 것을 시도했다. 다행히 효과가 있어서 간에 전이된 혹 여러 개의 크기가 줄어들기 시작했다. 이런 과정을 거치고 나는 아버지와 함께 귀국하게 되었다.

귀국 후 미국 병원의 진찰 기록과 내가 정리한 아버지의 치료 일지를 갖고 서울대병원으로 갔다. 그런데 병원 측이 위암에 늘 사용하는 5-Fu를 항암제로 처방하기에 주치의를 찾아가 항의했다. 당시 내가 보았던 암 관련 학술 논문들을 복사해 보여주면서 미국에서 경험했던 항암제의 효용성에 대해 설명했다. 다행히 당시 주치의였던 허대석 교수는 솔직하게 한국에서는 의사들이 환자를 보는 시간이 너무 많아서 최신 학술지를 따라가기가 힘들다면서 내 의견을 따라주었다. 의사들은 권위만 내세우고 환자나 환자 가족의 의견은 잘 듣지 않는다는 선입견과는 달리, 실력 있고 바른 의사로서 전형을 보여준 허대석 교수는 아직도 잊을 수 없다. 2년 후 아버지의 암이 재발했을 때도 허 교수는 더 이상 치료는 환자를 더 힘들게 한다고 조언했고, 나는 가족과 상의 후 그의 의견을 따르기로 했다.

첫 직장 대우경제연구소에서 한국 경제를 살펴보다

귀국 후 첫 직장은 대우경제연구소였다. 갑자기 귀국해서 대학교수를 지원할 기회도 없던 차에 우연히 세미나를 거친 후 채용되었다. 대우경제연구소는 대우증권 산하 기관으로 증권시장 분석 전문가와 경제 전반의 연구자들로 구성되어 있었다. 이한구 소장은 매일 오전 7시 경제학 박사 5~6명을 모아서 경제 현황에 대해 논의했다. 이 과정에서 나는 한국 경제를 신속하고 깊이 있게 이해할 수 있게 되었다. 나는 특수 연구실 소속이었고, 경제 관련 각종 이슈나

학회와 시장 등의 활동을 파악하고 분석한 뒤 보고서를 쓰는 역할을 했다.

그런 가운데 나는 미국에서부터 생각하고 있던 데이터 구축의 필요성을 집중적으로 강조하여 이른바 '대우 패널' 구축을 제안했다. 나는 논문을 쓸 때나 교수들과의 공동 연구에서 항상 미국의 패널 데이터(Panel Data)를 기초로 분석했다. 패널 데이터는 동일한 대상을 한 번이 아니라 매년 설문조사를 실시하여 개인 혹은 가구가 시간이 지나면서 어떻게 소득, 소비 등 활동이 바뀌는가를 추적하는 데이터이다. 이는 기존에 한 번씩 조사하는 횡단면 자료(Cross-section Data)보다 풍부하고 의미 있는 정보를 제공한다. 미국의 미시건 패널(Michigan Panel)이 대표적인데, 미시건대학이 1968년부터 5000가구를 매년 추적하는 패널 데이터를 구축하여 경제, 사회 분야 연구에 획기적인 도움이 되고 있다. 1968년에 태어난 가구의 일원이 성장하면서 경험한 것과 나중에 성장해서 취업하고 결혼하는 과정이 그 데이터에 고스란히 담겨 있다.

나는 미시건 패널(PSID: Panel Study of Income Dynamics가 공식 명칭)과 같은 데이터를 미국 이외에 그리고 아시아권에서 최초로 구축해야 한다고 강조하면서 이한구 소장을 설득했다. 그리고 김우중 회장과 대우그룹 계열 사장들에게 관심을 갖게 해서 데이터 구축 비용을 부담하게 했다. 당시 우리나라는 설문조사 회사가 몇 군데 있었지만 패널 데이터 개념을 처음 접해 본 상황이라 국내 설문조사 시장도 새로운 영역 개척에 초미의 관심을 갖게 되어 경쟁적으로 이 작업에 참여하고자 했다.

인생을 마무리하는 지금 시점에서 보면 이 패널 데이터 구축을 내가 시작했다는 사실에 큰 보람을 느끼고 있다. 실사구시를 중시하는 학자로서 삶에서 20세기와 21세기 학문 연구에서의 인프라(infrastructure)를 구축했다는 자부심은 내가 조금이나마 다산의 길을 걷고 있다는 자신감을 갖게 한다.

사회과학에서 인프라 구축 작업을 위해 나는 미국 학자들과 협조해서 LIS(Luxemburg Income Study)에 한국이 참여하도록 하기도 했다. LIS는 전 세계의 가구소득, 소비조사를 통한 자료들을 모두 수집, DB화하여 전 세계 학자들에게 국가별 비교, 분석할 수 있도록 한 것이다.

내가 채용되었던 시라큐스대학의 티모시 스미딩(Timothy Smeeding) 교수가 주축이 되었다. 스미딩 교수는 내가 시라큐스대학에 교수로 갔으면 나와 함께 이 LIS 작업을 했을 것이다. 아버지와 함께 귀국하게 된 것을 아쉬워하던 그는 나중에 한국에서 대우패널 구축이나 LIS 참여 등에 큰 도움을 주었다(스미딩 교수 외에 리처드 버크하우저(Richard Burkhauser) 교수도 나의 논문 분야인 은퇴, 사회보장과 관련해서 나를 채용해서 함께 연구하고자 했었다).

NTA 구축의 새 장을 열다

또 한 가지 인프라 구축 연구가 있다. 내가 1년간(2004년 8월~2005년 7월) 미국 버클리대학에 연구교수로 갔을 때 시작한

NTA(National Transfer Account)이다. NA(National Account)는 국민 계정으로서 한 나라의 소득, 생산, 분배 등을 측정하는 것으로 널리 사용되고 있지만, 저출산·고령화 시대에 따른 연령별 소득, 소비, 생산의 흐름을 파악하지 못한다. 따라서 NTA는 NA를 연령별로 구분해서 측정하고 또 공적·사적 분야를 구분하고 상호 흐름을 측정하는 것으로 획기적이고 새로운 개념이었다. 이를 이론적으로 개발하고 측정하는 작업에 버클리대 로널드 리(Ronald Lee) 교수와 하와이대 앤디 메이슨(Andy Mason) 교수가 주축이 되었다.

나는 NTA 구축 작업 초창기에 이들과 함께하면서 한국이 아시아에서 주도적으로 참여하도록 했다. 당시 NTA 구축 작업에 하와이대 팀에는 이상협 교수가 있어서 자연스럽게 한국이 주도적 역할을 하게 되었다. 이제는 전 세계 50여 개국이 참여하고 있을 정도로 계속 확산되고 발전되어 가고 있다.

대우경제연구소에 근무하던 1년 동안 퇴근 후에는 집에서 미국 빈곤연구소의 일도 동시에 했다. 보수는 없었지만 빈곤연구소의 연구위원(RA: Research Associate) 자격으로 빈곤연구소 계정에 접속해서 각종 실증 분석 연구를 했다. 모뎀을 통해 미국 계정에 접속하는 것은 당시 국제전화 요금으로 감당하기 힘들었다. 그래서 모뎀으로 고려대의 서버에 접속해서 '텔넷(telnet)'을 통해 미국 빈곤연구소 계정에 접속하는 방법을 취했다.

당시 국내에서는 외국 계정에 접속해서 사용하는 사례가 없던 상황이라 고려대 전산실은 나를 흥미롭게 그리고 친절히 대해 주어서 고맙게도 쉽게 작업할 수 있었다. 지금 기준으로는 이해가 안 되겠지만, 인터넷이라는 개념이 없던 시절 이 정도의 작업을 할 수 있었던 것은 큰 기쁨이자 행운이었다.

아날로그 시대에서 디지털 시대로 본격적으로 넘어가던 시절, 나는 이러한 문명의 발전 과정에 흠뻑 젖어 있었고 얼리 어댑터로서 기질도 발휘하면서 살았다. 그러다 2016년 11월부터 구치소 수용 생활을 시작하면서 다시 맞은 아날로그 생활은 처음에는 적응하지 못해 너무도 힘들었다.

하지만 아날로그 시대의 향수를 체험하면서 사고의 깊이와 폭이 한층 커진다는 느낌을 갖게 되었다. 이 글을 쓰고 있는 지금도 손으로 쓰고 있지만, 워드로 작업할 때보다 더 풍부하고 깊이 있는 생각이 글에 담겨 나는 느낌을 맛보고 있다.

2) 금융실명제 준비 작업에 참여하다

대우경제연구소에서 1년을 근무한 후 나는 새로 출범하는 국책연구소인 한국조세연구원으로 자리를 옮겼다. 경제부처 산하 국책연구원으로 한국개발연구원(KDI)이 경제 전반에 대한 연구를 한다면, 한국조세연구원은 조세 정책과 재정 정책을 중심으로 연구하는 연구원으로서 큰 기대를 갖고 출범했다.

당시 나와 비슷한 연배의 박사 학위 소지자를 선발하여 출범했다. 나는 재정학을 전공한 전문가로 한국에서의 조세·재정 정책 수립에 기여할 수 있는 기회로 생각했다. 실제 내가 근무하는 5년여 동안 조세·복지 정책 수립에 참여하고 기여하는 기회를 가졌다.

특히 김영삼 정부 출범과 함께 비밀리에 금융실명제 실시 준비 작업을 하게 된 것은 내가 첫 번째로 소중한 한국의 주요 제도 수립에 기여한 경험이었다. 1993년 8월 12일 긴급명령으로 시행된 금융실명제를 준비하기 위해 준비팀이 구성되었고, 당시 조세연구원에 파견 나와 있던 김진표 국장(훗날 재정경제부 장관, 교육부 장관을 거쳐서 국회의원)의 도움을 받으면서 작업했다. 이러한 작업을 기초로 금융실명제가 실시된 후 나는 『금융실명제와 국민경제』라는 책을 출간하기도 했다.

금융실명제 실시 이후 조세연구원에서는 금융소득종합과세의 기본 골격을 만드는 작업을 하기 시작했다. 내가 총괄하여 종합과세 기준금액을 4000만 원으로 정하고 소득세 체제를 전면 개편하는 등 작업을 수행하여 1994년 9월 발표하고, 1996년부터 시행했다. 나는 1년 정도 이 작업을 하면서 당시 수작업으로 금융소득종합과세의 기준금액과 세율 등에 대해 시뮬레이션 하던 것을 컴퓨터 프로그램으로 하게 했다. 이를 통해 재정경제부 세제실의 시뮬레이션 작업은 수작업보다 엄청나게 시간을 단축하게 되었다.

금융소득종합과세의 기준금액을 4000만 원으로 정한 것은 훗날 여러 가지 부작용을 낳았다. 금융소득종합과세 이전에는 이자와 배당소득인 금융소득을 20%로 단일세율로 나머지 소득과 분리해서 과세했다. 금융소득종합과세하에서는 금융소득을 다른 소득과 합산해서 종합 과세하면 20%보다 높은 세율을 적용받는 고소득자의 부담이 급격히 커진다는 우려 때문에, 기준금액을 정해서 그 이상 초과하는 금액만 합산해서 종합 과세하자는 것이었다. 나는 수없이 많은 기준금액 시나리오에 따른 효과의 시뮬레이션을 해본 결과 기준금액을 0원으로 해서, 즉 기준금액 없이 금융소득을 기존소득에 합산해서 종합소득세 누진세율로 과세하는 것이 바람직하다고 결론 내리고 여러 차례 건의했다.

금융소득과세 4000만 원 기준의 뒷얘기

첫째 이유는, 적용 소득세율이 20%보다 낮은 중산층 이하 소득계층은 저축 등을 통해 받는 이자나 배당소득에 대해 자신들 세율보다 훨씬 높은 20% 분리 과세되는 것이 형평성에도 맞지 않는다는 것이다.

둘째 이유는, 기준금액을 정해 놓으면 고액 금융소득자들이 이 금액을 초과하면 국세청에서 금융소득종합과세 대상자로 파악하게 된다는 생각에 가급적 금융자산을 분산시켜 기준금액을 넘지 않도록 하는 부작용이 발생한다는 것이다.

금융실명제 실시로 인한 금융시장의 충격을 완화하기 위한 방안으로 개인연금제도 도입에 대한 검토 작업 역시 조세연구원에서 이루어졌고, 이 작업 역시 내가 총괄 역할을 했다. 사실 개인연금제도는 노후 소득 보장의 세 가지 기둥 중 하나로서 금융실명제 실시와 상관없이 검토하던 것이다.

세 가지 기둥 중 핵심은 국민연금을 중심으로 하는 공적연금이고, 두 번째는 퇴직금제도 그리고 세 번째가 개인이 자발적으로 가입하는 개인연금이라 하겠다. 개인연금제도는 금융실명제 시행 덕분에 국회에서 신속히 법안이 통과되었다. 당시 나는 퇴직금제도를 기업연금제도로 전환하는 것도 필요하다고 주장했다. 우리 퇴직금제도는 노후 소득 보장 이외에도 실업급여의 성격을 갖고 있는 특이한 형태로 이루어져 있었다. 은퇴가 아닌 직장에서 퇴직해도 받게 되는 퇴직금제도를 노후에 연금으로 받는 형태로 바꾸자는 것이다. 기업연금제도는 직장에서 사용주와 함께 적립해서 은퇴 후 연금 형태로 받는 것으로, 세제 혜택과 지급의 법적 보장이라는 틀을 갖게 됨으로써 퇴직금제도보다 훨씬 안정적이고 혜택이 크다고 할 수 있다.

실업급여로서 퇴직금제도의 기능은 고용보험의 도입과 모든 근로자로 확대 적용하여 충분히 대체 가능했다. 훗날 완전한 형태가 아닌 부분적인 형태로 기업연금제도가 도입되기는 했지만 여전히 개선의 여지가 크다.

당시 나는 KDI 재정팀과 여러 가지 공동 작업을 하게 되었다. 앞에서도 잠시 언급했지만, 국민연금제도 개선과 관련된 연구를 유일호 박사(훗날 국회의원과 경제부총리), 문형표 박사(훗날 복지부 장관)와 함께 진행하기도 했다.

3) 교수로서 성균관대에 돌아오다

1977년 입학해서 1985년 유학 가기 전까지 8년간 학생으로 몸담았던 성균관으로 13년 만인 1998년 돌아왔다. 1996년 한국조세연구원에서 서울시립대학교 경제학부 교수로 자리를 옮기고 2년 뒤인 1998년 3월 성균관대학교 경제학부 교수로 부임한 것이다. 한국조세연구원에서 서울시립대학교로 옮길 때도 순조로운 과정이 아니었지만, 2년 만에 다시 성균관대로 옮긴 것도 원망과 환영을 동시에 받는 과정을 거쳤다.

앞서 설명했지만 나는 늘 자리를 옮길 때마다 요란했다. 분명 내가 원하고 나에게는 더 좋은 선택이었지만, 순조롭지 못했다. 시라큐스대학에 채용되었지만 아버지 건강 문제로 귀국할 때, 대우경제연구소에서 한국조세연구원으로 옮길 때, 한국조세연구원 연구부장을 하다가 서울시립대학으로 갈 때 그리고 성균관대학으로 옮길 때 등 늘 떠나가는 쪽에서 원망을 받는 일이 반복되었다.

나는 연구와 함께 강의의 중요성도 늘 강하게 염두에 두었기에 귀국 후 강단에 교수로 섰을 때 단단히 각오를 했다. 경제학이 학생과 국민에게 어렵고 재미없다는 인식을 불식시키려면, 대학 강단에서 경제학을 가르치는 교수부터 쉽고 재미있게 그리고 현실에서 유용하도록 강의 방법을 개발하고 실천해야 했다. 그래서 경제학 관련 과목을 강의할 때 학생들에게 현실 경제 문제에서 출발해서 이를 기존 경제 이론을 통해 접근하고 해결하는 훈련을 시키고자 노력했다. 매 시간 현실 경제 이슈에 대해 질문하고 답이 없으면 출석부를 갖고 호명해서 답을 유도했다. 무작위로 지명하면 학생들은 자신이 답해야 할지 모른다는 생각을 하기 때문에 내가 던진 질문에 잠시라도 답을 고민하게 되고, 이는 일방적으로 강의하고 지나가는 기존 방식에 비해 훨씬 효과적이었다.

보다 깊은 사고를 유도하는, 소통하는 교수로

암기식·주입식 교육에 익숙한 학생들로서는 당황스럽고 부담스러운 방식이지만 나의 대화식·참여식 강의 방식을 한 학기라도 경험하면 그 효과는 더 크고 오래갈 것이라는 확신이 있었기에 나는 이 강의 방식을 계속 유지했다. 시험 출제도 단순히 암기식 문제를 지양하고 오픈북으로 치렀다. 시험 범위 내용을 외우는 데 시간을 쓰는 대신 범위 내 내용을 현실 문제와 결부하여 생각하고 또 경제 이론을 현실에 적용해 보는 연습을 통해 시험을 준비하도록 한 것이다.

그리고 여러 유형의 문제를 출제하되 마지막 문제는 늘 당시 현실에서 이슈가 되는 문제를 소재로 출제했다. 예를 들면, 현행 소득세 체계에서 결혼에 따른 세부담의 유불리를 묻는 문제로 당시 화제가 되었던 최진실·조성민의 결혼을 기초로 했다. 이러한 대화식 수업, 오픈북 시험 그리고 발표 수업과 과제물 제출 등을 늘 내 홈페이지에 올려서 많은 학생이 관심을 갖게 하고 서로 게시판에 의견을 개진하여 활발한 토론이 일어나도록 했다. 당시 나는 얼리 어댑터답게

홈페이지를 일찍부터 활용했다. 경제와 재정 관련 각종 사이트와 정보를 수록하고 링크해 두기도 해서 학생이나 국민이 경제 문제에 보다 쉽고 흥미롭게 접근해서 의견을 남기도록 또 소통하도록 했다.

강의와 함께 연구에도 심혈을 기울였다. 교수로서 능력과 책임은 강의와 연구로 결정된다는 점에서 유학할 때 결심을 마음에 되새기며 최선을 다하려 노력했다. 나의 연구는 재정학(공공경제학)과 복지 분야가 중심이 되었다. 미국의 복지개혁과 연금개혁에 대한 연구 경험을 기초로 한국에서의 복지, 연금, 조세 정책 등에 대한 관심을 집중해서 한국의 정책 발전, 그래서 궁극적으로 국민복지 증진과 국가 발전에 기여하고자 노력했다.

꾸준히 한국의 조세정책, 복지, 연금 정책의 개선 방안을 모색하고 그 효과에 대해 검증하여 새로운 정책을 제안하는 데 연구력을 모았다. 그중 하나가 2008년부터 시행된 근로장려세제다. 이는 조세와 복지 정책의 혼합물(Policy-mix)로서 1995년부터 제안한 것이 실현된 것이다.

근로장려세제는 미국과 영국 등에서 도입해 조세, 복지 정책의 핵심으로 자리 잡은 EITC(Earned Income Tax Credit)의 한국식 명칭이다. EITC는 음의 소득세(NIT: Negative Income Tax)의 일종으로 일정 소득 수준 이하 저소득층에 '음의 세금', 즉 지원금을 지급함으로써 저소득 빈곤 정책으로 작용함과 동시에 일을 해야, 즉 소득이 있어야 복지 혜택이 주어지는 조세 체계 내 복지 정책이다. 미국은 오랜 검토 끝에 도입한 뒤 그 후 20년 이상 그 효과가 크다는 것을 입증하기도 했다.

우리는 국민기초생활보장제도와 최저임금제도가 빈곤 대책으로 자리 잡고 있지만, 근로 의욕을 떨어뜨리고 실업을 야기하는 부작용이 있다. 이를 해결하기 위해 한국식 EITC 도입이 필요하다는 점을 1990년대 중반부터 신문 등에 기고하는 등 주장했다. 나아가 제도 도입의 필요성과 도입의 예상 효과를 분석한 논문을 계속 『재정논집』이라는 학술지에 발표하는 등 적극적으로 제도 도입을 학계, 정부 그리고 정치권에 권유했다. 결국 10년이 지나 노무현 정부 당시 본격 검토가 이루어지고 국회에서 법이 통과해 시행되고 있다.

다양한 조세 제도의 제안과 개선

조세 제도가 가진 복잡성과 난이성은 국민들이 쉽게 이해하는 것을 어렵게 하고, 정치 논리나 포퓰리즘에 이용당할 수도 있게 한다. 나는 조세 정책을 쉽게 이해시키고 이용당하지 않도록 『근로자, 서민을 위한 조세 개혁』이라는 책을 출간하기도 했다. 선거 때만 되면 세금을 깎아 주고 예산을 더 많이 풀겠다는 포퓰리즘 공약으로 국민과 국가가 피해 보는 것을 막기 위해 『재정 포퓰리즘과 재정 개혁』이라는 책을 쓰기도 했다.

근로장려세제 이외에도 여러 제도를 제안했다. 제안들은 시간은 오래 걸렸어도 대부분 성사되었다. 학자로서 논문 발표, 기고, 자문 등을 통해 정책으로 성사시키는 데 10년 정도 걸렸다. 그런데 이런 제안들은 국회의원이 되고, 대선주자 자문 역할을 하고 나아가 출범한 정부의 청와대 수석으로서 역할을 할 때는 2~3년 내에 성사시킬 수 있었다.

나는 브루킹스 연구소 배리 보스워스(Barry Bosworth) 박사와 함께 '한국의 분배와 빈곤의 추이와 원인 그리고 정책 과제'를 주제로 3년간 공동 연구하여 하버드대 출판사에서 책으로 출간하게 되었다. (『Income Inequality in Korea: An Analysis of Trends, Causes and Answers』, Harvard University Asia Center, 2013. 11. 13.) 보스워스 박사는 나보다 연배가 20년 정도 위였지만 데이터 작업에서 시작해서 한국 분배 구조의 복지 정책에 대한 관심이 컸다. 나는 이 기회에 관련된 모든 미시·거시 데이터를 DB화해서 정리한 뒤 그에게 전달했고, 끊임없이 서로 오가며 토론했다. 내가 미국에 가면 브루킹스 연구소의 사무실을 내주어 연구할 수 있도록 해주었고, 브루킹스 연구소의 유명 학자들과 접촉할 기회도 주었다.

1998년 성균관대에 교수로 부임한 이후 6년 만인 2004년 8월부터 1년간 미국 버클리대학 경제학과와 인구학과가 공동 운영하는 고령화연구소(Center on the Economics and Demography of Aging)에서 연구년의 기회가 왔다. 나는 당시 재정·복지 문제와 밀접한 연관이 있는 우리 고령화 문제에 관심이 컸다. 세계에서 가장 빠르게 진행되고 있는 우리 고령화 문제는 재정 소요를 크게 해서 적자를 크게 하고 나아가 분배 악화, 노인 빈곤 문제, 건강보험 재정 악화 등의 문제도 야기하는 등 심각한 것으로 예상되기에 미국 버클리대에 가서 집중적으로 연구하고자 했다.

연구년 동안 나는 크게 세 가지 작업을 했다. 하나는 고령화가 성장 등에 미치는 영향에 대한 연구로, 주요 영문 학술지에 그 결과를 게재하기도 했다. 그 논문에서는 고령화가 진전되어 60세 이상 인구 비중이 7%가 넘으면서부터 성장률이 떨어지는 등 본격적으로 부작용이 나타난다는 것을 예측하기도 했다. 이를 나는 인구학적 U가설(Demographic U Hypothesis)이라고 명명했다. 실제 우리의 경우 고령화율이 7%가 넘는 해부터 성장률이 떨어져 3% 수준까지 내려갔다.

또 한 가지 작업은 이미 언급한 NTA 구축이었다. 나는 이 작업의 한국 대표로 참여하여 훗날 50여 개국 중 한국이 NTA 연구에 앞서가는 계기를 마련했다. 세 번째 작업은『근로자와 서민을 위한 세제 개혁』(해남, 2005. 2. 22) 출간 작업이었다.

4) 실사구시경제연구회를 만들다

나는 대학원 강의와 논문 지도에도 심혈을 기울였다. 특히 대학원 석사와 박사를 배출하는 데 최선을 다하고자 노력했다. 경제학에서 실사구시를 지향하는 학자를 만드는 것은 나 스스로 연구하는 것 못지않게 중요했기 때문이다. 대학원생들은 유난히 강한 훈련 과정을 거치도록 했다. 특히 석·박사 논문을 시작하는 단계에서는 반드시 스스로 연구하고 싶은 분야의 주제를 잡도록 했다. 이 과정에서 논문 계획서를 쓰고 또 쓰게 했다. 논문 계획을 준비하는 이 과정이 논문 관련 분야의 연구에 결정적으로 중요하기에 유난히 까다롭게 굴었다. 주제를 스스로 잡지 못하면, 그때는 내가 생각하는 주제를 주고 계획서를 쓰게 했다.

논문을 쓰겠다고 내게 온 학생 중에는 유난히 분배, 복지, 조세 등에 관심 있는 학생이 많았다. 이른바 학부 때 운동권 출신도 꽤 있었다. 이들을 실사구시의 길로 인도하는 과정도 나로서는 보람 있었다. 석·박사 제자들을 중심으로 '실사구시경제연구회'가 만들어졌다. 다산 유적지를 찾아가거나 세미나를 개최하는 등 교류를 계속해서 지금은 50여 명 이상 회원을 가진 연구회가 되었다. 다산의 길을 걷고 있다는 자부심을 갖게 하는 또 한 가지 사례가 되기도 했다.

내가 감히 다산을 따라간다는 자부심을 갖는 것은 실사구시경제연구회 회원들이 한결같이 경제학의 실용적 그리고 사회 및 국가 기여 측면을 중시하며 끊임없이 함께 공부하고, 고민하기 때문이다. 대학교수, 공공, 민간 연구원 그리고 공무원 등으로 일하고 있는 제자들은, 적어도 자신들의 직업을 생계수단 정도로 생각하지 않고, 공익을 위해 기여한다는 자세로 연구하며 활동하고 있다.

나는 늘 제자들에게 내가 생각하는 고민거리를 알려주고 연구 과제를 제시해서 관심을 갖도록 했다. 구치소로 면회 오는 제자들에게도 연구 과제를 제시하고 또 챙기곤 했다. 이런 나를 보고 아내는 못 말리겠다고 하기도 했다.

어렵게 시간 내서 찾아온 제자들에게 그만 부담 주라고 했지만, 나는 자신 있게 그게 제자들, 즉 실사구시경제연구회 회원의 보람이라고 답하기도 했다. 이들이 재판부에 탄원서를 제출하고 변호비용을 모아 주기도 했으니 고맙기도 하면서 자랑스러웠다.

학계에서 재정, 복지, 분배, 조세 분야의 논문을 발표하는 등 활발하게 활동하는 제자들을 보면서 나는 이들과 함께하기 위해 못다 한 공부에 정진하고자 노력했다. 수감 생활 중에도 인문학, 역사 등 분야의 다양한 책을 보면서 공부의 폭과 깊이를 더하고자 했다. 더 이상 제자를 길러 내는 역할은 할 수 없지만, 이미 길러 낸 제자들이 대한민국 발전에 기여하는 연구 활동 그리고 그들이 제자를 양성하는 데 지원하고 응원하며 살 것을 다짐해 본다.

3. 성균관에서 국회로

1) 기초연금제도를 확립하다

연구원 그리고 교수로 재직하면서 각종 정부위원회 활동도 활발하게 했다. 나의 전문 분야가 재정, 조세, 복지라서 정부위원회 활동에서 배우는 것이 많았고, 내가 연구해 온 정책 대안을 제안하고 실현시킬 기회도 많았다. 그중에서 '국민연금개선기획단', '노사관계개혁위원회' 그리고 '공적자금관리위원회' 등 세 위원회가 내겐 중요한 기회였다. 국민연금개선기획단은 국민연금기금의 고갈 우려와 제도의 문제점을 해결하고자 1996년 구성되었다.

당시 나는 국민연금을 기초연금과 소득비례연금 두 부분으로 분리하여 기초연금은 전 국민에게 확대하고, 소득비례연금은 소득에 비례한 연금을 지급하는, 이른바 국민연금의 이원화인 기초연금제도 도입을 주장했다. 이 안은 세 가지 안 중 하나로 제시된 뒤 최종 합의안으로 선정되었다.

그 후 이 안을 정부에 건의하여 입법하기로 했지만 정부 차원에서 무산되었다. 결국 박근혜 정부에서 안이 만들어져 국회에서 통과되었다. 나는 이를 박근혜 정부의 공약으로 만들고, 국회의원이 되어서는 기초연금 협상단에서 야당의원을 설득해서 최종적으로 국회에서 법안을 통과시켰다.

1996년 노사관계개혁위원회에서 나는 한 분과를 맡아서 한국노총, 민주노총 그리고 경총의 노사 대표들과 노사 문제 중 조세와 복지 문제를 협의했다. 나는 당시 노총이 가지고 있는 조세, 복지 분야에서의 오해를 바로잡으려 노력했다. 노총은 늘 근로자의 면세점 인상을 주장했지만, 나는 이것이 근로자에게 도움이 되지 않는다는 점을 깨닫게 했다. 대신 노조가입비 등 각종 경비를 공제하는 것이 더 유리하고, 또 사회보험(국민연금, 고용보험 등)의 가입과 보험료 지원이 필요하며, 나아가 4대 보험을 통합하는 기구가 설립되어야 한다고 설득했다. 그 결과 나의 제안이 최종안으로 채택되기도 했다. 실행은 10년 지나서 되었지만, 당시는 큰 보람이었다.

살릴 곳은 살리고 아니면 과감하게 포기해야

공적자금관리위원회는 2008년 글로벌 금융위기 이후 발생한 전 세계적인 경기침체와 구조조정 물결에 대비해 2009년 만들어졌다. 나는 위원을 맡음과 동시에 두 분과 중에서 자금지원소위원회 위원장을 맡았다. 1997년 외환위기로 투입된 공적자금을 관리하는 위원회에 이어 두 번째로 구성된 공적자금관리위원회(공자위)는 우리은행의 민영화, 저축은행 부실처리 그리고 해운사 구조조정 등 중요한 과제를 안고 출범했다. 나는 과감한 구조조정과 신속한 자금지원 간의 균형을 최대한 맞추어 서로 충돌하지 않는 상태에서 살릴 곳과 포기할 곳을 가려내서 살릴 곳은 자금을 신속, 과감하게 지원할 것을 주장했다. 나아가 투입된 공적자금의 효과를 최대화하고, 국민 부담이 최소화되도록 하자는 원칙하에서 최선을 다해 소위를 이끌고 협의했다.

그런데 당시 여러 담당자의 보고와 실사를 통해 파악된 저축은행의 부실은 심각한 상태였다. 과감한 구조조정 방안을 전체 회의를 거쳐 정부 측에 건의했지만 성사되지 않았다. 당시 G20 회의의 한국 개최를 앞두고 저축은행들의 도산이 나쁜 이미지를 형성할 것이라는 정부 당국의 우려 때문이었다. 결국 저축은행 문제는 해결되지 못했고 부실 규모를 더욱 키우는 결과를 초래했다. 이러한 실책은 훗날 더 큰 규모의 자금이 투입되는 결과를 초래했고 관련자들이 법적 책임을 면할 수 없게 되기도 했다.

해운사의 구조조정도 좀 더 신속하게 그리고 과감한 조치가 필요했는데 나름대로 절반의 성공은 거두었다고 평가되었다. 중소 선사의 줄도산을 막을 수 있었고 그 후 해운업 경기가 살았을 때 기회를 제공하기도 했다. 다만 옥석을 좀 더 가리는 과정이 미흡했기에 10년 후 해운업 불황 때 또 한 번 힘든 과정이 생겼다는 아쉬움이 남았다.

2) 경실련에서의 시민단체 활동

학위를 받고 귀국할 즈음 경제정의실천연합(경실련)이 출범했다. 당시 고 박세일 교수가 주축이 되어 만든 경실련에 나는 초창기 회원으로 들어갔다. 그리고 상집위원(이사)과 조세분과위원장을 맡아서 활동했다. 경실련은 내가 관여한 생애 최초의 시민단체다. 나는 경실련에서 경제학자로서 10여 년 선배 세대인 고 박세일, 이근식, 강철규 교수 등으로부터 많은 가르침을 받았다. 그 후 경실련은 한 세대 선배 학자들에 이어 나와 동료학자 그리고 후배 세대 학자로 이어가는 전통을 쌓아 가게 되었다.

나는 특히 조세, 재정, 복지 분야 전문가로서 경제정의를 실천하는 정책 수단을 연구하고 제안하는 기회의 장으로서 경실련이 큰 의미로 다가왔다. 당시 상근자들과도 호흡을 맞추어 활발히 활동했다. 그런데 아쉽게도 이회창 당시 총리를 자문하기 시작하면서, 시민단체는 정치권과 독립성이 유지되어야 한다는 소신으로 자진 탈퇴했다.

이처럼 시민단체 회원이 갖는 정치권과의 독립성이 시민단체의 위상과 영향력을 지켜 준다는 것은 중요하다. 그런데 그 후 여러 회원이 정치권으로 진출하고 특정 정치세력에 편승함으로써 경실련의 위상이 손상을 입기도 했다. 경실련 이후 생겨 난 여러 시민단체도 새로운 영역에서 중요한 역할을 했다. 특히 '함께하는시민행동'에서는 '밑빠진 독상' 수여 행사 등과 같이 나라 살림을 알뜰하게 하는 것의 중요성을 부각했다.

이제는 너무 많은 시민단체가 활동하고 있고, 진영 싸움의 장이 되어 버린 측면도 있어서 아쉽다. 시민단체는 말 그대로 뜻을 같이하는 시민들이 모이거나 공공의 이익을 위해 함께할 수 있도록 시민들을 안내해야 한다. 그런데 지나치게 특정 정치세력이나 진영을 위해 활동을 하고, 때로는 포퓰리즘과 냄비 근성의 근원을 제공하기도 해서 걱정이 된다.

나는 시민단체를 직접 만들기도 했다. '공기업개혁시민연합(공개련)'이라는 시민단체를 만들어 공기업이 가진 방만함 그리고 무사안일 등의 문제를 파헤치고, 이를 바로잡는 개혁을 이끌어 내고자 했다. 이명박 정부 출범 후 정부는 여느 정부와 마찬가지로 공공 부문, 특히 공기업의 방만성을 바로잡는 개혁을 추진했다. 그러나 소고기 파동에 이어 '수도요금 괴담' 등과 같이 공기업 개혁을 공기업 민영화로 몰아가는 세력들의 활동으로 중단되었다.

수자원공사 등 공기업이 민영화되면 수도요금 등 공공요금이 10배 오른다는 등의 선동은 결국 공기업 개혁을 시작도 하지 못하게 했다. 나는 국민들에게 우선 진실을 제대로 알려야 한다는 차원에서 공개련을 만들었다. 관련 전문가들과 함께 공기업의 분야별 방만함의 실태를 알리고자 했다. 공기업이 얼마나 방만하고 예산을 얼마나 낭비하는지, 빚은 얼마나 많이 지고 있는지, 그래서 결국 국민 세금 부담으로 돌아오는 것이 얼마나 심각한지를 여러 행사를 통해 알리고자 했다. 이를 해결하기 위한 대안으로 공기업 간 통폐합 그리고 기능 재조정 등을 제시했다.

포퓰리즘과 맞서다

민영화는 여러 대안 중 하나에 불과하고, 공기업을 민영화 혹은 구조 조정한다고 공공요금이 반드시 올라가는 것이 아니라는 점도 알리고자 했다. 공기업이 갖고 있는 부채를 제대로 파악해서 국민에게 제때 제대로 알리는 공기업 부채 통계 공표를 제안하기도 했다.

나의 시민단체 활동은 포퓰리즘과의 싸움이 중심이었다고도 할 수 있다. 국민들에게 듣기 좋고 이해하기 쉬운 언어로 정책을 왜곡하고, 그 결과 궁극적으로 국민들에게 피해를 가하는 포퓰리즘의 폐해를 방치할 수 없다는 생각에서였다.

특히 1997년 10월 외환위기로 김영삼 정부가 모든 책임을 지게 된 상황에서 국민들은 김영삼 정부가 추진한 모든 정책을 비판하게 되었고, 이 과정에서 언론과 시민단체 그리고 정치권도 앞장서서 이를 부추겼다. 금융소득종합과세와 같이 불공평한 분배 구조를 바로잡기 위해 시행한 정책마저 외환위기의 주범으로 몰려 중단되기에 이르렀다.

이는 훗날 두고두고 우리의 분배 상황 악화의 원인이 되기도 했다. 시민단체 역시 이념 간, 진영 간 대립으로 치달았고, 인터넷 매체가 등장하고 소셜미디어(SNS) 활용이 확대되면서 이러한 포퓰리즘과 이념, 진영 갈등 대립은 날로 심화했다.

나는 경제학자로서 그리고 실사구시를 추구하는 학자로서 이념과 진영 논리로 모든 것을 단순화하고 자극적인 언어로 포장하는 포퓰리즘을 배격해야 했다. 자유시장경제 자체를 부정하고 시장과 맞서 싸우려는 것이 정의인 양 내세우는 세력에 국민들이 휘둘리지 않도록 부단히 노력했다.

중국이 오랜 역사 과정에서 지금 최고 번영기를 맞은 것은 1980년대 이후 30년간 급속한 경제성장을 이끈 시장경제, 기업가 정책, 세계화였다는 중국 스스로의 평가가 있다(장웨이잉, 『이념의 힘: 중국 경제의 미래를 이끌 성장 엔진』, 니케북스, 2016. 5). 그런데 이와는 정반대로 인식하려는 우리 사회의 진영을 설득해야 했다. 적어도 사실을 왜곡하는 것만은 막아야 했다.

나는 뜻을 같이하는 학자, 언론인 등 지식인을 모아 바람직한 이념 운동을 하고자 했다. 그중 하나가 인터넷 신문 『데일리안』을 창간했고, 또 하나 오프라인으로 '뉴라이트 운동'을 시작했다. 결과적으로 이념 대립을 더욱 심화시키기는 했지만, 국민들이 포퓰리즘에 의한 반시장, 반기업 정서에 빠지는 것을 막는 데 어느 정도 기여했다고 판단한다.

3) 이회창 총재와 두 번의 대선 실패

나는 국회의원을 대상으로 정책 자문을 한 적은 몇 번 있었지만, 본격적으로 특정 정치인을 자문하고 대선 준비 과정에 개입한 것은 이회창 당시 총리가 처음이었다. 1995년경 허름한 중식당에서 이회창 총리를 처음 만나 경제자문 역할을 부탁받을 당시, 나는 이회창 총리로부터 평생 법관으로 살아오신 강직함과 깨끗함을 느낄 수 있었다.

경제적 사고를 전달하는 것은 쉬운 과정이 아니었지만, 원칙주의자라는 강인함 이면에 온화함도 가진 분이라 늘 편안하게 만나서 대화할 수 있었다. 1997년 대선을 준비하는 과정에서 공약을 개발하고 각종 토론 준비 그리고 연설 원고 등을 준비하는 작업은 여러 사람의 헌신적 노력이 있어야 가능했다.

당시 KDI 출신 남상우 박사는 풀타임으로 이 모든 일을 관장하는 역할을 했다. 남 박사는 KDI에서 금융실명제 준비 작업을 했을뿐더러 경제학자로서도 저명했기에 나는 그와 호흡을 맞추어 즐겁게 일했다. 내가 함께하자고 모은 동료, 후배 경제학자들로 구성된 팀과도 값진 토론의 기회를 많이 가졌다.

아쉬움이 많았지만 1997년 대선에서 이회창 후보는 실패했다. 외환위기라는 국가적 위기 상황이 정권 교체의 강한 동력이 되었다. 대선이 끝나고 이회창 총재는 내게 본격적으로 경제자문 역할을 해줄 것을 요청했다. 그러나 나는 당시 조세연구원에서 서울시립대학교로 막 자리를 옮긴 뒤라 자신이 없었다. 그래서 앞서 언급했지만 유승민 당시 KDI 연구위원을 소개했다. 뚜렷한 소신을 갖고 있던 실력파 유승민은 당시 김대중 정권 초기 KDI 내외에서 힘든 상황을 겪고 있었기에 승낙했다. 1997년 대선 과정에서는 내가 함께하자고 제안했지만 당시에는 거절했었다.

당시 이회창 총재는 유승민 박사를 여의도연구소장으로 임명하면서 본격적으로 한나라당의 정비와 대선 준비를 다시 시작했다. 강석훈, 이종훈 그리고 김태기 교수 등 이미 함께하던 경제학자들역시 유승민 박사의 합류를 환영했고 평소 친밀한 관계였기에 팀워크 또한 뛰어났다고 할 수 있다. 늦게 뛰어든 그의 활약은 엄청나게 큰 힘을 가져왔다.

그는 2002년 대선 준비에서 여의도연구소장으로 그리고 정책총괄로 큰 역할을 했다. 나는 당시 민생복지특보로 그동안 돕던 팀을 대폭 확대하여 대선 준비를 함께했다. 그 과정에서 최경환 당시 한국경제신문 편집부국장과 윤건영 연세대 교수 그리고 이혜훈 KDI 박사 등을 특보로 참여시켰다.

2002년 대선은 1997년 대선 때보다 더욱 치열하게 정책 대결이 진행되었다. 노무현 후보가 내놓은 수도 이전 공약에 의한 공방에서부터 이회창 후보가 내놓은 기초연금개혁안 논쟁에 이르기까지 과정에서 나는 많은 참여자와 최선을 다해 준비했다. 함께 고생하는 동지로서 당시 맺은 관계는 그 후로도 계속되어 우리 정치사의 한 시점에 동참하는 계기가 되었다. 이제는 갈라져서 소원해진 분들도 있지만, 적어도 같은 목표를 향해 노력했다는 사실 하나만으로도 그 관계를 소중하게 간직하고 싶다.

2002년 대선 역시 아쉬움을 남긴 채 이회창 총재의 두 번째 실패로 이어졌다. 함께 참여했던 많은 사람은 흩어져 제 갈 길을 갔다. 상당수가 국회의원으로 정치 활동을 시작하기도 했지만, 나는 학교에 남아 연구와 교육에 전념하고자 했다. 국회의원 등 정치 활동에 대해서는 아내가 이미 오래전부터 강력하게 반대하기도 했고, 나 또한 나를 위한 선거운동을 하는 자체가 내키지 않았다.

4) 박근혜 대표의 실패와 성공

이회창 총재의 두 번째 대선 실패 이후 나는 연구와 강의에 몰두했다. 그리고 이미 언급했던 시민단체 활동을 통해 포퓰리즘과의 싸움을 계속했다. 그러다 2004년 여름 미국 버클리대에 연구교수로 갔다. 고령화 연구를 위해 1년간 간 것으로, 유학을 마치고 13년 만에 가족과 함께 미국 생활을 하게 되었다. 나와 가족에게는 참으로 값진 시간이었다. 매일 함께 식사하고, 주말에도 늘 함께 여가를 즐기는 삶을 누릴 수 있어 행복했다. 연구년을 마치고 귀국하기 두 달 전 유승민 의원에게 연락이 왔다. 박근혜 당시 한나라당 대표의 정책자문 등을 도와달라는 것이었다. 유승민 의원은 당시 박근혜 대표의 비서실장이었고, 2007년 대선 준비 캠프를 만들기 위한 작업을 시작할 때였다.

나는 망설였다. 이미 두 번이나 대선 도우미 역할을 했다가 실패한 전력이 있기 때문이었다. 고민 끝에 함께하기로 결심했다. 정책개혁을 위해서, 그리고 기득권 세력으로 비난받는 한나라당을 거듭나도록 하는 데 유승민 의원과 함께 도와야 한다고 생각했다. 더구나 유승민 의원을 이회창 총재 곁으로 가도록 한 게 나였기에 그의 부탁을 거절하기도 쉽지 않았다. 그런데 훗날 유승민 의원은 박근혜 대표 곁을 떠났고, 나는 남게 되었다.

나는 안식년에서 귀국한 직후 박근혜 당시 대표를 어떤 중식당에서 유승민 의원과 함께 처음 만났다. 이회창 총재와의 첫 만남도 중식당이었다는 사실이 지금 생각하면 참 흥미롭다고 하겠다. 다만 박근혜 대표와 만난 중식당은 호텔 중식당이라는 차이만 있었다. 나는 유승민 실장과 협의하여 예전에 함께하던 동지들을 다시 모았다. 그리고 세 번째 대선후보 도우미 활동을 시작했다.

2005년 8월 연구년에서 돌아온 직후 시작된 17대 대선 준비였으니, 2007년 8월 한나라당 대통령 후보 경선까지 2년 동안 경제와 복지 전문가를 모아 팀을 만들어 박근혜 대표를 자문했다. 이회창 총재를 돕던 동료들이 많이 함께했다. 경제·복지와 관련된 자문역할은 좀 더 빈번하게 이루어졌고, 그래서 내가 구성한 팀의 인원도 많아졌다.

기본적으로 활동 경비는 모든 팀이 자비로 마련했고, 결과적으로 나도 아내 모르게 대출까지 받아 팀 운영비를 조달했다. 경선이 다가온 2006년 말부터는 본격적으로 캠프가 꾸려졌고, 좌장은

고 남덕우 전 총리가 맡았다. 거의 매일 오전 7시 조찬 회의로 모여서 여러 분야 선거준비 회의와 토의를 진행했고, 나는 거기서 총무 역할을 했다.

조찬 회의는 오랫동안 계속되어 공동 선거본부장이던 고 홍사덕 의원과 안병훈 전 조선일보 부사장도 참석하였고, 유승민 비서실장 등 핵심 국회의원도 참여했다. 나는 매일 회의 안건과 발표 자료 등을 준비해서 고 남덕우 전 총리를 보좌하는 역할을 했다. 당시 여러 멤버의 자료를 공유하기 위해 나는 웹하드(webhard)를 개설해서 알려주고 활용하도록 했다. 고 남덕우 전 총리는 고령임에도 웹하드의 파일 정리와 활용에 큰 관심을 갖고서 빈번하게 사용했다. 워드 작업 등도 직접 해서 프린트해서 가져오기도 할 정도로 능력과 의욕 면에서 앞서 나갔다.

나는 경제학계 대원로이자 우리 경제발전의 초석을 다진 분을 모시고 일한다는 것이 너무도 즐거웠다. 대학 시절 그의 『가격론』이라는 책으로 공부하기도 했던 만큼 그를 학문과 인생의 스승으로 자리매김해 놓고 있었다. 늘 격려와 지도를 해주시고 돌아가시기 전까지 자주는 아니지만 인사를 드리면 따뜻하게 대해 주셨는데, 이후 박근혜 캠프 멤버들의 참담한 결과에 죄송할 따름이다.

대운하 공약을 접으면 도와드리겠소

2007년 한나라당 대선 후보 경선은 그야말로 열띤 경쟁이었다. 2006년 10월경 북한의 핵실험 등으로 지지율이 역전되어 이명박 후보가 앞서가다 경선일인 8월 17일에 다가설 때까지 박빙으로 좁혀지는 등 하루하루 온 힘을 다하는 힘든 상황이었다. 당 대표로서의 프리미엄도 마다하고 공정하게 경선 룰을 정해서 여론조사 비중을 대폭 높인 상태에서 치러진 경선이었지만 결국 여론조사 결과에서 지면서 당원 지지율에서 이긴 것을 극복하지 못하고 패배했다. 박근혜 후보는 당당히 패배를 받아들이고 함께 가자는 연설을 하여 그 후 많은 국민의 지지를 받기도 했다. 나는 동료들과 함께 모여 방송을 보다가 진 것을 알고, 무척이나 더운 여름 날씨임에도 3시간 정도 무작정 걸었다. 허탈하기도 했지만, 국가의 미래를 생각할 때 바람직한 결과는 아니라는 생각이 들어서였다. 대운하 공약도 걱정되었지만, 당시 후보 개인 문제로 떠오른 BBK 등의 사안도 깨끗하게 마무리되지 않은 상태였기 때문이다.

경선 후 어느 날 이명박 후보 진영에서 대선 캠프에 합류해서 공약 개발을 도와달라는 제안을 받았다. 당시 박근혜 캠프의 공약 개발이 훨씬 우수했다는 평가가 있었고, 관련 자료와 경험을 내가 모두 갖고 있기에 제안한 것이었지만 나는 거절했다.

대운하 공약을 그만두기 전에는 힘들다고 간곡히 거부 의사를 전했다. 경선 승리 이후 이명박 후보는 본선 대선 과정에서 어려움이 없었다. 대운하 공약도 이어갔고, BBK 등의 문제도 더 이상 부각되지 않은 채 지나갔다. 결국 당선 후 대운하 공약이 4대 강으로 바뀌었고, 논란은 아직까지 계속되고 있다. BBK 등도 다시 거론되고 있는 걸 보면 시간 차이는 있지만 늘 선거 과정에서의 정책과 검증을 통한 후보의 평가가 중요하다는 것을 새삼 일깨워 준다.

고 남덕우 전 총리를 중심으로 한 캠프 일원은 대선 후 12월 어느 날, 박근혜 후보와 함께 중식당에서 해단식을 가졌다. 내가 처음 박근혜 대표를 만났던 그 중식당이었는데 모든 참석자가 훗날을 기약하기로 하며 한마디씩 하고는 마무리했다.

삼전사기(三顚四起), 다시 도전하다

대통령 만들기 작업을 세 번째 실패한 뒤 나는 세 번의 실패 때와는 달리 다시 시작해야 한다는 생각이 강하게 들었다. 박근혜라는 대통령 후보가 가진 반듯함과 깨끗함 그리고 나라를 사랑하는 열정 등이 그를 대통령으로 만들면 우리 국민과 국가 그리고 역사가 발전할 것이라는 확신이 들었다. 나는 내가 꾸렸던 복지팀을 다시 모았다. 이명박 정부가 소홀히 할 가능성이 가장 큰 분야 중 하나인 복지 분야를 미리 준비해서 박근혜 대표가 앞장서서 추진해 나가야 한다면서 함께 준비하자고 설득했다.

지난번 대선 준비 당시 시간에 쫓겨 정신없이 지나던 때와 달리, 차분히 시간을 갖고 복지의 기본부터 다시 짜보자고 제안했다. 그것이 사회보장기본법의 전부 개정이었다. 나는 우리만큼 기본법을 많이 가진 나라가 없다는 것을 늘 문제로 인식하고 있었다. 기본법은 해당 분야의 여러 관련 개별법을 포괄해서 대표하면서 그 기본 철학을 명시해야 한다. 그런데 그런 역할을 못한 채 정치 논리에 의해 대충 만들어지고 방치한 기본법이 너무 많았다.

사회보장기본법도 마찬가지였다. 복지 관련 모든 개별법을 총괄하면서 조정 역할을 해야 하고 또 이러한 복지 정책의 기본 철학을 명시해야 하는데, 모든 면에서 부족했다. 더구나 복지와 관련된 전문가나 공무원, 정치인 등 누구도 사회보장기본법을 거들떠보지 않는 실정이었다.

내가 이런 제안을 복지팀 멤버들에게 처음 했을 때 대부분 반대했다. 구체적이고 손에 잡히는 복지 정책이 아니라서 국민들의 관심이 크지 않을 거라는 점 때문이었다. 그럼에도 불구하고 이것은 반드시 필요한 작업이고, 이 작업을 박근혜 의원의 법 발의로 실현시켜보자고 설득해서 마침내 성공했다. 우선 선진국의 사회복지 관련 기본법을 조사하고자 독일, 영국 등의 자료들을 살펴보고 많은 시간을 투입하여 준비했다. 어느 정도 기본 방향과 계획안이 만들어졌을 때 박근혜 대표에게 보여주고 추진하기로 결정했다. 그 후 2년의 준비 기간을 갖고 공청회 등을 거친 뒤 완성하여 2011년 2월 11일 박근혜 의원이 사회보장기본법 전부 개정안을 대표 발의하게 되었다.

그후 2012년 1월 26일 공포된 사회보장기본법 전부 개정은 한국 복지의 철학을 정립하고 다양한 복지 정책의 기본 방향과 체계를 새롭게 구축하는 계기가 되었다. 나아가 여러 복지 관련 개별법들을 사회보장기본법을 기초로 역할 재조정 등 체계화하는 작업도 이루어질 수 있었다. 복지 관련 개별법이 여러 부처로 나뉘어 있다는 점에서, 이들을 부처 간 칸막이를 허물면서 서로 묶을 필요가 있다는 것은 큰 의미가 있었다.

특히 고용 복지의 중요성이 컸다. 예를 들어 고용보험과 근로복지는 고용노동부 소관이고 관련법도 복지부 소관 부서가 포함되지 않고 있다는 점에서, 사회보장기본법에 이들을 연결하는 기본 골격을 만들어 놓을 수 있었다.

박근혜 후보는 고용 복지를 강조해서 정책 토론회를 개최하고 여러 정책 대안을 제안하기도 했다. 특히 훗날 두루누리 사업이라 이름 지어진 소규모 사업장 근로자의 사회보험료 지원과 근로장려세제 확대 등이 대표적인 정책 대안이었다. 아울러 2000년에 처음 실시된 국민기초생활보장제도의 기본 틀을 바꾸자는 제안을 하고 실현시켰다. 즉, 최저생계비를 기준으로 4개 급여지원을 모두 받거나 못 받거나 결정되는 형태를 현금급여, 의료급여, 교육급여, 주거급여 4개 각각 기준을 정하여 지급함으로써 빈곤층에게 실질적으로 혜택이 가도록 하는 맞춤형 급여체제를 구축하게 되었다.

경제 모임도 지속적으로 가졌다. 최소 월 1회 정도 경제 관련 주제를 정해서 짧게는 2시간, 길게는 6시간 정도 발표와 토론 과정을 가졌다. 이러한 경제 정책 준비 과정은 2011년 1월 국가미래연구원의 창립으로 이어졌고, 김광두 원장을 중심으로 100여 명의 전문가들이 활동을 시작했다. 나는 미래연구원 창립과 운영에 심혈을 기울였다. 이와 함께 당시 기획재정위 소속이던 박근혜 의원의 상임위 활동을 보좌하기 위해 기재위 팀도 구성했다. 재정, 조세, 금융정책과 관련된 기재위 활동에 박근혜 의원이 적극적으로 나설 수 있도록 노력했다.

기재위팀은 경제 전반, 재정, 조세, 금융 전문가로 나와 호흡이 잘 맞고 믿을 만한 교수와 연구원 박사들로 구성되었다. 나는 특히 재정 건전성과 신중한 조세 정책의 중요성을 강조했고, 이를 박근혜 대표가 최대한 이해하도록 노력했다. 우리 경제 발전의 한 축은 건전한 재정 운용, 즉 알뜰한 나라 살림이었기에 외환위기도 재정을 통해 극복할 수 있었다. 정치 논리나 포퓰리즘으로 예산을 방만하게 쓰는 것을 막기 위한 각종 대책을 함께 고민했다.

외환위기 이후 날로 증가하고 있는 나라 빚, 즉 국가 부채를 관리하고 방만한 재정과 국가 부채의 원인이 되는 공기업의 효율성을 높이는 등의 대책을 내놓기도 했다. 조세 정책의 경우, 궁극적인 영향을 사전에 면밀히 분석하여 신중하게 정책 변화를 꾀해야 한다는 점을 강조했다. 예를 들어 법인세 인상의 궁극적 부담은 누구에게 귀착되는지를 살펴보고 시행해야 하며, 한번 시행한 정책 변화의 효과는 사후에 충분히 분석하고 평가해야 한다는 것 또한 최선을 다해 설명했다.

이러한 기재위팀의 노력과 박근혜 대표의 의지가 후에 '공약가계부'를 통해 재정 건전성 확보 그리고 감세를 중심으로 하는 조세 정책의 신중화가 대선 공약이 되었다. 기획재정위 위원으로서 박근혜 의원에게 몇 가지 중요한 제안을 했고, 후에 이를 모두 공약화했다. 공기업 부채의 원인을 제대로 특정할 수 있도록 구분회계[1]를

---

1)   구분회계: 공기업 자체의 사업 운영에서 발생한 부채와 정부정책 사업 대행 등으로 발생한 부채를 구분하여 책임 소재를 분명하게 하는 회계

하자는 것과 공기업 부채를 포함하거나 연금 부채를 포함하는 다양한 국가 부채를 측정하여 공표하자는 것, 그리고 공공 정보의 공개와 공유를 기본으로 하는 정부 3.0을 통해 부처 간 소통하고 칸막이를 없애는 정부 운용을 하자는 것 등이었다. 이는 모두 공약화되었고 대통령 당선 후 핵심 정책이 되기도 했다. 두루누리 사업 역시 당시 제안했다가 한참 후 반영되어 오늘날 계속 확대되고 있다.

2011년 11월 한나라당은 홍준표 대표 체제가 붕괴되면서 위기를 맞았다. 2012년 총선과 대선을 앞두고 최대 위기로 여겨졌고, 총선에서 100석을 얻기도 힘들 것이 분명하다는 예측이 나오기도 했다. 박근혜 대표가 다시 당의 위기를 구할 비대위원장으로 추대되었다.

2004년 노무현 대통령 탄핵 통과로 총선을 앞두고 위기 국면에 처했을 때도 한나라당은 박근혜 대표를 내세워 극복한 적이 있었다. 그러나 2011년의 위기는 총선과 대선을 1년 내 치러야 한다는 점에서 박근혜 대표의 비대위원장 수락은 모험에 가까웠다. 나는 비대위 정책자문위원으로 선임되어 위원장으로 영입한 김종인 박사를 모시고 활동했다. 모든 것을 바꾸어야 한다는 인식하에 우선 당명을 새누리당으로 바꾸고, 당의 정강 정책을 전면 개정했다.

나는 정강 정책이 한 정당이 추구하는 정책의 가치와 기본 방향을 국민들께 보여드리는 것으로 중요하지만, 당원이나 당 소속 국회의원조차 한 번도 읽어 보지 않은 무용지물이었다는 사실을 알고 이것부터 완전히 바꾸자고 제안했다. 명칭도 국민들께 보여드리고 약속하는 정책 방향이라는 의미로 '국민과의 약속'으로 하고 10개 기본 약속을 알기 쉽고 명료하게 만드는 작업을 주도했다.

이 과정에서 김종인 위원장이 경제민주화를 포함시켜야 한다는 주장을 했고, 이를 당의 여러 국회의원이 강하게 반대하면서 어려움을 겪기도 했다. 그러나 이러한 대립은 한편으로 국민들의 관심을 얻었다. 새누리당이 새로 탄생하면서 국민과의 약속에 경제민주화를 포함시킴으로써 보수정당이 개혁 성향을 갖게 되었다는 국민적 기대를 받았다.

'국민과의 약속'에 포함된 경제민주화는 관련 정책 발표로도 이어졌다. 이 과정에서 나는 김종인 위원장과 수많은 논쟁과 토론을 거쳐서 훗날 공약화되는 경제민주화 정책의 기본을 만들었다. 사회보장기본법 전부 개정으로 복지 이슈를 선점했다면, '국민과의 약속'에 경제민주화를 포함시키는 등 김종인 위원장을 통한 비대위 활동으로 경제민주화를 선점했다.

경제민주화를 선점하다

비대위는 일단 성공했다고 할 수 있었다. 위기의식에 모든 당원이 단결하게 되었고, 그 중심에 박근혜 위원장이 있었기에 가능했다. 비대위의 성공을 기초로 19대 총선 준비에도 총력을 기울였다. 나는 정책자문위원으로서 그리고 비례대표 후보로서 새누리당의 19대 총선 공약을 당시 정책위의장이던 이주영 의원을 도와서 만들어 갔다. 당시 총선 공약은 국민이 알기 쉽게 그리고 가슴에 와닿게 해야 한다는 박근혜 위원장의 주문에 따라 나는 '가족행복 5대 약속'으로 공약을 체계화했다. 30~40대 가장을 중심으로 그 가장의 부모와 자식의 3세대와 관련된 공약을 2011년 3월 27일 발표했다. 이 '가족행복 5대 약속'은 ▲건강 걱정 없는 편안한 노후 ▲비정규직 차별 없는 일자리 만들기 ▲주거비 부담 덜기 ▲새로운 청년 취업시스템 도입(스펙타파 취업) ▲보육에 관한 국가 완전 책임제 등으로 이루어졌다. 특히 건강 걱정 없는 편안한 노후를 위해 중증 질환에 대한 100% 건강보험 적용과 치매노인에 대한 장기요양보험, 돌봄서비스를 확대한 것은 그 후로도 국민들로부터 큰 관심과 지지를 받았다. 질환이 중증이고 진료비 부담이 큰 4대 중증 질환(암, 심장질환, 뇌혈관질환, 희귀난치성질환)을 대상으로 2016년까지 진료비를 국가가 100% 책임지는 정책을 추진하겠다는 것이었다. 이와 함께 만 0~5세까지 양육수당과 보육료의 전 계층 지원, 전세자금 이자부담 경감 등을 골자로 한 것으로 19대 국회 개원 후 100일 이내에 입법을 추진하기로 했다. 이 5대 공약은 후에 대선 공약으로 발전하였고, 대통령 당선 후 모두 실현되기도 했다.

　나는 재정을 무시한 채 공약을 남발하는 무책임한 선거운동을 지양해야 한다는 차원에서 모든 주요 공약들의 추진을 책임지는 국회의원 후보들을 정해서 선거운동에 나서도록 하기도 했다. 특히 비례대표 후보 25명에게 하나씩 공약을 책임 지워 당선 후 반드시 추진해서 입법화한다는 약속을 하게 했다. 공교롭게도 새누리당 비례대표는 정확히 25명이 당선되었다. 100석도 안 될 거라는 위기에서 시작된 비대위는 결국 박근혜 대표 체제하에서 150석을 얻는 대성공을 이뤄 냈다.

총선 이후 나는 비례대표 국회의원으로 그리고 대선의 정책 메시지 팀장으로 대선공약 준비에 다시 한 번 총력을 기울였다. 국민행복추진위원회라는 공약개발본부를 김종인 위원장이 이끌어가게 되었고, 나는 실무추진단장으로 역할을 하면서 다시 한 번 김종인 위원장을 보좌하는 역할을 했다. 그러나 박근혜 후보와 김종인 위원장 간의 갈등을 조정하느라 힘든 과정을 겪기도 했다. 나의 후원회장으로 김종인 박사를 모시기도 했고 멘토로서 김종인 박사와 호흡을 맞추었지만, 많은 갈등과 위기 과정에서 힘들게 조정해 나갔다. 그리고 마침내 승리했다.

4. 국회에서 청와대로

1) 비례대표 국회의원으로 정치에 발 담그다

세 번의 대선 도움 실패 후 드디어 네 번째는 성공했다. 앞선 세 번째보다 내가 관여한 정도와 책임감이 훨씬 컸던 대선이었다는 점에서 의미도 남달랐다. 책임감과 사명감이 밀려오기도 했다. 대선 캠페인 과정에서 이미 비례대표 국회의원이긴 했지만, 대선 승리 후 집권 여당의 국회의원이 갖는 책임의식은 자못 컸다. 19대 총선에서 새누리당 비례대표 국회의원 당선자들은 그 어느 때보다 전문성과 대표성이 컸다고 할 수 있다. 각 분야 전문가와 각 지역 대표자를 중심으로 구성된 새누리당 비례대표 국회의원 25명은 결속력도 컸다. 어느 계파 출신이라는 점이 없었기에 서로 전문 분야를 존중하면서 제 역할을 다하고자 최선을 다했다.

사상 최초로 탈북자 출신 국회의원인 전 김일성대 교수 조명철과 필리핀 국적에서 한국 국적을 취득한 이자스민 등도 적극적으로 활동했다. 나는 비례대표 의원들이 더욱 효과적으로 활동하고 국민들께 다가가게 하고자 '약지25'('약속지킴이 25인')라는 명칭의 모임을 만들었다. 총선 당시 책임졌던 공약을 실천하겠다는 약속을 기초로 만들어졌다는 의미도 있기에, 약지25는 그 후 열정적으로 법안 제출과 추진에 최선을 다했다. 훗날 약지25의 25인 개인의 활동과 성과를 책으로 출간하기도 했다.

나는 교수 시절부터 비례대표의 수를 늘려야 한다는 점을 주장하기도 했다. 지역구 국회의원이 많을수록 예산과 법안 관련해서 지역이기주의가 문제될 수 있어서였다. 예결위의 경우도 50명의 위원을 모두 비례대표로 구성하자고 제안한 적도 있었다. 현재와 같이 지역구 의원이 1년마다 번갈아 가며 한 번씩 예결위 위원을 하도록 되어 있는 예결위는 예산 심사 때마다 지역예산 챙기기에 급급했기 때문이다.

나는 비례대표 의원으로서 최선을 다해 학자 출신 국회의원의 모범적인 모습을 보이고자 노력했다. 특히 재정 포퓰리즘을 막고자 사상 처음으로 시도한 공약가계부는 내가 학자로서 오랜 기간 고민해 온 정책 대안의 결정체라 할 수 있다. 학자로서 그리고 시민단체 활동가로서 나는 선거 때마다 포퓰리즘에 의한 선심성 공약들을 평가하고 이의 재정 소요를 계산해서 그 규모를 더하면 우리 한 해 예산의 10배가 되기도 한다는 점을 부각시킨 적도 있었다.

그래서 박근혜 후보를 설득해서 '반드시 지킬 약속만 하고 한 번 한 약속은 반드시 지킨다'는 기치 아래 공약에 드는 재정 소요를 하나하나 계산해서 보이고, 또 이 재정 소요의 재원 조달 방안을 밝히는 공약가계부를 내걸었던 것이다. 이 공약가계부는 당선 이후 인수위 과정에서 다시 한 번 점검한 뒤 발표했고, 이는 집권 첫해 예산 편성 과정에서도 반영하고, 또 이를 국회 심의하는 과정에서도 함께 논의하도록 했다. 나는 예결위 위원으로 이를 적극 주도하고 실현시키고자 했다.

2) 손톱 밑 가시를 뽑아내다

인수위 활동을 마치고 박근혜 정부의 본격 출범 이후, 나는 새누리당의 정책위 부의장을 맡아서 공약을 법안과 예산으로 실천하는 역할을 하기 시작했다. 공약 관련 정책의 입법화 과정에서 새누리당 국회의원들에게 상임위별 역할 분담을 하고 야당을 설득하며, 또한 언론을 통해 국민들께 알리는 활동으로 정신없이 바쁜 시간을 보냈다. 별다른 약속이 없는 경우 항상 보좌진과 의원실에서 배달음식을 먹거나 국회 내 있는 함바식당을 이용하곤 했다.

의정 활동을 하면서 보람 있는 성과 중 하나는 2013년 8월 12일 출범한 '손톱 밑 가시 뽑기 특별위원회' 일명 '손가위' 활동이었다. 박근혜 대통령이 후보 시절 한 번 언급한 적이 있기도 한데, 별 것 아닌 것 같아도 손톱 밑에 박힌 가시는 당사자에게는 엄청난 고통이 된다는 의미로, 중소기업인이나 소상공인의 애로 사항을 파악해서 해결하자는 의미로 구성한 위원회였다. 나는 위원장을 맡아서 중소기업청장 출신 이현재 의원을 부위원장으로 함께 일했다.

수많은 애로 사항은 대부분 여러 정부 부처의 중복 규제로 인한 것이거나 행정관청이 서로 핑퐁식으로 떠넘기기를 하면서 발생하는 것들이었다. 그래서 수집된 손가위 안건들은 한 달에 한 번 회의를 통해 당사자들과 공무원들이 모두 모인 자리에서 해결 방안을 찾고, 또 실행 계획을 약속하는 절차를 거쳤다. 어떤 중소기업인은 10년 동안 이리저리 헤매다가 해결하지 못한 애로 사항을 이 자리에서 관련 행정부 고위 공무원이 약속을 하며 해결하겠다는 모습을 보고 눈물을 흘리며 고마워하기도 했다. 손가위 위원들의 관심과 열정도 컸기에 당시 국회의원들은 수없이 현장을 방문하여 애로 사항을 듣고, 해결하는 역할을 잘 수행했다.

나는 기획재정위에서 상임위로 활동했다. 재정 학자로서 그리고 조세 전문가로서 그동안 축적해 온 나의 지식과 아이디어를 최대한 법안에 반영시키려 노력했다. 아울러 국정감사 등을 통해 정부가 갖고 있는 무사안일식 혹은 부처 이기주의식 행동을 바로잡기 위해 채찍을 들기도 했다. 나는 오랜 기간 꿈꾸어 오던 세 가지를 입법화하는 데 성공했다. 첫 번째는 국세청이 갖고 있는 귀중한 데이터들을 연구원과 전문가들이 연구 목적으로 이용할 수 있도록 한 것이다.

선진국에서는 이미 국세 자료를 활용한 수많은 연구가 보편화되어 조세 정책과 복지 정책 등에 결정적 기여를 하고 있었다. 그런데 우리는 내가 조세연구원에서 금융소득종합과세 방안 연구를 위해 국세청에 소득세 자료를 요청해서 최초로 활용한 것 말고는 사례가 없었다.

둘째는 중장기 조세정책기본계획을 정부가 만들어 발표하고 국회가 심의한다는 것이었다. 예산의 경우 5년 단위로 국가재정기본계획을 정부가 만들고 국회가 심의하게끔 되어 있는데, 조세 정책은 보다 신중하고 중장기 계획에 입각해서 만들어져야 한다는 점에서 발의한 것이다.

셋째로는 모든 조세지원 법안은 사전에 평가해서 그 효과를 입증하도록 한 것이었다. 예산 사업의 경우 예비타당성 조사를 통해 입증하듯이 세금 감면 등의 조세 지원책을 사전에 평가하자는 것이었다. 이로부터 무분별한 포퓰리즘식 조세 감면을 막자는 것이었다.

또 상임위 활동과 함께 여야가 함께 추진했던 두 가지 특위 활동을 했다. 조세개혁위원회와 재정개혁위원회이다. 나는 여당 간사를 맡아 국회 차원에서 조세와 재정의 바람직한 발전 방안을 모색했다. 그 결과 최종보고서가 여야 합의로 채택되었다. 두 가지 특위 활동에서는 여야가 호흡을 맞춰 의미 있는 보고서를 만들어 냈다고 생각된다. 다만 법적 구속력은 없어서 실행에는 미치지 못했지만, 앞으로 국회가 이 보고서를 참고해서 바람직한 조세 정책과 재정 정책을 펴나가는 데 도움이 될 것으로 확신한다.

내가 심혈을 기울여 성공시킨 여야 협상은 바로 2014년 2월 시작된 기초연금도입 여야정협의위원회라 할 수 있다. 나의 오랜 소신이기도 했고 이회창, 박근혜 두 대통령 후보의 공약이기도 했던 기초연금도입방안에 대한 야당 공격은 엄청났다. 그러나 인내와 열정 두 가지로 설득에 설득을 거듭해서 마침내 합의안을 도출했고, 결국 2014년 5월 2일 본회의 통과까지 실현했다. 기초연금 협상 성공은 우리 노후소득 보장에 새로운 계기로 작용했고, 이는 노인 빈곤 해소와 함께 국민연금 체계의 정상화에 일조했다고 평가된다.

국회의원으로 활동한 2년은 값진 시간이었다. 첫 1년은 대통령을 만들기 위한 시간이었고, 나머지 1년은 대통령 당선 후 집권 여당으로서 공약을 지키는 모습을 국민들께 보여주고자 노력한 시간이었다. 선거를 통해 국민과의 약속은 반드시 지킨다는 사례를 남기고자 최선을 다한 시간이었다.

3) 경제수석과 정책조정수석

국회의원으로 활동한 지 2년이 조금 지난 2014년 6월 초, 청와대 경제수석을 제안받았다. 나는 비례대표와 초·재선 의원들의 활동에 정책 차원에서 중심 역할을 하고 있었기에, 국회에 남아 있어야 한다는 점을 내세워 거절했다. 그러면 경제수석으로 적임자를 추천해 달라고 요구해 적임자를 찾아 당사자 수락까지 얻어 내고는 조만간 발표하는 것으로 결정했었다.

그런데 급작스럽게 아무래도 당신이 와야 하니 준비하라는 연락이 왔다. 나는 더 이상 거절하지 못한 채 청와대로 갔다. 가자마자 다음 날 대통령의 중앙아시아 순방을 수행하는 첫 임무가 주어졌다. 우즈베키스탄·카자흐스탄·투르크메니스탄 3개국과 경제 외교 활성화를 추진했다. 당시 순방에는 처음으로 야당 의원도 동행했다.

전태일 열사의 동생 전순옥 의원으로, 나는 국회의원 시절 그의 소상공인과 중소기업에 대한 애정을 익히 알고 있었고, 서로의 전문성을 존중하며 활동하는 관계였다. 나는 대통령과 전 의원을 설득해서 이동하는 도중에 전용기 내 회의실에서 함께 만나게 했다. 대통령의 아버지 시절 악연을 풀고 서로 손잡고 함께 가자는 의미의 만남이었다. 전 의원은 자신의 소기업에서 만든 가방을 선물했고, 대통령은 과거 일에 대한 유감의 뜻과 미래에 대한 화합을 피력했다. 귀국 후 영등포에 있는 소상공인 전시회에 대통령이 방문한 것도 당시 전 의원의 제안이 있었기 때문이다.

중앙아시아 순방에서 돌아온 직후 경제수석으로서 본격적인 업무를 시작했다. 나는 의원 시절부터 중점을 두었지만, 청와대 수석으로서 더욱 중요하다고 생각한 것은 소통이었다. 국민에게 빠르고 정확하게 국정운영 관련 정보를 전해주어야 한다는 것이었다. 당시 청와대 출입기자는, 대선 과정에서 그리고 국회의원 시절 늘 함께하면서 친분을 쌓아 간 기자들이 대부분이었다. 나는 청와대 출입기자들과 쉽게 소통할 수 있었다. 수석으로는 최초로 월례 경제 브리핑을 가짐으로써 언론과 소통을 극대화했고, 정책 홍보의 노력도 최대화했다. 정보와 소통에 목말라하던 청와대 출입기자들은 나의 소통 노력에 박수를 보내곤 했다.

선진국으로 가기 위한 세 가지 제안

나는 경제수석 부임 후 대통령께 반드시 추진해야 할 개혁과제 세 가지를 제안했다. 규제개혁, 노동개혁 그리고 공공개혁 세 가지는 대한민국 경제를 확실히 선진국으로 자리매김하게 해주고, 나아가 국민 행복에 직결된다는 점을 강조했다. 대통령도 이 개혁들의 중요성을 인식하고 추진하고 있었다. 규제개혁의 경우, 규제 포털을 개설하고 규제기요틴 등으로 추진되다 나중에 규제프리존 특별법을 추진하는 과정으로 이어졌다.

노동개혁은 2015년 9월 13일 노사정 대타협을 이끌어 내고 노동개혁 5법을 추진하게 되었다. 그리고 공공개혁은 공무원연금개혁을 성공시키고(2016년 5월 29일 국회통과) 공기업 구조조정을 추진하는 등의 과정으로 이어졌다. 돌이켜 보면 이 세 가지 개혁의 추진 성과가 이어지지 못한 점이 너무도 아쉽다. 창조경제의 추진도 내가 대통령과 함께 시작한 것이라는 점을 살려서 경제수석 부임 직후 17개의 창조경제혁신센터를 개소하는 데 총력을 기울였다.

경제수석으로 재직하는 동안 대통령의 해외순방에 20여 차례 수행하면서 중점적으로 추진했던 경제 외교의 성과도 컸다고 생각된다. 특히 중소기업 대표들을 수행하도록 해서 1대 1 비즈니스 상담회를 만들어 순방국가 기업들과 계약을 최대한 도출한 것은 획기적인 성과 중 하나였다. 순방 중이거나 후에 지속적으로 기자 브리핑을 한 것도 홍보와 소통에 최선을 다한 것으로 평가받았다.

경제 외교의 성공은 수많은 FTA 체결에도 있다고 할 수 있다. 특히 중국과의 FTA 체결은 극적이었고, 그만큼 성과가 컸다. 많은 어려움이 있었지만 이를 극복하면서 우리 농산물 시장을 최대한 열고 자국의 공산품 시장은 최대한 막고자 하는 중국을 강온 전략으로 설득하고, 우리 이득을 최대화하는 데 성공했다고 평가된다. 우리 5000년 역사에서 중국과의 관계를 비추어 볼 때 이렇게 중국이 우리와 협상하면서 FTA에 방어적으로 매달리게 만든 것은, 우리 역사의 성공적 전환점이라는 자부심이 들기도 했다.

경제 외교의 성공은 그 외에도 중동 국가와의 협력 증대에 있다고 할 수 있다. UAE 원전 건설의 성공적 추진을 바탕으로 UAE와는 문화 교류, 할랄 인증, 물산업 진출, 우주산업 협력, 사이버보안산업 진출 등 우리가 갖고 있는 경쟁력을 십분 활용하여 진출하는 협상을 추진할 수 있었다. 나는 지금은 많이 알려진 UAE의 칼둔 행정청장과 파트너가 되어 이 사업들을 긴밀히 논의하면서 추진했다. 칼둔이 우리나라에 올 때마다 교류하고자 하는 분야의 핵심

인사들을 접하게 해주면서 성공적으로 양국의 경제, 문화 교류의 확대를 시도했다. 특히 할랄식품 인증의 경우 UAE가 전 세계 이슬람교도들이 먹을 수 있는 식품이라는 인증을 하는 주체 국가로 나서면서, 한국에 그 권한을 독점으로 주는 것으로 MOU까지 맺는 성과를 이루었다.

4) 다산의 길을 좇다

경제수석으로 재직한 2년 5개월은 단 하루도 쉼이 없는, 그야말로 나의 모든 에너지를 쏟아부은 시간이었다. 신장암 수술로 입원한 기간에도 수술 후 마취에서 깨어나자마자 전화로 계속 일을 할 정도였다. 성균관대학에 학생으로 입학했다가 유학 후 교수로 돌아오고, 국회에 진출하고, 청와대로 가서 대통령을 보좌한 뒤 이 글을 쓰는 구치소에 수감된 과정까지 나는 다산의 뒤를 좇는다는 느낌으로 일했다. 다산이 성균관 유생으로 시작해서 정조 곁으로 갔고, 목민관 역할을 수행하고 난 뒤 강진 유배에 이르기까지 과정을 나도 계속 따라가고 있는 듯한 생각마저 든다.

'실사구시경제연구회'에서 제자들과 함께 다산의 업적을 공부하며 늘 가까이에서 모셔 온 다산의 길을 끝까지 걸어가려 한다는 것에 나름 뿌듯한 마음이 들기도 한다. 다만 다산이 다산초당에서 이루어 낸 그 대단한 저술 활동을 내가 조금이라도 흉내 낼 수 있을지 걱정이 앞서기도 한다.

에필로그 : 나의 시간, 나의 국가, 나의 비전

1. 나와 시간을 다시 생각하다

나는 늘 시간을 아까워하며, 정신없이 시간을 빨리 흘려보내며 살아왔다. 성격이 급한 탓이기도 했지만, 역사에 기여한다는 소명의식으로 달려온 것이었다. 늘 앞만 보며 달려왔기 때문에 갑자기 검찰 조사와 재판을 받으면서 구치소에 있는 시간이 너무나 아깝고, 안타까웠다. 과거에 얽매여 과거를 되새기는 데 허비된다는 느낌으로 시간 낭비라는 생각이 절실했다.

국가와 국민의 미래를 위해, 역사와 대의를 위해 연구하고 강의하고 정책을 제안하면서 시간을 보내온 내가 과거 일을 갖고 기억을 되살리고, 조사를 받고, 재판을 받는 반복적인 순간들을 견디기는 무척 힘들었다. 시간을 허비한다는 죄의식은 영화 〈빠삐용〉의 한 장면을 떠올리게 했다. 꿈에서 주인공에게 누군가 "너는 유죄다. 왜냐하면 시간을 허비했기 때문이다"라는 장면은 〈빠삐용〉을 여러 번

보면서 각인되었던 것이다.

고3 초 간염에 걸려 학교를 한 달 결석했을 때, 다들 열심히 공부하는데 나는 멈춰 있다는 불안감과 죄의식 때문에 힘들었던 기억이 나기도 했다. 그런데 이런 시간들이 이젠 새롭게 다가왔다. 첫째, 내가 시간이라는 화두를 갖고 정진하게 되었고, 둘째, 역사에 대해 새롭고 근본적인 인식을 하게 되었다. 셋째, 남은 시간에 대해 계획하게 해주었다.

첫째로 시간이라는 화두는 내가 구치소 생활을 시작하면서 갖게 된 것이다. 상대성 원리에서 시간이라는 개념에 대한 전문적인 지식은 없지만, 과연 시간이라는 것이 무엇인가 하는 의문은 갖고 있었다. 수감 생활하면서 사색할 때는 끊임없이 생각했다. 나에게 주어진 시간은 남들과 같지만 그 시간을 대하는 마음은 다른 것이어서 짧게도, 길게도 느껴지고 또 기쁘게도, 힘들게도 느껴지는 것이다. 지금의 힘든 시간도 더 열심히 생각하고 느끼면서 고통과 번뇌 자체를 정돈하면서 지내면, 분명 그 시간의 의미가 생길 것이라는 믿음이 생겨났다.

평생 매일 아침 일어나면서 어제와 다른 오늘이 되어야겠다고 스스로 다짐했기에 반복되는 생활에 대한 반감이 컸다. 수감 생활하면서 반복되는 일상에서도 마음을 어떻게 가지는가에 따라 새롭고 신선한 시간을 가질 수 있다는 걸 깨달았다. 시간을 보낸다는 것을 반복이 아니라 늘 새롭게 뭔가 만들어 간다는 기대가 있을 때 가치가 부여되는 것이다. 파울로 코엘료의 『순례자』에 다음과 같은 구절이 있다.

"시간은 항상 같은 리듬으로 흘러가지 않거든요. 시간의 리듬
을 결정하는 건 우리 자신입니다. (중략) 익숙하지 않은 속도
에서 즐거움을 찾아내도록 노력하세요. 일상적인 몸짓을 다
른 방식으로 행함으로써, 당신 안의 새로운 존재가 깨어날 수
있도록 하는 거죠. 하지만 결정은 결국 당신이 하는 겁니다."
(문학동네, 2011. 4, 59~60쪽)

둘째로, 나는 시간이라는 것으로부터 역사에 대한 생각을 다
시 하게 되었고, 시간을 그리고 역사를 어떻게 맞이해야 하는가를
인식하게 되었다. 역사는 한 사람 한 사람의 시간이 모여 이루어지
는 것이고, 함께 시간을 공유하는 사람들의 관계 속에서 발전하는
것이라 하겠다. 이러한 역사에 대한 눈은 늘 한계 상황에서 뜨이는
것이라는 것도 깨달았다. 사마천이 궁형을 감수하면서 살아남아
『사기』를 완성한 것도 제한된 상황 속에서 생각을 최대한 펼쳐 보이
려 했던 의지 때문이라 여겨진다.

사마천이 『사기』에서 예를 들었듯이 서백은 유리에 갇혀서
『주역』을 발전시켰고, 공자는 진, 채나라에서 고난을 겪고서 『춘추』
를 편찬했고, 굴원은 추방되어 방황하면서 『이소』를 썼고, 좌구명
은 두 눈이 먼 후에 『국어』를 썼고, 손빈은 다리가 잘린 후 『손자』
를 썼으며, 여불위는 촉에 귀양 가서 『여씨춘추』를 썼고, 한비자는

진나라에 붙잡히고 난 뒤『세난』과『고분』을 지었다. 그리고 사마천은 "『시경』 300편의 시 또한 치밀어 오르는 감정을 쓴 것이다"라고 했다. 사람은 마음속에 있는 울분을 발산할 수 없을 때 옛일을 서술하며 다가올 미래를 기대한다고도 했다. 그래서 나는 세 번째, 시간에 대한 사색의 결과로 회고록을 남기기로 했다. 남은 시간을 나와 관계한 모든 것을 기록으로 남기는 데 써야겠다고 계획한 것이다. 나의 시간에 대한 흔적을 역사에 남겨야겠다는 결심은 오래전부터 있었지만, 이 흔적을 스스로 기록해야겠다는 생각은 수감 생활 중에 갖게 되었다. 특히 사위가 넣어 준 책 베르나르 올리비에의 『나는 걷는다』를 읽고, 나의 수감 생활을 베르나르가 걸으며 느끼고, 그것을 기록으로 남긴 것과 같음을 깨달았다. 그의 책에서 몇 구절을 소개한다.

"고독이 칠판이라면 난 그 위에다 계속 써나가야 할 것이다."(1권 36쪽)

"홀로 외로이 걷는 여행은 자기 자신을 직면하게 만들고, 육체의 제약에서 그리고 주어진 환경 속에서 안락하게 사고하던 스스로를 해방시킨다. 순례자들은 아주 긴 도보여행을 마친 후엔 거의 예외 없이 변모된 자신의 모습을 느낀다. 이는 그들이 그토록 오랫동안 스스로를 직면하지 않았다면 아마도 발견할 수 없었을 자신의 일부를 만났기 때문이다."(1권 189쪽)

이처럼 나도 수감 생활하면서 나 자신의 일부를 만났고, 마라
톤을 하면서 느꼈던 육체로부터 정신의 해방을 잠시나마 맞기도 했
다. 베르나르 올리비에가 3년 동안 걸으면서 내린 결론 부분이 더욱
와닿기도 했다.

"나는 여기서 지혜를 얻지는 못했지만 어떤 힘을, 혹은 인간
으로서 나의 길을 계속 이어가게 해주는 열정을 얻었다."(3권
437쪽)

그 열정으로 나는 남은 시간을 잘못된 것을 바로 알리고 바로
잡는 데 쓰고자 한다. 예전처럼 나서서 사람들과 관계 속에서가 아
니라 혼자 시간 여행을 하면서 기록으로만 남기고자 하는 것이다.

2. 나와 국가를 다시 생각하다

나에게 국가는 어느 순간 내 가슴 깊이 들어와 싹이 트고 굳
게 자리매김해서 물리적 공간에 갇혀 있는 지금 이 순간까지도 계
속해서 자라고 있다. 우리 부모가 그리고 선조가 살아온 이 땅에
만들어진 국가인 대한민국이 앞으로 우리 자식들이 살아갈 멋진
국가로 발전할 수 있도록 밑알이 되리라 결심한 것은 어릴 적부터
였다. 그리고 구체적으로 국가를 위해 공부해야겠다고 결심한 것은

대학원 진학을 앞두고였다.

그런데 내가 평생 기여한 국가와 국민으로부터 버림을 받고 구속되었다는 사실에 반성과 함께 새로운 다짐을 했다. 어느 순간 팽배해진 불신과 갈등 구조가 하루라도 빨리 바로잡혀야 한다는 다짐을 했다. 프랜시스 후쿠야마가 국가 발전을 위해 강조한 신뢰(Trust), 그리고 그가 한국의 신뢰 수준에 대해 높이 평가했던 그 신뢰가 추락해 있다는 상황을 극복해야 한다. 에스모글루와 로빈슨은 공저인『국가는 왜 실패하는가』에서 포용적 정치와 포용적 경제가 국가 성공의 핵심이라고 했는데, 과연 우리 대한민국이 그러한가에 대한 반성을 해보고, 이를 바로잡기 위한 새로운 공부와 노력을 해야겠다.

내가 국가에 대한 소명의식을 갖고 공부를 하고 유학을 다녀온 후 연구원에서 그리고 학교에서 연구하고 학생을 가르치며, 그리고 정치인들에 자문 역할을 하는 가운데 가장 심혈을 기울인 것은 정책의 신뢰라고 할 수 있다. 정책은 대상인 국민으로부터 신뢰를 얻지 못하거나 그릇되게 이해하게 되면, 그 정책은 실패하고 피해는 국민에게 돌아가기 때문이다. 당장의 인기를, 또 표를 얻기 위해 내세운 정책은 나중에는 그 피해가 국민에게 고스란히 돌아간다. 그로부터 생긴 국민들의 정책, 나아가 정부 그리고 정치에 대한 불신은 올바른 정책조차 외면하고 또 비난의 대상이 되게 한다. 가장 경계하고 막아야 하는 것이 포퓰리즘(인기 영합주의)이라고 하겠다. 그러나 포퓰리즘은 세계 여러 국가의 역사적 사례를 보거나 우리 정책 역사를 돌이켜 보면, 늘 역사의 질곡에 등장하는 암적 존재라 하겠다.

포퓰리즘, 반드시 몰아내야 할 악(惡)

포퓰리즘이라는 암은 몸에 퍼져 수술로도 치유가 안 될 정도가 될 때까지 자각 증세가 나타나지 않는 것이기도 하다. 더구나 포퓰리즘을 이용하는 많은 세력이 언제나 기회를 엿보고 있고, 국민은 그것을 눈치채지 못하고 늘 당한다는 것이 너무나도 안타까운 현실이다.

포퓰리즘 중에서 가장 경계해야 하는 것은 재정 포퓰리즘이라 할 수 있다. 세금을 거두어 예산을 써서 국민과 국가를 위하는 행위를 하는 것이 재정이라고 한다면, 정치인은 늘 세금을 적게 거두고 예산은 많이 푼다는 포퓰리즘의 유혹에 빠지기 쉽다. 선거 때면 각종 공약을 내거는데, 대부분 세금은 깎고 예산은 더 준다는 것이다. 이런 공약을 제대로 계산해 보면, 세금은 20% 줄고 예산은 세 배로 늘 정도였다. 그래서 난 박근혜 대통령 후보를 설득해서 제대로 된 공약을 내고 모든 공약의 재정 소요를 철저히 계산해서 국민들께 알리자는 차원에서 공약가계부를 발표하도록 했다.

이처럼 재정 포퓰리즘을 차단하기 위해 시도한 공약가계부라는 장치는 대통령 탄핵 그리고 구속으로 이어지면서 아무도 거들떠보지 않게 되었다. 여전히 선거에서 엄청난 예산이 소요되는 공약들을 마구 쏟아내는 악순환이 계속되고 있다. 지난 박근혜 정부에서 우리가 세계 3대 신용평가기관에서 유일하게 선진국 중에서 두 세 계단 상승한 것도 재정 건전성이 크게 작용했지만, 이처럼 재정 포퓰리즘이 다시 준동하면 언제 떨어질지 모를 신용등급이다.

한편으로 박근혜 정부의 모든 것이 잘못되었다는 인식은 반드시 바로잡아야 한다. 적어도 역사 앞에서 당당하게 내세울 수 있고, 또 반드시 계승 발전시켜야 한다고 확신하는 개혁 정책은 되살려야 할 것이다. 창조경제라는 명칭은 버리더라도 우리가 갖고 있는 정보통신 등의 역량과 창의성을 기반으로 기존 산업과 새로운 산업을 융합하고, 또 문화를 산업에 융합시키는 경제 패러다임은 우리 경제가 세계 최고 경제대국으로 도약하는 데 꼭 필요하다.

박근혜 정부의 모든 것을 버려선 안 돼

규제개혁의 고삐는 더욱 강하게 죄야 한다. 특히 15개 지역별로 2~3개의 특화산업을 지정하고 이에 대한 규제는 완전히 없는 것으로 하는 규제프리존 특별법은 중요하다(2018년 통과됨). 이는 지역경제를 획기적으로 살리고 또 지방 일자리 창출에 큰 도움이 될 것이다. 아울러 서비스산업 발전기본법도, 우리의 좋고 많은 일자리가 이제는 서비스 분야에 있다는 새로운 도약을 시작하는 법으로 반드시 통과되어야 한다. 노동개혁 또한 마찬가지이다. 노동의 사회 안전망과 훈련, 재교육 체계를 확고히 한 상태에서 노동시장의 유연성은 꼭 확보해야 한다.

3. G2의 비전을 생각하다

나는 우리 대한민국이 5000년 역사에서 지금 이 순간이 최고 국력을 갖게 되었다는 사실을 강조해 왔다. 국가의 성공과 실패가 반복되는 역사에서 그 원인을 찾는 여러 가지 이론이 있지만, 대한민국의 성공의 원인을 찾는 것은 결코 간단하지 않을 것이다. 제러드 다이아몬드의 지리적 위치 가설, 문화적 요인 가설, 무지 가설 그리고 최근 에스모글루와 로빈슨의 포용적 제도 가설 무엇 하나로도 우리의 역사 5000년을 명쾌하게 설명하기는 힘들 것이다. 그런데 나는 지금까지 성공의 원인을 분석하기보다 앞으로 이 성공을 어떻게 이어가고, 그러면 어디까지 올라갈 것인가에 관심을 모으고 국민 모두가 함께 가야 한다고 믿는다.

나는 몇 가지 조건을 갖추고 또 힘을 집중하면 앞으로 20~30년 내 G2까지 올라간다고 확신한다. 이는 그동안 내가 여러 강의를 통해, 또 준비하고 있는 다른 책에서 강조한 것이기도 하다. 우리가 각종 불신과 갈등을 극복하고 포퓰리즘을 차단하는 정치, 사회 메커니즘을 확립한다면, 그리고 이러한 조건하에서 우리의 엄청난 문화적 자산인 한글을 최대한 활용하고 우리의 문화를 경제에 접목해 나간다면, 5000년 역사에서 정점에 다다른 지금 이 순간에서 더 올라가 G2가 될 수 있다는 것이다. 여기에 통일이라는 결정적 분기점은 이러한 가능성을 더욱더 높여 줄 것이다.

안종범 수첩

초판 2쇄 발행 2022년 3월 7일

-

지은이 / 안종범
발행인 / 이동한
제작관리 / 이성훈, 정승헌
마케팅 / 박미선, 조성환, 박경민

-

발행 / (주)조선뉴스프레스
등록 / 제301-2001-037호
등록일자 / 2001년 1월 9일
주소 / 서울시 마포구 상암산로 34 DMC 디지털큐브빌딩 13층

-

문의 / 02-724-6830(편집), 02-724-6796, 6797(판매)
값 / 16,000원
ISBN / 979-11-5578-491-4 03300

※

이 책의 전부 또는 일부 내용을 재사용하려면 반드시 사전에 저작권자와
(주)조선뉴스프레스의 동의를 받아야 합니다. 저자와 협의하여 인지를 생략합니다.